ACTUALITÉ ET AVENIR

A Guide to France
and to French Conversation

ACTUALITÉ
et AVENIR

OSCAR A. HAAC
State University of New York at Stony Brook

ARTHUR BIELER
York College of the City University of New York

Prentice-Hall, Inc., Englewood Cliffs, New Jersey

Library of Congress Cataloging in Publication Data

HAAC, OSCAR A
   Actualité et avenir.

   SUMMARY: A guide for French conversation and
discussion using interviews with notable French people
in various walks of life.
   1. French language—Readers. 2. French language—
Conversation and phrase books. [1. French language—
Readers] I. Bieler, Arthur, joint author. II. Title.
PC2117.H24   448'.6'421   74–30489
ISBN 0–13–003855–5

© 1975 by PRENTICE-HALL, INC., *Englewood Cliffs, N.J.*

10   9   8   7   6   5   4   3   2   1

Printed in the United States of America

Frontispiece: Housing projects. Créteil-Mont-Mesly, Val de Marne.
French Embassy Press & Information Division.

PRENTICE-HALL INTERNATIONAL, INC., *London*
PRENTICE-HALL OF AUSTRALIA, PTY. LTD., *Sydney*
PRENTICE-HALL OF CANADA, LTD., *Toronto*
PRENTICE-HALL OF INDIA PRIVATE LIMITED, *New Delhi*
PRENTICE-HALL OF JAPAN, INC., *Tokyo*

To Blaži and Gunilla

Preface

ACTUALITÉ ET AVENIR is a cultural reader and conversation guide at the intermediate college level or its equivalent in high school. It is a collection of interviews with French men and women from different walks of life. Many of them have made a name for themselves and some have published extensively; here they speak of the problems they face, in simple, everyday speech. People speak differently from the way they write; they use a more limited vocabulary; their expressions are less elegant, but more spontaneous. This is why interviews are particularly adapted to the needs of students learning a language. They present issues more directly than written texts, and more naturally than graded readers that simplify literature by introducing an artificial and contrived style.

The persons we interviewed speak of what is intimately familiar to them. Their comments bear the authority of experience. They speak as though they themselves were standing before the class, for they fully realized the purpose of the interview and made every effort to relate issues to the American experience. They are guides to new discoveries, perhaps even to a choice of careers. Their topics, in section I of our book, center around students and the university. Subsequent sections concern careers (II), the use of leisure time (III), economic problems (IV), and society as a whole (V). Each time, the text, the French aspect of the problem, can serve as a starting point for discussion. Students will be able to identify with the questions at hand and apply them to their own perspective and circumstances. Here the interviews can serve as a corrective for opinions current on the campus or in the student's home town. Discussion should point to the endless possibilities of analysis, or even of reform.

In order to facilitate the transition from the text to the experience of the student, each interview is followed first by factual questions that demand a careful reading of the text, then by suggestions for further discussion, and finally by quotations (or a paraphrase) from the text, which can be considered controversial and worthy of examination in the framework of our American experience. Thus the student will be able to clarify his own objectives and beliefs, while using the terminology of our text, following its suggestions, and exploring its implications. This can be accomplished without great difficulty, for our book presupposes a vocabulary of only 1600 words, those of the *Français fondamental*, *Premier degré*, and 155 words from its sequel, the *Deuxième degré*). Unfamiliar words are explained in footnotes, so that the use of a dictionary will be reduced to a minimum.

Those we interviewed could have gone into far greater detail; one even offers to answer individual questions in writing. Their discussion will, however, suffice for a survey of the student's fields of interest and concern. *ACTUALITÉ ET AVENIR* tries to combine a minimum of exposition with a maximum of insight and scope.

Our heartfelt thanks go out to those who so graciously gave of their time when they agreed to be interviewed, and later proofread the text while adding valuable suggestions. Their contribution makes the book what it is! Along with those whose names appear in the headings of our interviews, we are anxious to mention the professors, teaching assistants, and students in Paris who chose to remain anonymous.

A special debt of gratitude is owed to many others who helped us. This applies, above all, to our editor, Marilyn Brauer, to Sylvie Carduner, Gunilla Haac, Nadine Savage, and Hubert Sylvestre, but also to those who guided our steps abroad and at home. We should like to thank particularly Simon Copans, Pierre Le Roland, and Yvonne Wurzel in Paris, François Girod at Besançon, Jean Celton at Brest, Eugénie Didier at Nancy, Nicole Becker at Stony Brook, and Robert Hammond at Cortland, N.Y. Finally, we gratefully acknowledge the help of the Cultural Services of the French Embassy and La Documentation Française, which provided many illustrations.

O.A.H. / A.B.

Contents

I

L'UNIVERSITÉ

Réunion professeurs-étudiants
à l'Université de Paris X, Nanterre.
Photo Jean Pottier.

Interview de trois représentants
de l'Education Nationale[1] à Paris.

La crise et la réforme

La "révolution de '68" est sortie d'un malaise[2] qui dérivait surtout du désir de briser[3] l'ordre et la hiérarchie universitaires, mais aussi de difficultés matérielles, de l'immensité de l'Université de Paris, par exemple, qui a été réorganisée en 13 universités autonomes. Ainsi une grève[4] de certains étudiants et de quelques groupes d'ouvriers pas toujours d'accord avec eux, a pu devenir une "révolution" qui a donné lieu à des réformes multiples. Deux professeurs parisiens de lettres (messieurs PL et PC) tous deux remarquables, connus par leurs travaux de critique et d'édition, nous parlent de leurs deux points de vue très différents ; nous faisons dialoguer avec eux un représentant du ministère (RM), qui parle en tant qu'un des organisateurs de la réforme. Nous leur avons parlé séparément, leur posant les mêmes questions ; leurs réponses s'enchaînent[5] ici sous forme d'un dialogue artificiel. Nous pensons pourtant ne pas avoir trahi[6] leur pensée, même en la plaçant dans un nouveau contexte.

1. *L'université a subi[7] une réforme radicale depuis la "révolution de '68" et la Loi d'Orientation du 12 novembre 1968. Quel était le but[8] fondamental de la réforme ?*

PC: En Amérique, on fait des études et ensuite on accepte un métier qui n'est pas toujours en rapport avec les études faites, mais en France, les jeunes gens ont l'habitude, depuis des générations, de penser que certains titres[9] donnent droit à des professions. Quand j'étais jeune, par exemple, tout licencié[10] était sûr d'avoir un poste de professeur. Actuellement[11] il y a des milliers de jeunes licenciés qui n'ont plus aucune chance

---

[1]**l'Education Nationale:** le ministère, mais aussi le corps enseignant et toutes les écoles et universités. [2]**le malaise:** *uneasiness.* [3]**briser:** casser. [4]**la grève:** *strike.* [5]**s'enchaîner:** s'ajouter l'un à l'autre; former un ensemble. [6]**trahir:** *to betray*; (ici) changer, pervertir. [7]**subir:** faire l'expérience de; *to undergo.* [8]**le but:** *aim.* [9]**le titre:** tout diplôme universitaire—licence, doctorat, etc. [10]**le licencié:** celui qui a sa licence, le diplôme équivalent du M.A. [11]**actuellement:** aujourd'hui; **actuel:** d'aujourd'hui.

d'être professeurs. C'est exactement ce qui se passe pour les bacheliers[12] qui, dans certains cas, aujourd'hui, sont juste bons à devenir balayeurs[13] dans une usine.

RM: Nous nous sommes proposé de combiner des formations nouvelles. Ceci s'applique[14] moins aux facultés[15] de médecine, d'économie   5 et de droit, qui préparaient toujours à des carrières et qui continuent à placer leurs étudiants; il fallait surtout réformer les facultés des lettres et sciences humaines qui avaient le plus d'étudiants mais ne préparaient qu'à l'enseignement et à la recherche.[16] Nous essayons donc d'orienter les étudiants littéraires vers des formations autres que le professorat ou   10 la recherche, vers des formations de type administratif, économique, vers d'autres professions qui ne sont pas actuellement formées à l'université: les relations publiques, le journalisme, la publicité, l'organisation des loisirs.[17]

PL: La réforme a permis de renouveler le contenu des études et de   15 diversifier les programmes, qui sont devenus moins spécialisés.

2.   *Les programmes ont changé, mais aussi la structure de l'université,*
surtout à Paris.

PC: L'Université de Paris était monstrueuse. Elle comprenait plus de 150.000 étudiants. Elle devait éclater[18] et elle a éclaté, non pas en 13   20 branches, mais en 13 universités autonomes, chacune avec son budget, son président,[19] son mode de recrutement,[20] ses statuts. Ces universités sont assez diversifiées, mais comme l'ancienne faculté des sciences n'a pas cherché à s'unir avec les littéraires et les juristes, il reste quelque chose de l'ancienne faculté. Certaines nouvelles universités ont une dominante[21]   25 juridique (Paris I, II), scientifique (Paris VI, VII), médicale (Paris V) ou littéraire (Paris III, IV). L'ancienne faculté des lettres, qu'on appelait proprement la Sorbonne, avait environ 42.000 étudiants. Elle a éclaté en quatre morceaux; deux de ces morceaux constituent à eux seuls une université de 12.000 à 15.000 étudiants.   30

RM: C'est un fait, un tiers des étudiants français est à Paris. Il y avait des universités très petites, à Besançon par exemple, avec 5.000 étudiants, et à l'autre bout l'université monstrueuse de Paris. En la divisant, nous avons créé des universités au centre, d'autres à la périphérie de

---

[12]**le bachelier:** l'élève qui a terminé le lycée et a reçu son baccalauréat, le diplôme de fin d'études du lycée, équivalent à une ou deux années de *college*.   [13]**le balayeur:** *sweeper.* [14]**s'appliquer:** *to apply.*   [15]**la faculté:** ensemble d'études dirigé par un doyen (*dean*).   [16]**la recherche:** *research.*   [17]**le loisir:** toute activité qui n'est pas travail; *leisure.*   [18]**éclater:** exploser, se casser (en morceaux).   [19]Chaque université a son président; avant la réforme chacune avait un recteur; aujourd'hui le recteur est un haut fonctionnaire représentant le ministre de l'Education Nationale dans une circonscription territoriale appelée "Académie."   [20]**le recrutement:** le choix des professeurs.   [21]**la dominante:** l'aspect principal.

Paris. Tous les étudiants trouvent une place, mais pas nécessairement où ils veulent. En province,[22] les étudiants doivent aller à l'université la plus proche de leur domicile, à condition que les études qu'ils veulent effectuer y existent, mais à Paris nous avons dû adopter un système compliqué, en distinguant les régions d'origine géographique, car il y a à Paris plusieurs universités qui offrent les mêmes études.

3. *Et chacune de ces universités est autonome?*

RM: Elles sont autonomes et, en principe, pluridisciplinaires.[23] L'enseignement était trop uniforme; cela sortait de la tradition centralisatrice de la France. Nous avons donc formé des universités autonomes qui seront diversifiées.

PC: C'est surtout la base de l'université qui a changé. Autrefois, c'était la faculté qui groupait les études d'un certain domaine. Il y avait des facultés des lettres, des sciences, de médecine, de droit. Maintenant, la base, c'est l'UER, l'Unité d'Enseignement et de Recherche, qui correspond au département américain. Autrement dit, on avait en France, dans l'université, un régime centralisé, basé autour de groupes très larges; maintenant on part de groupes beaucoup plus petits, de l'ordre de 500, 1.000, 2.000 étudiants. Ces groupes cherchent à acquérir une autonomie aussi complète que possible, financière, politique, même une autonomie de recrutement.

RM: Les UER sont très variées. Les unes sont traditionnelles et correspondent à des disciplines classiques:[24] mathématiques, géographie, histoire. D'autres, au contraire, correspondent à des formations nouvelles, générales au premier cycle[25] qui est le même pour tout le monde, spécialisées au deuxième cycle. Les UER sont les unités administratives et pédagogiques de l'université.

PL: C'est en Sorbonne qu'on est resté près des méthodes classiques de philologie, d'histoire littéraire; elles restent, après tout, de grandes ressources de la recherche. Dans une autre université, à Vincennes,[26] nous privilégions dans une certaine mesure l'étude de la littérature contemporaine; tout ce qui est nouvelle critique, l'application des sciences humaines au texte littéraire, que ce soit la linguistique, la psychanalyse ou l'anthropologie.

RM: Voilà l'autonomie dont je parlais, mais elle est sujette à[27] des restrictions. Les universités choisissent librement les enseignants mais sur des listes établies à l'échelon national; les enseignants restent

---

[22]**la province:** toute la France en dehors de la région Parisienne.   [23]**pluridisciplinaire:** comprenant plusieures matières d'enseignement.   [24]**classique:** (ici) traditionnel, de l'ancien système.   [25]Les trois cycles sont: (1) initiation aux études; (2) licence et maîtrise; (3) recherches, doctorat.   [26]L'université Paris VIII se trouve à Vincennes, à l'est de Paris.   [27]**sujet à:** *subject to.*

fonctionnaires[28] de l'Etat. En plus, la plupart des moyens financiers alloués[29] viennent de l'Etat et l'Etat ne peut pas donner des moyens pour n'importe quoi;[30] il donnera les moyens les plus importants[31] pour certaines formations qui paraissent utiles à la nation. Ceci dit, les programmes et les méthodes sont largement autonomes. Ils mènent souvent aux diplômes nationaux, comme toujours,[32] mais il y a aussi des diplômes universitaires indépendants.

Il y a même le danger que l'étudiant puisse obtenir un diplôme en prenant des disciplines totalement hétérogènes.[33] Quelqu'un qui étudierait l'anglais, la sociologie, les mathématiques et la musique n'aurait pas, en réalité, de formation! Il faut coordonner l'ensemble! Le système d'unités de valeurs, ce que les Américains appellent des "credits," doit être effectivement harmonisé. Le danger n'est pas grand car les diplômes nationaux sont garantis par l'Education Nationale et les étudiants préfèrent suivre ces programmes relativement rigides, justement dans l'esprit de[34] garantie.

4.   *Quel est le rôle des étudiants dans les nouveaux programmes?*

RM: Ils font partie des conseils représentatifs. La gestion[35] des anciennes facultés était assurée par les seuls enseignants de rang magistral.[36] Il n'y avait donc pas de participation, ni des étudiants, ni des jeunes assistants et encore moins des personalités de l'extérieur. Leur participation est dorénavant[37] obligatoire. On a prévu des conseils dans les UER, dans chaque université, ainsi que des conseils régionaux et un conseil national de l'enseignement et de la recherche, toujours avec des étudiants, des enseignants et des personnes de l'extérieur qui doivent adapter l'université au monde et tenir compte de[38] l'idée essentielle d'éducation permanente.[39]

Les conseils doivent harmoniser les points de vue et créer un système intelligent d'orientation des études. Il y aura, bien sûr, des conceptions très diverses. Les professeurs d'âge mûr ne partageront pas toujours les opinions des jeunes, mais il vaut mieux[40] savoir ce que pensent les uns et les autres, que d'avoir des heurts[41] à l'extérieur.

PL: L'université s'est démocratisée, mais il y a un aspect négatif. On a réintroduit ce qu'on avait récusé[42] pour l'Etat, les défauts[43] d'un parlementarisme bavard[44] et inefficace.

---

[28]**le fonctionnaire:** celui qui est engagé par l'Etat.   [29]**allouer:** attribuer; *to allocate.*   [30]**n'importe quoi:** *no matter what.*   [31]**important:** (ici) grand.   [32]**toujours:** (ici) avant, sous l'ancien système.   [33]**hétérogène:** diversifié. Sous l'ancien système, un étudiant en littérature ne suivait pas de cours d'histoire, par exemple, et même maintenant on résiste aux études aussi "hétérogènes" qu'en Amérique.   [34]**dans l'esprit de:** (ici) pour avoir.   [35]**la gestion:** l'administration, le contrôle.   [36]**magistral:** de professeur (titulaire); *full professor.*   [37]**dorénavant:** à partir de maintenant.   [38]**tenir compte de:** faire attention à, *take into account.*   [39]**l'éducation permanente:** *continuing education (for adults).*   [40]**il vaut mieux:** il est mieux; **valoir:** *to be worth.*   [41]**le heurt:** l'opposition, la différence d'opinion.   [42]**récuser:** refuser, rejeter.   [43]**le défaut:** la mauvaise qualité.   [44]**bavard:** qui parle trop.

RM: Il y a des problèmes, surtout pour la représentation des étudiants. Ils ne votent pas beaucoup et rendre leur vote obligatoire ne serait pas conforme au système des Etats démocratiques occidentaux. Dans les conseils, les étudiants ont droit à un certain nombre de places, mais pour les obtenir, il faut que leurs candidats aient été élus par au moins   5
60% des étudiants. S'ils sont élus par moins de 60%, les étudiants ont moins de places au conseil. Il y en a trop qui ne se manifestent pas, la majorité silencieuse. C'est regrettable! En France on ne vote beaucoup qu'aux élections politiques.

PC: La majorité silencieuse est une majorité caractérielle; c'est une   10
question de caractère. Si nous considérons la capacité de l'étudiant à s'engager,[45] nous trouverons que très peu seulement en sont capables. Les silencieux ne comptent qu'une fois tous les quatre ans, lorsqu'ils vont dans l'isoloir[46] et votent, aussi bien pour la droite que pour la gauche.

5.   *Mais il y a une minorité activiste, politisée?*   15

PC: Les manifestants sont pris d'une maladie académique qui a été développée depuis '68. Il y a des protestations très diverses. Il y en a qui sont purement théoriques. On proteste, par exemple, contre la politique américaine; c'est sans importance; c'est uniquement un moyen de mobiliser les masses derrière un slogan. Mais il y a des protestations qui   20
s'apparentent[47] aux grèves, plus graves, plus importantes, beaucoup plus dangereuses. Souvent elles semblent de caractère pédagogique, mais elles ne le sont qu'en apparence. Il y a toujours, derrière, une idée politique.

PL: La grande masse des étudiants et des enseignants, par manque d'information ou par tempérament, se tient à l'écart[48] des discussions   25
politiques. La majorité silencieuse, c'est en fait plusieurs courants d'opinions politiques. Une grande quantité de gens estiment que la priorité est au travail universitaire. S'ils doivent exprimer leur opinion, ils préfèrent le faire hors de l'université.

Il y a d'autre part une importante minorité d'étudiants qui s'oppose   30
à l'idéologie, à la politique officielles. C'est pourquoi les manifestations font partie de la vie quotidienne.[49] Souvent, elles sont de type purement affectif et non contrôlé. Elles ne répondent pas à une stratégie précise et font perdre du temps à tout le monde. C'est la caricature de ce que pourrait être une action syndicale[50] bien organisée, sérieuse, de la part de l'enseigne-   35
ment supérieur.

PC: Le grand principe de l'enseignement français, jusqu'en 1968, c'était la neutralité. On n'avait pas le droit de distribuer des tracts[51] à l'intérieur des établissements,[52] de mettre des affiches,[53] mais en 1968 on a

---

[45]**s'engager:** suivre une idée et agir; *to commit oneself.*   [46]**un isoloir:** *voting booth.*   [47]**s'apparenter:** ressembler.   [48]**à l'écart:** à distance; *aloof.*   [49]**quotidien:** de chaque jour.   [50]**syndical:** d'un syndicat (*labor union*).   [51]**un tract:** une brochure de propagande; *leaflet.*   [52]**un établissement:** (ici) *building.*   [53]**une affiche:** une annonce placardée dans un lieu public; *poster.*

cru qu'on pouvait mettre la politique dans l'université d'une façon innocente. C'est comme si on mettait le feu à sa maison, espérant qu'elle ne brûlera pas. Le ministre de l'Education Nationale devra, tôt ou tard, interdire toute politisation de l'université.

PL: Je pense que tout est politique. On ne doit pas avoir peur d'aborder[54] ce problème à l'université.

PC: Mais cela va trop loin. Comme la réforme de 1968 s'est faite à un très mauvais moment où tous les événements en France ont pris une signification politique, l'établissement des UER a eu pour effet de marquer politiquement chacun de ces petits groupes. Il y a des UER qui sont uniquement communistes, il y en a de moins nombreuses qui sont uniquement modérées, il y en a qui sont chrétiennes de gauche, etc. Ce sont de petits fiefs correspondant aux féodalités du Moyen Age, où on ne peut pas obtenir de poste à moins d'être[55] d'accord avec ceux qui la dirigent.

PL: C'est là de la politisation dans le mauvais sens du terme. Il y a toujours un risque à partir du moment où des clans politiques occupent le devant de la scène.[56] Je pense qu'il faut sauvegarder la liberté d'expression, mais attention: choisir des collaborateurs parmi ceux qui ne font pas de politique, c'est encore faire de la politique, car c'est choisir des conservateurs. Surtout, il ne faut pas présenter les choses d'une manière trop caricaturale. Il y a tellement de courants, de divisions, qu'aucun groupe ne peut l'emporter.[57] On dit que certaines universités sont entièrement aux mains des communistes ou des gauchistes.[58] C'est loin de la réalité. Ce sont, en fait, les options pédagogiques qui différentient les universités. La pédagogie reste plus importante que le climat politique.

L'essentiel est que chacun conserve la liberté absolue d'exprimer ses idées. Il faut qu'il y ait un libre jeu des opinions à l'intérieur de l'université.

6.   *Que pensez-vous d'une autre innovation, du contrôle continu?*[59]

RM: Cette idée n'est pas toute récente; elle existait déjà avant 1968 dans les instituts de technologie.[60] Le contrôle continu des connaissances est l'équivalent des notes que l'étudiant reçoit de son professeur aux Etats-Unis. Il n'est pas exigé:[61] les universités sont libres de maintenir l'examen terminal[62] ou de pratiquer[63] le contrôle continu, ou même de combiner les deux.

---

[54]**aborder:** s'attaquer à; parler de; *to approach.*   [55]**à moins d'être:** sans être.   [56]**le devant de la scène:** le premier rang, la place importante (lit. *front stage*).   [57]**l'emporter (sur):** gagner, établir son contrôle, avoir la supériorité.   [58]**le gauchiste:** le partisan de l'extrême gauche, plus à gauche que le communiste.   [59]**le contrôle continu:** la méthode de juger le travail de l'étudiant non seulement par un examen de fin d'année, comme c'était le cas avant, en France, mais par des exercices périodiques toute l'année.   [60]Les instituts universitaires de technologie donnent des cours de deux ans de sciences appliquées.   [61]**exigé:** obligatoire.   [62]L'étudiant est jugé par un seul examen de fin d'année qui comprend toutes ses études.   [63]**pratiquer:** se servir de, employer.

Le contrôle continu est diversement accepté ou critiqué, souvent pour des raisons opposées, mais il est admis. Certains étudiants trouvent qu'ils sont sans cesse contrôlés, qu'on leur fait passer trop d'épreuves,[64] répondre à trop de questions et pour beaucoup d'entre eux, l'examen terminal paraît plus intéressant. A l'opposé, on déclare que le contrôle continu n'est souvent pas sérieux.[65]

PC: Il a donné des résultats qui sont considérés comme mauvais. Faute de[66] temps, les étudiants qui travaillent au dehors ne peuvent pas en profiter et sont soumis[67] au régime de l'examen terminal. Or on s'est aperçu que ceux qui bénéficient du contrôle continu sont reçus[68] deux fois plus facilement! Le contrôle continu empêche de travailler de façon personnelle; on est harassé par les épreuves au lieu de pouvoir organiser son travail comme des adultes. En plus, il met l'étudiant entre les mains d'un seul enseignant; l'examen terminal, par contre, lui donne un jury[69] et a l'avantage de porter sur[70] un ensemble de connaissances, pas sur telle[71] formule. Seul l'examen terminal peut prouver qu'on a des connaissances générales.

PL: Je n'irais pas jusque là, mais j'admets que le contrôle continu, qui a de bons côtés, peut en avoir de fâcheux.[72] Cette réforme n'est pas encore appliquée correctement. Elle peut permettre à l'étudiant de faire le compte[73] de son travail réel, de voir ce qu'il a acquis[74] de manière critique, mais cela peut aboutir à un système policier, ou alors à une passoire,[75] n'importe qui pouvant obtenir n'importe quel certificat.[76]

7.   *Cela pourrait être grave, car en France il n'y a pas de sélection[77] pour entrer à l'université.*

RM: En effet, tout bachelier peut entrer dans l'enseignement supérieur. Cela explique que, dans la première année, il y a des échecs[78] importants. Notre rendement,[79] en première année, n'est pas très bon; il est à peu près le même que celui du baccalauréat. Par contre, l'étudiant qui atteint la troisième année, termine ses études de médecine, de pharmacie, de droit et de lettres. Souvent, après un échec, les étudiants recommencent une année d'étude, de sorte que le nombre de ceux qui obtiennent un diplôme est assez élevé tout de même, mais pas de ceux qui l'obtiennent dans un délai normal.

---

[64]**une épreuve:** *test, quiz.*   [65]**sérieux:** (ici) rigoureux, difficile.   [66]**faute de:** sans, parce qu'il manque de.   [67]**soumettre** (p.p. **soumis**): *to subject.*   [68]**être reçu:** réussir; *to pass.*   [69]**le jury:** le comité des professeurs chargés de l'examen.   [70]**porter sur:** *to bear upon, deal with.*   [71]**tel, telle:** *this or that.*   [72]**fâcheux:** mauvais.   [73]**faire le compte:** analyser la valeur (de).   [74]**acquérir** (p.p. **acquis**): *to acquire*; (ici) apprendre.   [75]**la passoire:** *sieve.*   [76]Le certificat est l'attestation de succès dans les études; un diplôme comprend plusieurs certificats.   [77]**la sélection:** le concours; *screening by competitive exam.*   [78]**un échec:** *failure.* Il y a souvent 50% d'échecs en première année.   [79]**le rendement:** le résultat; *success rate (in turning out graduates).*

Un étranger qui a un diplôme français ou son équivalent[80] a, lui aussi, le droit d'entrer sans sélection. Cela attire un grand nombre d'étrangers, surtout parce que les études sont pratiquement gratuites et les cités,[81] les restaurants universitaires peu chers. Nous assistons à un phénomène grave: des étudiants qui n'ont pas été sélectionnés dans leurs pays viennent en France. En médecine, ces étrangers peu qualifiés posent un problème. La question de réciprocité est délicate, et on accepte les étudiants des pays où la France poursuit une politique de coopération poussée,[82] en Europe et dans un certain nombre de pays francophones.[83]

PC: On n'aime pas la sélection en France parce qu'il faut encourager tous ceux qui sont capables de parvenir à[84] un niveau souhaitable[85] du travail. Aucun classement[86] ne doit condamner l'étudiant une fois pour toutes. S'il n'est pas capable d'aborder[87] les études à un moment donné, on peut le récupérer plus tard. Il y a des gens qui se développent tard pour des raisons sociales ou individuelles.

Autrefois, l'élève français choisissait sa carrière vers l'âge de dix ans,[88] mais il ne faut pas croire qu'il était par là condamné à une certaine carrière. Ma sœur, par exemple, qui n'avait pas fait ses études dans un lycée mais dans une école professionnelle, n'a eu qu'à passer le baccalauréat quand elle a atteint l'âge de 17 ans, et elle a pu faire des études en faculté comme les lycéens. Il faut pouvoir passer d'un système à l'autre.

PL: Le problème de la sélection est celui de réorganiser les circuits[89] universitaires. Il faudrait que, chaque année, les étudiants soient soumis à des tests d'évaluation afin de les guider vers l'orientation qui leur convient[90] le mieux. Je dis: "tests d'évaluation," parce que le mot "examen" est, chez nous un mot tabou, devenu dangereux. On le remplace par l'autre terme, moins répressif. Il faut surtout donner à nos étudiants le moyen de passer d'un niveau à l'autre. L'idée d'une sélection brutale qui exclurait une quantité d'étudiants, me paraît réactionnaire.

PC: Là, on est d'accord mais pour moi, les examens restent la manière la plus juste de classer les gens; on peut, bien sûr, les combiner avec d'autres procédés de classement, tels que les tests psychologiques, et puis les résultats du travail fait en classe.

8. *N'y a-t-il pas un désarroi[91] considérable parmi les étudiants?*

RM: En effet, tous ces étudiants admis sans sélection se demandent où ils aboutiront.[92] Le problème des débouchés[93] est grave surtout en

---

[80]L'équivalent serait le baccalauréat ou deux années de *college* aux Etats-Unis.   [81]**la cité**: les dortoirs (*dormitories*) universitaires.   [82]**poussé**: (ici) fort, important.   [83]**francophone**: où on parle français; de langue française.   [84]**parvenir à**: arriver à, atteindre.   [85]**souhaitable**: désirable, satisfaisant.   [86]**le classement**: la manière de sélectionner.   [87]**aborder**: (ici) commencer, entreprendre.   [88]Il passait alors un examen pour décider s'il allait entrer dans un lycée, qui prépare pour l'université, ou dans un cours qui, normalement, n'y mène pas.   [89]**les circuits**: la suite des programmes.   [90]**convenir**: *to suit*.   [91]**le désarroi**: l'inquiétude extrême.   [92]**aboutir**: finir.   [93]**le débouché**: *job opening, opportunity*; la possibilité de trouver un poste ou une carrière.

lettres et en sciences, nous l'avons dit, car les enseignements étaient conçus[94] sous forme de préparation au professorat, et nous n'avons plus besoin de tellement de professeurs. Cette situation inquiète beaucoup les jeunes et je crois que c'est un des éléments de notre agitation. Dans les études qui mènent plus directement à une carrière, dans les instituts universitaires de technologie, par exemple, nous constatons moins d'inquiétude. Ceux qui y entrent obtiennent leurs diplômes en deux ans et sont encouragés par leur travail; des postes les attendent.

PC: Il est certain qu'une réorganisation pratique et réaliste des études, en vue des débouchés, pourrait améliorer[95] la situation, mais elle devrait commencer dès[96] l'entrée dans les lycées, c'est-à-dire dès la classe de sixième,[97] et se poursuivre[98] à plusieurs niveaux. Il faudrait guider les élèves[99] vers des études utiles, non-universitaires pour la plupart, et ne pas demander à tous les jeunes de faire les mêmes études jusqu'à 16 ans.

PL: Il faudrait que les étudiants puissent changer d'orientation, s'ils s'aperçoivent, au cours de leurs études, qu'ils ont mal choisi leur carrière. Il faudrait surtout qu'ils soient mieux informés, car, la plupart du temps, ils entrent à l'université sans savoir ce qu'ils deviendront à la sortie. Un trop grand nombre d'entre eux se destine encore à l'enseignement. Sur vingt de ces étudiants, un seul terminera titulaire, c'est-à-dire, muni[100] du CAPES (Certificat d'Aptitude Professionnelle à l'Enseignement Secondaire) ou de l'agrégation.[101] Les autres deviendront employés de banque, ou de la Sécurité Sociale. Ils sont inquiets pour leur avenir. Ils souffrent encore par le manque de locaux. A Vincennes, par exemple, 12.000 étudiants sont inscrits[102] là où, raisonnablement, 4.000 pourraient étudier.

9.   *N'est-ce pas là une raison pour limiter l'université et former surtout une élite?*

PC: Il faut former une élite et le plus tôt possible! L'âge de 10 à 16 ans est très favorable pour certaines acquisitions.[103] Si on les perd, on diminue le niveau des élites, on diminue la capacité du pays. Il faut se résigner au fait que sur cent personnes, il n'y a guère que vingt qui sont doués[104] d'une façon supérieure.

RM: Il faut rappeler le rôle prééminent des Grandes Ecoles[105] dans la formation des élites. La réforme de l'enseignement n'y touche pas, mais

---

[94]conçu: p.p. de concevoir: imaginer; *to conceive.*   [95]améliorer: rendre meilleur.   [96]dès: à partir de.   [97]La sixième est *seventh grade*; la douzième est *first grade.*   [98]se poursuivre: continuer.   [99]un élève: (ici) un lycéen, *high school student.*   [100]munir: *to equip*; muni de: ayant obtenu.   [101]l'agrégation: concours (*competitive exam*) pour les professeurs de lycée et des universités, un des équivalents du Ph.D.   [102]s'inscrire: *to register.*   [103]C'est-à-dire l'acquisition de connaissances.   [104]doué: *gifted.*   [105]les Grandes Ecoles: instituts universitaires où les meilleurs étudiants du pays entrent par des concours; ceux qui sortent des Grandes Ecoles obtiennent plus tard les meilleurs postes.

elle soutient en même temps le droit de tout bachelier d'entrer dans l'enseignement supérieur.

PL: Aucun pays ne peut être sans élite intellectuelle, mais nous employons là un terme dangereux qui peut cacher le pire et le meilleur. Nous ne cherchons pas à former l'aristocratie des esprits dont parlaient Renan et Barrès.[106] Tout le monde ne peut pas devenir un savant ou un génie. Ce qui importe, c'est qu'un petit berger[107] puisse devenir professeur au Collège de France.[108] A Vincennes, on admet même des étudiants qui ne sont pas bacheliers; c'est là une nouvelle orientation.[109]

PC: Pour remédier à la crise actuelle, il faut réorienter les enseignants et les étudiants, leur donner des raisons de croire à ce qu'ils font, à leur mission, à leur fonction dans la vie nationale!

RM: La mission des universités est de former les cadres[110] de la nation.

Questions pour la compréhension du texte

1. Quelle loi a réformé l'enseignement supérieur? De quelle année est-elle?
2. A quoi correspondent les diplômes suivants aux Etats-Unis: le baccalauréat, la licence, la maîtrise, l'agrégation.
3. Quelle était la carrière d'un licencié en lettres il y a quarante ans?
4. Pourquoi y a-t-il moins de problèmes dans les facultés de droit et de médecine que dans le reste de l'université?
5. Quelles carrières suggère-t-on aux étudiants en lettres qui ne peuvent pas devenir professeurs?
6. Combien d'étudiants y avait-il à l'Université de Paris avant la réforme?
7. Combien y a-t-il d'universités maintenant? Sout-elles toutes pareilles?
8. Quelle proportion des étudiants français est à Paris?
9. Comment choisit-on son université en province?
10. A quelles conditions un étudiant de province peut-il étudier à Paris?
11. Comment l'autonomie va-t-elle diversifier les universités?
12. Combien d'étudiants y a-t-il dans une UER? Quel est son équivalent aux Etats-Unis?
13. Que peuvent décider les UER?
14. Distinguez une UER classique, générale et spécialisée. Dites où on trouve ces trois genres d'UER.

---

[106]**Ernest Renan** (1823–1892): écrivain, professeur, historien des religions. **Maurice Barrès** (1862–1923): auteur de romans, du "culte du moi." [107]**le berger:** celui qui garde les moutons; *shepherd.* [108]**le Collège de France:** institut libre, sans diplômes, où enseignent les plus éminents spécialistes. [109]**une orientation:** une direction; (ici) une expérience (*experiment*) à l'université Paris VIII, limitée à certains étudiants. [110]**le cadre:** celui qui dirige les autres, le chef.

15. Quelles sont les méthodes de l'UER de littérature française en Sorbonne, à l'université Paris IV?
16. Et celles de l'université Paris VIII à Vincennes?
17. Qui dresse (établit) la liste des professeurs que l'université peut engager?
18. Comment est-ce que l'Etat intervient dans les programmes des universités?
19. Distinguez les diplômes nationaux des diplômes autonomes.
20. Lesquels préfèrent les étudiants? Pourquoi?
21. Qui fait partie des conseils représentatifs?
22. Dans quelle mesure est-ce que ces conseils arrivent à réconcilier les opinions?
23. Pourquoi PL pense-t-il que les conseils ne font que bavarder? Quelle est l'avis des autres professeurs?
24. Pourquoi est-ce que les étudiants sont mal représentés dans les conseils? Comment votent-ils?
25. Quand et comment les silencieux votent-ils?
26. Quelles manifestations sont les plus dangereuses?
27. Quelle est l'attitude de la plupart des étudiants en matière politique?
28. Comparez les manifestations universitaires aux actions syndicales.
29. Quelle est cette "politisation dans le mauvais sens du terme?"
30. Dit-on en France que les communistes ou les gauchistes contrôlent certaines universités? Quelle est l'opinion de PL sur ce sujet?
31. Quel est l'équivalent américain du contrôle continu?
32. Quels reproches fait-on au contrôle continu?
33. Comment peut-il sembler tyrannique, ou pas sérieux?
34. Décrivez l'examen terminal.
35. Quel diplôme faut-il pour entrer à l'université?
36. Dans quel cycle y a-t-il le plus d'échecs?
37. Quel est le problème des étrangers à la faculté de médecine?
38. Comment peut-on entrer à l'université sans avoir terminé le lycée?
39. Pourquoi préfère-t-on les tests aux examens?
40. Qu'est-ce qui inquiète beaucoup les étudiants?
41. Quels sont les avantages des instituts universitaires de technologie?
42. Où devrait commencer une réforme réaliste?
43. Que faudrait-il pour mieux informer les étudiants?
44. Sur vingt candidats, combien arrivent au CAPES et à l'agrégation?
45. Est-ce que la réforme récente a favorisé les élites?
46. Dans quel esprit cette réforme est-elle entreprise?
47. Quelle est la mission de l'université?

Questions à discuter

1. Est-ce que les petites universités sont préférables aux grandes, aux très grandes? Qu'arrive-t-il s'une université dépasse les 10.000 ou les 20.000 étudiants, limite acceptée des nouvelles universités françaises?

2. Est-ce que les programmes universitaires doivent changer avec les débouchés? L'université doit-elle penser à la carrière future de ses étudiants? Que pensez-vous de la vôtre?

3. Préférez-vous des "départements" classiques ou ceux d'une orientation moderne? Analysez l'orientation de votre département.

4. L'Etat français qui donne des allocations plus importantes aux programmes "utiles" et qui dresse la liste des professeurs que les universités peuvent engager, et qui donne des diplômes nationaux préférés aux diplômes des universités autonomes, est-ce que cet Etat laisse aux universités la liberté qu'il leur faut? Qu'en pensent les trois professeurs? Sont-ils d'accord?

5. Pouvez-vous distinguer les opinions politiques des trois professeurs de l'interview?

6. Participez-vous aux conseils de votre université? de votre "département"? Croyez-vous qu'il faut "démocratiser" l'université? Vous intéressez-vous à la "politique" de votre campus?

7. Discutez le système des notes que donnent vos professeurs.

8. Que pensez-vous des arguments contre le contrôle continu?

9. Que pensez-vous de la sélection? Quels concours avez-vous passés pour entrer à l'université et comment pourrait-on les rendre plus efficaces? Faudrait-il limiter les inscriptions?

10. Etes-vous d'accord avec l'opinion selon laquelle il faut toujours pouvoir "récupérer" les étudiants qui ont subi des échecs? Pourquoi?

11. Faut-il harmoniser les unités des valeur (*credits*) ou peut-on admettre des programmes hétérogènes? Quelle importance donnez-vous à votre sujet majeur?

12. Dites ce que vous pensez des élites. Prétendez-vous y appartenir?

13. Comment peut-on convaincre les étudiants que leur mission est essentielle? Comment leur faire croire que la société a besoin de leurs connaissances?

14. Quelle est, selon vous, la mission de l'université?

Propos à défendre ou à contester

1. Dans certains cas, les bacheliers sont juste bons à devenir balayeurs dans une usine.

2. L'Université de Paris devait éclater et elle a éclaté.

3. Quelqu'un qui étudierait l'anglais, la sociologie, les mathématiques et la musique n'aurait pas de formation.

4. La majorité silencieuse est une majorité caractérielle.

5. L'essentiel est que chacun conserve la liberté absolue d'exprimer ses idées.

6. Aucun classement ne doit condamner l'étudiant une fois pour toutes.

7. Le mot "examen" est un mot tabou, devenu dangereux.

8. Si on perd les élites, on diminue la capacité du pays.

9. Il faut que le petit berger puisse devenir professeur au Collège de France.

10. Il faut que les enseignants et les étudiants croient à leur mission, à leur fonction dans la vie nationale.

L'Université de Paris IX, Porte Dauphine.
Interphotothèque Documentation Française.

2

Conversation avec plusieurs groupes d'étudiants et d'assistants[1] à l'Université de Paris IX, Porte Dauphine.

Des étudiants vous parlent

Pour connaître l'opinion des étudiants sur la situation évoquée dans notre premier interview, nous nous sommes adressés à un responsable de l'Association Culturelle (AC) et à d'autres étudiants de Porte Dauphine (ED), ainsi qu'à un groupe d'assistants en micro-économie (AM). Il faut dire que c'étaient là plutôt des porte-parole[2] que des "silencieux," des jeunes actifs et intelligents qui exprimaient leur point de vue mais connaissaient aussi ceux d'autres groupes ; il faut expliquer aussi que les professeurs et étudiants en micro-économie qui étudient et travaillent avec l'industrie privée, se distinguent nettement des étudiants en économie politique qui tendent à être plus radicaux. Nous sommes bien tombés[3] car nos interlocuteurs ont des points de vue très différents, même si aucun d'eux ne représente les extrêmes à droite ou à gauche. Encore une fois le dialogue est artificiel, en partie du moins, car nous n'avons jamais réuni tous les étudiants qui parlent ici.

1.   *Comment organisez-vous les activités de l'Association Culturelle ?*

   AC: On va commencer par le problème humain qui est le plus important. Essayez de faire participer les gens à quelque chose! Parce que, justement, les gens refusent de participer. Ils ont toujours des idées: "Vous allez organiser ceci, à telle date." Tout le monde vous tape[4] sur le dos. Vous demandez: "Et comment tu l'aurais fait?" Ils vous répondent avec des idées complètement en l'air et, au moment de leur dire: "Eh bien, viens, on va appliquer tes idées," tout le monde se défile.[5] Ils refusent de prendre des responsabilités.

   Les gens sont habitués à tout avoir cuit dans leur assiette. Regardez le nombre de jeunes qui disent: "Papa, je veux une voiture!" Peu après, ils ont leur bagnole.[6] La vie est beaucoup plus facile qu'autrefois; ils ne

5

10

---

[1]**un assistant**: *instructor*.   [2]**le porte-parole**: celui qui parle pour un groupe.   [3]**bien tomber**: avoir de la chance dans son choix.   [4]**taper**: frapper, donner un coup.   [5]**se défiler**: partir furtivement; *to sneak off*.   [6]**la bagnole**: (mot populaire) la voiture.

sont pas habitués à agir eux-mêmes. Il ne suffit pas d'aller simplement au concert; moi j'appelle ça subir.[7] C'est très agréable, je ne dis pas le contraire, mais il faut des gens qui participent, qui veulent et peuvent organiser.

Une personne me dira: "L'autre jour, j'ai fait la connaissance d'un   5
imprésario; j'ai discuté avec lui; on pourrait le faire venir jouer ici." On me laisse un numéro de téléphone mais les gens, eux, ne font rien. Je réponds: "Servez-vous, prenez le téléphone, appelez monsieur, faites un contrat." Ils vous disent: "Ah non, j'ai pas le temps, je dois faire ceci, cela; il faut que j'aille voir ma petite[8] maman." On ne veut pas donner de son   10
temps; on ne veut plus être disponible.

ED: Nos spectateurs posent aussi des problèmes. Ils ont été sensibilisés[9] par ce qu'ils ont vu au cinéma, dans *Woodstock*. A Woodstock, sur 500.000 personnes, seulement 200.000 écoutaient. Or quand les gens viennent assister à[10] un concert de musique pop dans une salle, ils se   15
comportent[11] comme s'ils étaient des milliers en plein air.[12] Ici, à Dauphine, qu'est-ce qui s'est passé? Là, il y en avait un qui se droguait, là il y en avait un qui jouait au violon en même temps que l'orchestre sur la scène, là il y en avait un qui chantait en même temps. Il y a toute une vague[13] de gens qui considèrent qu'on doit pouvoir faire ce qu'on veut.   20

AC: Dans un concert de jazz, les gens se sentent moins libres qu'en écoutant du pop. Ils savent bien que l'on ne peut pas chanter et jouer du violon en même temps qu'on écoute Duke Ellington ou Oscar Peterson. Pour un concert de musique classique, c'est la même chose, ils sont plus attentifs, plus calmes.   25

ED: Les fanatiques du pop sont sectaires.[14] Je prends un exemple. Lors[15] d'un concert classique, pour avoir le calme dans les environs, on a fait entrer un groupe d'étudiants qui se disaient anarchistes, hippies, qui étaient pour la musique pop. Ils auraient été capables, en restant dehors, de faire tellement de bruit que le concert n'aurait pu avoir lieu. Une fois à   30
l'intérieur de la salle, ils ont été impressionnés par un silence parfait, chose qu'ils n'avaient jamais vue de leur vie. Ils ont été forcés au silence. A la fin du concert, il y en a qui m'ont demandé: "Et pourquoi ces cons-là[16] viennent avec une tête comme ça, avec une cravate, un nœud papillon?[17] Pourquoi est-ce qu'ils ne jouent pas de la musique classique en bluejean?"   35
Sinon,[18] ils avaient trouvé ça formidable.[19]

---

[7]**subir:** (ici) être passif.   [8]**petit:** (sens populaire) cher.   [9]**sensibiliser:** affecter.   [10]**assister à:** aller à; *to attend.*   [11]**se comporter:** se conduire; *to behave.*   [12]**en plein air:** dehors, à l'extérieur. [13]**la vague:** *wave;* **toute une vague de:** beaucoup de.   [14]**sectaire:** intolérant, d'un esprit étroit. [15]**lors de:** à l'occasion de.   [16]**le con:** (vulg.) *son of a bitch.*   [17]**le nœud papillon:** *bow tie.* [18]**sinon:** (ici) à part cela.   [19]**formidable:** (pop.) excellent, merveilleux.

2.   *Parlons maintenant des réformes de l'enseignement. Qu'est-ce qui vous*
      semble acquis depuis 1968 ?

AC: Tout ce qu'on a fait en 1968, tout ce qu'on a discuté, demandé,
exigé,[20] n'a servi absolument à rien. En dépit[21] du nouveau système
représentatif, il reste l'insécurité des étudiants, des jeunes enseignants. Il   5
y a des assistants qui sont renvoyés[22] en cas de divergence des avis
politiques et les étudiants sont sélectionnés selon les mêmes principes.

ED: Il faut voir ce qui est acquis. On permet aux étudiants d'avoir
des représentants dans les conseils où ils peuvent contrecarrer[23] l'avis des
professeurs et des maîtres-assistants.[24] C'est une réforme importante.   10

AM: C'est un petit progrès mais les étudiants ne s'intéressent pas
assez à la faculté. C'est pour cela qu'ils n'ont pas tellement de pouvoir
dans les conseils des UER.

AC: Les étudiants restent impuissants, mais pas pour cette raison.
Les conseils des UER sont composés d'un nombre déterminé de per-   15
sonnes enseignantes et étudiantes; les étudiants seront en minorité
toujours, même si tous les sièges sont remplis[25] et ils ne peuvent jamais
contrebalancer les opinions du corps professoral. Souvent les conseils
arrivent à s'entendre; sinon, le conseil de l'UER est absolument inutile.
La Loi d'Orientation prévoit[26] un cadre juridique,[27] mais ce cadre n'est   20
pas favorable aux décisions des étudiants, étant donné qu'ils sont minori-
taires et encore divisés entre eux. En fait, il faudrait la parité de l'avis des
étudiants pour arriver à une représentation acceptable.

3.   *Quel aspect des réformes récentes vous paraît le plus important ?*

AM: Ce qui est tout à fait nouveau, c'est la manière d'enseigner. A   25
la place des cours magistraux,[28] on met surtout des travaux dirigés.[29] Cela
établit des rapports entre assistants et étudiants. Il y a énormément de
participation de la part des étudiants aux travaux dirigés qui prennent la
forme de discussions dont est chargé un jeune de 25 ans. C'est très
sympathique.[30]   30

AC: Le nouveau système de contrôle représente un progrès. Il vaut
mieux que les anciens examens de fin d'année parce que le contrôle se fait
tout le temps. Il y a un contrôle journalier et un test de synthèse deux fois
par semestre avec un coefficient supérieur au contrôle journalier. On peut
même ne rien faire au contrôle journalier, mais avoir de très bonnes notes   35

---

[20]**exiger:** demander avec insistance.   [21]**en dépit de:** *in spite of.*   [22]**renvoyer:** mettre à la
porte, *to fire.*   [23]**contrecarrer:** contredire, opposer.   [24]**maître-assistant:** *assistant professor.*
[25]**remplir le siège:** *to fill the seat.* Il faut que 60% des étudiants votent pour que leurs candidats soient élus et que les sièges soient remplis.   [26]**prévoir:** *to make provision for.*   [27]**le cadre
juridique:** *legal framework.*   [28]**un cours magistral:** *lecture course.*   [29]**les travaux dirigés:** les
études par petits groupes avec interrogation; *discussion sections.*   [30]**sympathique:** agréable.

aux tests de synthèse. Donc, si vous valez quelque chose, vous pouvez le montrer plus facilement. Avant, on n'était pas au cours pendant six mois de l'année et puis, pendant quinze jours, on travaillait.

ED: A Nanterre,[31] il y a encore les anciens examens de fin d'année. C'est effarant.[32] Les étudiants qui ont fait un travail régulier ont autant de chances de rater[33] que ceux qui n'ont travaillé qu'à la fin. Le contrôle continu est mieux et je suis surpris d'entendre qu'il peut y avoir des opinions négatives à cet égard.

4.   *Et la fameuse question de l'autonomie des universités; considérez-vous la vôtre autonome et indépendante?*

AM: En fait d'autonomie, je ne crois pas que la Loi d'Orientation ait beaucoup changé. Il n'existe qu'une sorte d'autonomie financière. Or l'université française, en dépit des nouvelles lois, ou des conseils qu'elle a établis, reste financièrement dépendante de l'Etat. On voit mal comment on pourrait prendre des initiatives un peu osées pour l'époque.

D'autre part, le corps enseignant a toujours été soucieux de préserver une autre sorte d'autonomie, son indépendance vis-à-vis du commerce et de l'industrie. A partir du moment où l'université dépend entièrement de l'Etat, il y a peu de chances que l'industrie puisse y entrer comme aux Etats-Unis. L'université veut préserver sa liberté d'action et les étudiants, eux aussi, estiment que la vocation de l'université n'est pas de collaborer avec l'industrie privée, qu'au contraire on doit voir l'enseignment d'une manière suffisamment large et théorique pour avoir ce qu'on appelle une culture générale.

5.   *Il serait donc inattendu[34] qu'une entreprise industrielle offre des crédits pour entreprendre un projet de recherche?*

AM: Cela nous surprendrait et je crois que notre première réaction serait une réaction de méfiance[35] et probablement de refus. Pourquoi? Parce qu'on s'estime indépendants tels qu'on est et puis, finalement, satisfaits de ce qu'on est.

Il y a pourtant des industriels qui, individuellement, collaborent avec l'université, et des universitaires qui font du consulting dans l'industrie. Je voudrais ajouter qu'en France, lorsque vous êtes professeur, vous êtes fonctionnaire et vous n'avez donc pas le droit d'occuper un autre emploi à plein temps. Les universitaires ne peuvent pas prendre certaines occupations, par exemple d'expertise, sauf à titre temporaire. Comme consultant ça va aussi et c'est vraiment une dérogation[36] à la règle.

---

[31]**Nanterre:** l'université de Paris X à l'ouest de Paris.   [32]**effarant:** surprenant, choquant. [33]**rater:** échouer, *to fail*.   [34]**inattendu:** qu'on n'attend pas, surprenant.   [35]**la méfiance:** le manque de confiance; *distrust*.   [36]**une dérogation:** une exception.

6. *Et les diplômes universitaires, qui s'ajoutent depuis 1968 aux diplômes nationaux, ne rendent-ils pas l'université autonome?*

ED: On n'est pas libre. On est obligé de suivre des matières qui sont obligatoires jusqu'à la fin de la troisième année. En quatrième année, celle de la maîtrise, on a le choix entre plusieurs certificats.

AC: Il y a, en effet, des programmes autonomes de notre université, mais on s'aperçoit petit à petit que justement ils ne comptent pas. On est libre de choisir, mais si on ne choisit pas le programme officiel, on n'avance en rien. Si on veut arriver à quelque chose, on est obligé de choisir certains diplômes; on est dirigé par l'Etat, parce que, plus tard, on veut obtenir un poste!

7. *Le problème des débouchés vous préoccupe! A ce sujet on dit qu'il y a trop d'étudiants en lettres, trop qui se préparent à l'enseignment. Qu'en pensez-vous?*

ED: On dit que trop d'étudiants se préparent à l'enseignement mais c'est complètement ridicule, parce qu'on manque de professeurs.

AC: On prétend qu'il y a trop d'étudiants dirigés vers les lettres. En effet, 40% des bacheliers qui se présentent, plus de 200.000 personnes, sont dans la section des lettres, ce qui est énorme. Si, après le bac, ces gens-là veulent faire les lettres, ils savent très bien que les débouchés ne sont pas grands. Il ne faut pas qu'ils comptent sur un poste ou qu'ils réclament: "J'ai un diplôme, j'ai droit à un travail, je veux mon travail ou je fais un caprice!"[37]

Je crois qu'il faudra choisir les étudiants en fonction de leurs capacités, de leur goût, mais aussi de l'état du marché. S'il y avait des études du marché pour savoir de quelle sorte de personnes le pays a besoin, pour savoir, par exemple, sur 100 diplômes combien il en faut en lettres, en sciences juridiques, en biologie, en chimie, nous serions bien avancés.

ED: Je ne suis pas du tout d'accord avec ce genre de quadrillage[38] qui est de dire: "Il y aura tant de sociologues, tant d'économistes, tant de littéraires." Il ne faut pas se laisser embourber[39] dans ce genre de raisonnement. On n'est pas en URSS[40] où on vous dit: "On a besoin de 10 ingénieurs spécialistes en machin-chouette[41] et de 200 professeurs de lettres exactement." Ne va-t-on prendre que 200 étudiants pour former 200 professeurs? On a le droit de choisir ses études, mais il est évident que ce n'est pas parce qu'on a fait certaines études que l'on doit avoir un

---

[37]**je fais un caprice:** *I'll throw a fit.*   [38]**le quadrillage:** la division rigoureuse, contrôlée. [39]**embourber:** *to bog down.*   [40]**URSS:** Union des Républiques Socialistes Soviétiques. [41]**machin-chouette:** *something or other.*

travail. Le diplôme dans la poche n'est pas le droit au travail. Bien sûr, ça sert.

AC: Moi, personnellement, j'étais fasciné par les problèmes d'agronomie mais je me suis d'abord bien renseigné. Quand j'ai vu qu'il ne sortait que très peu d'ingénieurs agronomes par an, mais que ceux-ci avaient du mal[42] à trouver du travail, je suis allé faire des études ailleurs. Je suis venu faire de la gestion,[43] parce que je savais qu'on a énormément besoin dans l'entreprise, dans tous les pays du monde, de gestionnaires. Je deviendrai donc ce que vous appelez un "manager." Je fais des études à la fois en fonction du marché et de la vie.

Pensons au besoin. Les besoins peuvent être chiffrés.[44] Aux gens de se débrouiller[45] s'ils disent: "Moi je vais dans la branche que je veux." Si vous vous engagez dans une branche où l'on demande une personne par an et si vous avez envie de concourir[46] pour être la seule personne dont on aura besoin, d'accord, si ça vous amuse!

AM: Malheureusement, il n'y a aucun canal de renseignement pour que les étudiants sachent quels sont les débouchés. Il faut qu'ils demandent à l'Institut de Statistique, au patronat,[47] aux centrales syndicales, à tout le monde. Il n'y a pas d'organisation universitaire qui dise: "Les débouchés sont tant par là, les niveaux de revenu c'est ça, les possibilités de monter dans l'échelle des salaires ou des responsabilités sont excellentes ici." Il n'y a pas de tableau comparatif.

ED: On a, par exemple, suggéré que des littéraires s'embarquent plutôt dans le journalisme, mais moi, je sais, que ce n'est pas du tout une solution. J'ai eu l'occasion de fréquenter le milieu et c'est archi-bouché.[48] Il y a une petite école qui doit former environ 150 journalistes par an. Pour y entrer il faut d'abord avoir un diplôme de lettres. Parmi ceux qui en sortent, il n'y a guère que 5 % qui arrivent à avoir une place de journaliste.

8.   *Aux Etats-Unis il y a des représentants de l'industrie qui viennent recruter dans les universités. Et ici?*

AC: Il n'en est pas de même en France. Dans les Grandes Ecoles, ça se fait un peu, mais d'une manière tout à fait différente. Ce sont les étudiants qui vont sortir à la fin de l'année qui publient une liste, tout un livre, où il y a leur curriculum vitae, tous les renseignements, ce qu'ils ont l'intention de devenir dans la vie. Ils envoient ce livre à toutes les entreprises qu'ils connaissent. Ensuite les entreprises font un choix et écrivent aux candidats. Ça se limite aux Grandes Ecoles; dans les facultés, ça n'existe pratiquement pas.

---

[42]**avoir du mal à:** avoir de la difficulté à.   [43]**la gestion:** *management;* la direction des affaires commerciales, industrielles.   [44]**chiffrer:** calculer.   [45]**se débrouiller:** trouver une solution à ses problèmes.   [46]**concourir:** *to compete.*   [47]**le patronat:** l'organisation des entrepreneurs; *employers.*   [48]**archi-bouché:** très bouché, très encombré; *all clogged up.*

9. *Cela se limite donc aux étudiants extraordinaires, à ceux de Sciences
Po,*[49] *par exemple?*

AM: Ce ne sont vraiment pas des gens extraordinaires mais Paris
IX, Dauphine, est une université et Sciences Po une école. En France, on
comprend très bien ce que cela veut dire: l'université, tout le monde y   5
entre, école veut dire que peu y entrent. Tant qu'en France il y aura cette
dichotomie, il y aura ces problèmes, puisqu'on part du principe suivant:
un étudiant est bon dans la mesure où il a été sélectionné massivement.

Il faudrait établir un plus grand nombre d'écoles au niveau universitaire et il existe de telles écoles à un autre niveau; il faudra parler des   10
écoles de commerce; il faut tout de même dire que la division des études
théoriques à l'université et plus pratiques dans les écoles n'existe pas
partout comme à Paris.[50] Je connais bien, par exemple, la faculté de
Lille.[51] La faculté des sciences économiques, qui est beaucoup plus petite
que la nôtre, a la possibilité d'entreprendre des études pratiques et   15
d'entrer en contact avec les industries du Nord et du Pas de Calais,[52]
mais ce qui est faisable à Lille ou à Aix-en-Provence,[53] est beaucoup plus
difficile à Paris où les universités comprennent 20.000 ou 30.000 étudiants.

Je voudrais ajouter un petit commentaire sur les écoles de commerce
qui font la préparation du personnel pour les entreprises. Elles dépendent   20
des Chambres de Commerce qui sont des corps officiels, publics, composés de fonctionnaires et de gens élus par le patronat privé.[54] Une taxe,
la "taxe nationale d'apprentissage," est obligatoirement prélevée chez tout
patron qui n'assure pas lui-même l'apprentissage ou qui n'a pas des
apprentis chez lui. Cette taxe est versée aux diverses Chambres de Com-   25
merce qui s'en servent pour financer un certain nombre d'écoles à tous les
niveaux, qu'elles soient techniques, de comptabilité,[55] d'enseignement des
affaires, de fabrication.

A l'échelon supérieur, vous avez les trois écoles de Jouy-en-Josas:[56]
L'Ecole des Hautes Etudes Commerciales (HEC) qui correspond à la   30
troisième, quatrième et cinquième année après le baccalauréat, l'Institut
Supérieur des Affaires qui correspond au troisième cycle, à la sixième et
septième année après le baccalauréat, et le Centre de Formation Continue qui est destiné à assurer un renouveau d'informations à des cadres

---

[49]**Sciences Po:** Sciences Politiques, une des Grandes Ecoles. [50]On parle des écoles professionnelles, telles les écoles de commerce; il est vrai aussi que les Grandes Ecoles, à l'exception
de l'Ecole Normale Supérieure, sont pratiques, c'est-à-dire orientées vers les professions:
l'Ecole des Arts et Métiers, l'Ecole des Mines, l'Ecole Polytechnique, etc. [51]**Lille:** ville
industrielle dans le département du Nord. [52]**Pas de Calais:** département à l'ouest du département du Nord. [53]**Aix-en-Provence:** ville universitaire au nord de Marseille. [54]En France,
les Chambres de Commerce et d'Industrie se composent de gens élus par les entreprises
privées, mais elles sont soumises à la tutelle (*depend on*) de l'Etat quant à leur financement.
[55]**la comptabilité:** *accounting.* [56]**Jouy-en-Josas:** petite ville près de Versailles.

qui sont déjà dans la vie active. Ce centre a l'air de très bien marcher. Les entreprises lui demandent des cours sur mesure.[57] Elles disent par exemple: "J'ai dix cadres, je voudrais qu'ils apprennent telle chose." Les professeurs et les entreprises se mettent d'accord et ensuite ce personnel qui est déjà arrivé à un niveau élevé de la hiérarchie, vient étudier pendant   5
une semaine ou quinze jours, habite sur place et reçoit des cours toute la journée.

Les premières années après le baccalauréat, on ne les fait pas à Jouy-en-Josas. C'est la préparation des concours pour entrer à ces écoles. On se prépare pendant deux ans dans certains lycées. Si un étudiant n'est pas   10
reçu, très souvent il vient chez nous, ici, à l'université, et fait ses études en gestion des entreprises ou en économie.

10. *Est-ce que cela n'établit pas un contraste frappant entre l'élite et la masse des étudiants?*

ED: Il se pose le problème: comment va-t-on sélectionner les   15
étudiants? quels seront les critères les plus justes? Les gens qui ne seront pas sélectionnés seront défavorisés!

AC: On a besoin d'élites, c'est certain. L'élite, ça fait fonctionner un pays, mais l'élite ne doit pas être une élite de diplômes. On ne peut pas la créer de bouts de papier. Un type,[58] même le plus crétin[59] des bonshommes,   20
peut, s'il est une véritable bête de travail, accumuler des diplômes d'une façon incroyable. Or on en prend trop, justement, en France, et on juge trop souvent la valeur du diplôme que la personne a dans sa poche, plutôt que la valeur intrinsèque du bonhomme.

Questions pour la compréhension du texte

1. Qui sont "les gens" qui refusent de participer à quelque chose?
2. Pourquoi ne suffit-il pas d'assister à un concert?
3. L'étudiant qui connaît l'imprésario, pourquoi dit-il qu'il doit voir sa petite maman?
4. Décrivez le groupe qui veut jouer et chanter pendant un concert de musique pop.
5. Ceux qui viennent écouter le jazz, se comportent-ils de la même façon?
6. Pourquoi le groupe hippie aurait-il fait du bruit?
7. Comment s'est-il calmé?
8. Ont-ils été contents du concert classique?
9. Selon AC, en quoi la révolution de 1968 n'a-t-elle pas réussi?

---

[57]**sur mesure:** *tailor made.*   [58]**le type:** (mot populaire) la personne.   [59]**crétin:** idiot, *moron.*

10. Pourquoi ses deux camarades sont-ils plus optimistes?
11. Pourquoi AC veut-il que la moitié des conseils se compose d'étudiants?
12. Quel est ce nouvel enseignement par petits groupes?
13. Définissez les trois méthodes d'évaluation: les examens de fin d'année, les tests de synthèse et le contrôle journalier.
14. Comment pouvez-vous montrer plus facilement que vous valez quelque chose?
15. Qui est partisan des anciens examens de fin d'année? Et pourquoi sont-ils injustes selon ED?
16. De qui dépend l'université, même autonome?
17. Quelle indépendance est-ce que le corps enseignant a affirmé depuis toujours?
18. Pourquoi l'université ne reçoit-elle pas de crédits de l'industrie?
19. Comment les industriels collaborent-ils avec elle?
20. Décrivez la situation d'un professeur consultant.
21. Comparez les diplômes nationaux aux diplômes autonomes.
22. Pourquoi l'étudiant en lettres n'a-t-il plus droit à un poste d'enseignement?
23. Qui dit qu'il faut choisir les études selon les besoins du pays et qui dit le contraire?
24. Quel système politique ne laisse aucun choix à cet égard?
25. Quel droit vous donne un diplôme?
26. Pourquoi la carrière d'ingénieur-agronome ne promet-elle pas de vie facile?
27. Qu'est-ce que c'est que la gestion?
28. Où peut-on se renseigner sur les débouchés?
29. Où sont formés les journalistes et quels sont les débouchés?
30. Comment les étudiants des Grandes Ecoles trouvent-ils des postes dans l'industrie et dans les affaires?
31. Quelle est la différence entre une université et une école (au niveau universitaire)?
32. Qui est "sélectionné massivement"?
33. Qu'est-ce qui se fait à Lille ou à Aix, mais pas à Paris?
34. Combien d'étudiants va-t-il y avoir dans chaque université parisienne?
35. D'où viennent les fonds des écoles de commerce?
36. Décrivez les trois écoles de Jouy-en-Josas.
37. Quel est le programme du Centre de Formation Continue?
38. Où vont les étudiants qui ne peuvent pas entrer à l'Ecole des Hautes Etudes Commerciales?
39. L'élite de la nation n'est pas l'élite des diplômes; expliquez.
40. Résumez les attitudes de chacun des étudiants qui parlent.

Questions à discuter

1. En vous référant au chapitre précédant, comparez les opinions des professeurs représentant l'Education Nationale et celles des étudiants, en ce qui concerne les sujets suivants. Citez les passages.

La politique et les UER
Les conseils représentatifs
Le contrôle continu
L'autonomie financière
Les diplômes autonomes
Les débouchés
Les élites

2. Est-ce que vos expériences avec les clubs, sociétés et autres activités des étudiants ressemblent à celles qu'on décrit? Est-ce que vous trouvez des camarades qui veulent organiser? Etes-vous actif à cet égard? Que faites-vous?

3. Discutez le jazz et le pop chez vous, dans votre ville, à l'université. Que pensez-vous des festivals pop?

4. Que pensez-vous de la politique dans votre université? Que se passe-t-il? Distinguez la politique locale, nationale et internationale. Indiquez si et comment les études politiques, les cours en sciences politiques, vous aident à les comprendre.

5. Préférez-vous les cours magistraux ou le travail pratique? Mettez en valeur ce qui se passe dans votre université.

6. Décrivez le rôle des étudiants dans la gestion de l'université et de ses départements. Parlez de votre participation, de celle de vos camarades.

7. On dit que l'université doit garder son indépendance vis-à-vis de l'Etat, de l'industrie et du commerce. Expliquez pourquoi vous êtes ou n'êtes pas d'accord.

8. Quel est le rapport entre la spécialité des études et la carrière future de l'étudiant? Parlez surtout de votre propre situation.

9. Quelle hiérarchie sociale reconnaissez-vous? Parlez des avantages et désavantages d'une élite.

Propos à défendre ou à contester

1. La vie est beaucoup plus facile qu'autrefois.

2. On ne veut plus être disponible.

3. Il reste l'insécurité des étudiants, des jeunes enseignants.

4. Il faudrait la parité de l'avis des étudiants.

5. On travaille mieux quand on est souvent contrôlé.

6. Il n'existe qu'une sorte d'autonomie financière.

7. Il faut un enseignement large et théorique qu'on appelle une culture générale.

8. On est libre de choisir, mais si on ne choisit pas le programme officiel, on n'avance en rien.

9. Pensons au besoin. Les besoins peuvent être chiffrés.

10. Il faut juger la valeur intrinsèque du bonhomme.

Festival de jeunes à Avignon.
Photo Suquet. Documentation Française.

3

Interview de Jacqueline AVIET, directrice de l'Office du Tourisme Universitaire à Paris.

Les vacances: invitation au voyage

Pendant 35 ans, Jacqueline Aviet a dirigé les destinées de l'OTU. Elle a voyagé partout, elle connaît à peu près tout le monde, elle sait ce qui se passe, où et quand. Dans son bureau, situé au premier étage d'un grand immeuble[1] construit au dix-neuvième siècle, où on entreprend des travaux[2] parce que les locaux[3] sont toujours trop petits pour le grand nombre d'étudiants qui arrivent à tout moment, elle nous parle comme si elle n'était pas pressée ; mais autour de nous, ses assistants sont surmenés[4] comme elle et chacun semble faire le travail de deux personnes. Depuis notre interview, Mademoiselle Aviet a quitté l'OTU et pris sa retraite.[5]

1. *Dites-nous donc quels sont les buts et objectifs de l'Office du Tourisme Universitaire.*

L'OTU est une fondation reconnue d'utilité publique[6] qui fait suite à une association créée en 1929 par les étudiants. Elle organise des voyages qui ont une valeur éducative—de découverte ou d'étude—des activités, que ce soient des chantiers de travail,[7] des rencontres internationales ou des loisirs,[8] auxquelles les étudiants ne peuvent se livrer[9] que pendant les vacances.

2. *C'est dire que vous organisez des voyages de groupes; comment les réconciliez-vous avec l'individualisme des étudiants qui, souvent, ne veulent pas se soumettre à un tel régime ?*

5

10

---

[1]**un immeuble:** une habitation à plusieurs étages, un bâtiment. [2]**les travaux:** où on fait des transformations. [3]**le local:** (ici) le bureau. [4]**surmené:** excessivement occupé; *overworked.* [5]**prendre sa retraite:** *to retire.* [6]**reconnu d'utilité publique:** reconnu par le gouvernement, qui paye une subvention (*subsidy*) à l'OTU. [7]**le chantier de travail:** *work camp,* par exemple, l'entreprise d'une construction. [8]**le loisir:** *leisure, leisure time activity.* [9]**se livrer à:** participer à.

29

C'est justement là le point le plus difficile, le tournant[10] auquel nous sommes arrivés. Pendant des années et surtout après la guerre, les étudiants ont choisi les voyages en groupe parce que c'était une formule facile, parce qu'il y avait des difficultés à exporter des devises,[11] à obtenir des visas, des places dans un train. Maintenant tout cela est beaucoup plus facile et les étudiants cherchent souvent une expérience qui leur soit propre,[12] soit seuls, soit[13] en petits groupes d'amis qui partent, disons, dans une deux chevaux Citroën[14] à l'aventure, mais ceci ne supprime[15] pas le voyage en groupe qui continue à exister pour les pays plus difficiles d'accès, les pays dans lesquels il faut encore un visa, par exemple, ou pour des pays plus lointains, dans lesquels les étudiants n'ont pas de contacts, où ils auraient du mal[16] à trouver leur point de chute[17] et l'organisation de leur séjour.[18]

Depuis quelques années, la tendance aux transports affrétés[19] s'est beaucoup développée. C'est maintenant ce que demandent les étudiants, des avions affrétés, à peu près 60% moins chers que le tarif régulier; ils veulent ensuite voyager par eux-mêmes dans le pays de destination. Ceci n'empêche pas, d'ailleurs, qu'ils demandent des indications sur les endroits où ils pourraient se loger, les endroits où ils pourraient se présenter si, un jour, ils veulent profiter de visites collectives. Autrement dit, ce que l'étudiant demande le plus souvent maintenant, ce sont des services donnés gratuitement, plus le transport.

3.   *Vous vous chargez cependant des inscriptions[20] aux Rencontres Internationales des Jeunes à Avignon[21] qui constituent un programme entier![22]*

Ces programmes, très spécialisés, attirent les étudiants qui ont un goût particulier pour le théâtre, qui en font[23] ou qui l'étudient. Ces étudiants sacrifient une semaine de liberté pour avoir l'occasion unique de voir des pièces nouvelles ou des présentations nouvelles de pièces, pour s'entretenir[24] avec des auteurs, des acteurs, des metteurs en scène.[25] D'ailleurs, bien qu'il y ait beaucoup d'activités proposées aux Rencontres d'Avignon, elles ne sont pas obligatoires; donc l'étudiant peut choisir ce qui l'intéresse.

---

[10]**le tournant:** le moment critique; *turning point.*   [11]**les devises:** l'argent (étranger).   [12]**qui leur soit propre:** uniquement pour eux.   [13]**soit . . . soit:** ou bien . . . ou bien; *either . . . or.*   [14]Le modèle le meilleur marché des voitures Citroën.   [15]**supprimer:** empêcher.   [16]**avoir du mal:** avoir des difficultés.   [17]**la chute:** *drop;* **le point de chute:** *jumping-off place.*   [18]**le séjour:** *stay.*   [19]**affrété:** loué, *chartered.*   [20]**une inscription:** *registration.*   [21]Ces rencontres permettent aux étudiants d'assister aux pièces de théâtre du Palais des Papes, à des discussions, excursions, etc.   [22]**entier:** *entire,* (ici) *full-time.*   [23]**faire du théâtre:** *to act, be on the stage.*   [24]**s'entretenir:** parler, avoir une discussion.   [25]**le metteur en scène:** *producer, director.*

4.   *Aux sports d'hiver, l'étudiant doit aussi avoir avantage à participer à un programme entier.*

C'est effectivement ce qu'ils font, parce que là, ils se heurtent[26] à beaucoup de difficultés. D'abord, retenir[27] une place à des périodes où tout le monde va faire du ski, c'est très difficile. Pour avoir un lit, il faut retenir des mois à l'avance. Ensuite il y a le problème des transports. Les chemins de fer sont saturés au moment des vacances de neige. Enfin, ils bénéficient[28] aussi de leçons de ski collectives, donc moins coûteuses,[29] et, en s'inscrivant à une fédération, ils obtiennent des réductions sur les remontées mécaniques.[30] Vous savez que les remontées mécaniques représentent une part assez importante du budget des sports d'hiver.

5.   *Je sais que pendant les vacances de Noël vous organisiez de nombreux trains de jeunes.*

C'est exact, mais maintenant les chemins de fer français, la SNCF,[31] ont décidé d'organiser eux-mêmes ces trains, qu'ils appellent les trains d'administration. Quelques mois avant Noël, en principe en été, ils nous annoncent quels seront les jours où il y aura ces trains à prix réduit[32] et nous retenons en bloc, d'avance, un nombre important de places. Ainsi les étudiants peuvent bénéficier du maximum de facilités.

6.   *Je suppose qu'à Pâques il se pose un peu le même problème.*

Vous avez raison, mais pour Pâques les choix sont plus diversifiés. Il y a encore les amateurs de neige et de ski; quand Pâques est tôt dans la saison, la neige est souvent bonne; il y a, en même temps déjà, l'appel du soleil et beaucoup d'étudiants commencent à se diriger vers le sud, tendance qui augmente encore en été.

7.   *Est-ce que vous avez, par exemple, des voyages organisés pour la Grèce? Comment est-ce que ça se passe?*

Oui, en Grèce, en Espagne, en Italie, en Yougoslavie, en Bulgarie certaines années; tout dépend des possibilités de logement et de transport que nous avons. En Grèce, nous avons toutes les semaines un avion affrété. Cette année ce sera un Boeing qui emmènera 164 étudiants chaque semaine vers Athènes et qui les ramènera au bout d'une semaine ou de plusieurs semaines, selon le choix. Les étudiants peuvent opter soit pour le transport seul, s'ils ont envie de découvrir la Grèce sac au dos, à pied et en petit groupe, soit pour des programmes organisés. Nous en offrons cinq

---

[26]**se heurter à:** rencontrer (un obstacle); *to come up against.*   [27]**retenir:** réserver (des places, des lits, etc.).   [28]**bénéficier de:** avoir l'avantage de, profiter de.   [29]**coûteux:** cher.   [30]**la remontée mécanique:** *ski lift.*   [31]**SNCF:** Société Nationale des Chemins de Fer Français.   [32]**à prix réduit:** avec une réduction, bon marché.

ou six avec croisière[33] dans les îles, avec visite du Péloponèse, avec séjour sur des plages grecques. Chaque étudiant peut donc choisir sa formule: il peut passer une semaine à Athènes, puis une semaine à visiter les îles, puis une semaine dans un camp de vacances, ou bien voyager seul.

La tendance qui se développe depuis quelques années, c'est le goût 5 pour ce qu'on appelle les séjours libres, c'est-à-dire que nous nous préoccupons du transport, nous retenons un logement pour dix, vingt, trente étudiants au plus, dans une ville et nous leurs fournissons le logement, le petit déjeuner, le transport; le reste du temps, ils sont absolument libres. 10

8.   *Combien d'étudiants passent par vos bureaux?*

D'après ce que je vous ai dit, vous pouvez facilement deviner que la statistique des transports est toujours plus élevée que celle des programmes. Très exactement, nous avons transporté cette année 66.112 étudiants vers tous les pays d'Europe, vers les Etats-Unis, vers le Canada un peu 15 aussi. C'est un chiffre très important.

Dans ce chiffre, 41,22% étaient originaires de France; 27,48% des Etats-Unis, ce qui est une proportion très élevée; 10,08% de Grande-Bretagne; 8,23% d'Espagne. Vous voyez que les Etats-Unis viennent au second rang après la France. 20

9.   *Est-ce que cela comprend les Américains que vous amenez en France aussi bien que ceux qui participent à vos voyages?*

Les deux. Nous avons des étudiants qui passent leur Junior Year en France et qui partent en vacances à l'étranger avec des étudiants français, vers l'Union Soviétique, par exemple. Nous nous occupons toujours de 25 beaucoup d'Américains faisant leurs études en France, mais aussi d'Italiens, d'Anglais, d'Espagnols, etc.

10.   *Vous fonctionnez depuis longtemps et vous équilibrez vos comptes!*

Il n'y a pas de miracle! Ça a été d'abord avec les subventions de fonctionnement[34] qui ont diminué une partie des frais que les étudiants 30 auraient été obligés de supporter autrement. Ces subventions ont beaucoup diminué ces dix dernières années, parce que le budget des ministères qui nous subventionnaient a été réduit. Nous avons un budget autonome, dont nous sommes responsables et il faut à tout prix l'équilibrer. Nous le faisons en vivant de façon très modeste dans ce bureau et en réduisant les 35 frais généraux[35] autant que possible.

---

[33]**la croisière:** *cruise.*   [34]**la subvention de fonctionnement:** *subsidy toward operational expenses.* [35]**les frais généraux:** *overhead expense.*

11.   *Quelle est maintenant cette subvention?*

Actuellement, elle représente de 2 à 3%; je parle ici des frais de fonctionnement. Par ailleurs, il y a eu des subventions d'équipement, qui ont été de l'ordre de 50% et qui nous ont permis d'acheter des terrains et de construire un centre de vacances pour les étudiants dans le Midi.[36] Ces   5
50% de subventions étaient une aide très importante; nous avons dû, évidemment, autofinancer[37] les 50% restants, en faisant des emprunts[38] que nous avons remboursés en quatorze ans.

12.   *Comment marche votre centre sur la Méditerranée?*

Très bien. Il continue à avoir beaucoup de succès, à se remplir, à   10
rester international. Nous avons ajouté depuis quelques années des activités sportives qui semblent répondre à ce que les étudiants souhaitaient. Nous avons inclu dans le prix de journée qu'ils paient, la voile,[39] le ski nautique et, cette année, le tennis.

Ce centre se trouve à Saint-Aygulf, un petit village situé à 6 km de   15
Saint-Rafaël et à peu près 20 à 25 km de Saint-Tropez.[40] Un lycée occupe les locaux[41] pendant l'année scolaire; c'est un arrangement que nous avons fait avec le Ministère de l'Education Nationale. Notre centre de vacances, qui ne peut être ouvert que pendant les vacances des étudiants, était disponible[42] pendant l'année scolaire et les lycées de la région manquaient de   20
locaux. L'Inspecteur d'Académie[43] nous a donc demandé si nous pouvions mettre les nôtres à leur disposition pendant les trimestres scolaires, donc d'octobre à décembre, puis de janvier à avril, ensuite de fin avril au mois de juillet. Pendant les périodes de vacances, nous reprenons nos locaux qui reviennent à leur vocation première: un centre d'étudiants.   25

13.   *Et ces étudiants restent combien de temps?*

En général, comme le nombre de places est limité et les demandes sont très nombreuses, nous inscrivons les étudiants pour des périodes de deux semaines, éventuellement renouvelables.[44] Pendant ces deux semaines, ils font du sport, certes,[45] mais aussi ils se reposent. Ils restent   30
au soleil sur la plage, ils se baignent, ils font des promenades et ils jouent à ce jeu local bien connu qui s'appelle la pétanque[46] et ils dorment.

---

[36]**le Midi:** le sud de la France.   [37]**autofinancer:** financer nous-mêmes.   [38]**un emprunt:** *loan.*
[39]**la voile:** *sailing,* faire du bateau à voile.   [40]villes de la Côte d'Azur (*French Riviera*) à l'ouest de Cannes.   [41]**le local:** le lieu, l'établissement, les bâtiments.   [42]**disponible:** *available,* à notre disposition.   [43]**l'Académie:** (ici) une région dans l'administration des écoles et universités.
[44]**renouvelable:** qu'on peut renouveler; *renewable.*   [45]**certes:** certainement, bien sûr.   [46]**la pétanque:** jeu de boules populaire au Midi, semblable à *boccie.*

14. *Et comment passent-ils leur été? Je suppose qu'ils ne passent qu'une partie de leurs vacances dans les groupes que vous organisez.*

Oui, bien sûr, parce que les vacances d'été sont longues. Les étudiants n'auraient pas les moyens, en général, de voyager pendant trois ou quatre mois. Disons qu'il y a d'abord une période de voyage, peut-être 5
de deux semaines, même un mois. N'oubliez pas que beaucoup d'étudiants travaillent pour gagner leurs vacances ou même une partie des frais de l'année universitaire. Par conséquent, beaucoup d'entre eux consacrent[47] un mois, deux mois de leur été à travailler, et puis, enfin, il y a les vacances familiales. Les étudiants, après avoir voyagé, ou avant, passent souvent 10
quinze jours, trois semaines ou un mois avec leur famille, soit dans leur ville de résidence, soit là où va la famille pour les vacances.

15. *Vous n'aidez pas les étudiants à trouver des postes pour l'été?*

Non, ce n'est pas notre travail. Il faut pour cela un bureau spécialement organisé, comme le Bureau Universitaire de Statistiques qui a un 15
service de placement. Souvent les étudiants, par leurs propres[48] contacts, trouvent du travail dans les banques, dans les compagnies d'assurances[49] par example; beaucoup d'autres sont moniteurs dans des colonies de vacances[50] pendant l'été.

16. *Vous n'en organisez pas?* 20

Aux Etats-Unis exclusivement. Nous envoyons tous les ans un certain nombre d'étudiants aux Etats-Unis qui travaillent comme moniteurs pendant 8 à 10 semaines.

17. *Si un groupe dans une université américaine désire organiser un programme en France, lui conseillez-vous[51] de s'adresser à vous?* 25

Bien sûr. D'ailleurs beaucoup s'adressent à nous. Nous recevons un courrier important[52] des Etats-Unis, des demandes[53] de séjour en France et en Europe, aussi de la part des lycées, maintenant que les jeunes commencent à voyager plus tôt.

Le groupe local nous écrit en faisant part[54] de ses intentions et en 30
nous disant, dans les grandes lignes, ce qu'il voudrait faire. Nous examinons le projet. Si nous le jugeons trop ambitieux, dans le temps qu'un groupe peut consacrer, nous lui répondons en lui conseillant d'alléger[55] son projet. D'autre part, nous ajoutons nos propres suggestions si nous pen-

---

[47]**consacrer:** *to devote.*   [48]**propre:** *own.*   [49]**une assurance:** *insurance.*   [50]**le moniteur d'une colonie de vacances:** *camp counsellor.*   [51]**conseiller:** donner un conseil, suggérer (à quelqu'un de faire quelque chose.   [52]**courrier important:** beaucoup de lettres, etc.   [53]**la demande:** requête, *application.*   [54]**faire part de:** déclarer, annoncer.   [55]**alléger:** rendre plus léger, diminuer, réduire.

sons que, dans une région de France ou d'Europe, il y a quelque chose d'intéressant à visiter auquel le groupe n'a pas pensé.

Il y a toutes les formules possibles. Nous organisons des voyages particulièrement de l'étranger vers la France, pour des groupes constitués d'une université, d'un institut ou d'une école. Nous organisons également des voyages pour des groupes du même ordre en France; je pense en particulier à ce qu'on appelle les voyages de promotion,[56] c'est-à-dire, les voyages où les élèves d'une Grande Ecole[57] font, la dernière année en fin d'études, le voyage d'adieu avant d'entrer dans la vie professionnelle.

18. *Avec le grand nombre d'étudiants qui voyagent seulement pendant les vacances, avez-vous une vie très bousculée[58] pendant certaines périodes, et très calme pendant d'autres? Est-ce que vous vous reposez la moitié de l'année?*

Certainement pas. Il n'y a plus de périodes calmes. Il y a des périodes très agitées, mais il n'y en a plus de calmes. Il faut dire que les vacances se succèdent à un rythme assez rapide: Noël, trois mois plus tard Pâques, trois mois plus tard l'été; et que la préparation d'un programme demande à peu près un an. Il faut prévoir[59] les choses avec au moins un an d'avance, ce qui fait que, pendant que nous exécutons un programme d'une saison, nous sommes déjà obligés de travailler sur les programmes des saisons à venir et il n'y a plus de temps creux[60] du tout.

19. *Vos groupes sont très variés; souvent ils se composent d'étudiants venus d'un peu partout qui doivent avoir beaucoup à apporter les uns aux autres.*

C'est du moins ce que nous espérons. Oui, les groupes sont très mêlés et notre règle d'or, c'est de ne faire aucune discrimination religieuse, politique, sociale ou raciale.

20. *Mais vous n'arrivez[61] pas à égaliser le nombre de garçons et de filles?*

Hélas, non; il y a toujours beaucoup plus de jeunes filles, dans les voyages en groupe en tout cas, probablement parce que les familles poussent leurs filles à partir dans des groupes pour qu'elles aient un certain encadrement,[62] pour une raison de sécurité dans bien des cas,[63] pour qu'elles ne soient pas trop livrées[64] à elles-mêmes. C'est une notion qui va sans doute disparaître peu à peu. Il y a peut-être aussi souvent plus de

---

[56]**la promotion:** le groupe d'étudiants qui finissent leurs études la même année; (*class of* 19—).
[57]Voir p. 11, note 105.   [58]**bousculé:** agité, plein d'activité.   [59]**prévoir:** anticiper, faire des plans.   [60]**creux:** vide, où on n'a rien à faire.   [61]**arriver à:** (ici) réussir à.   [62]**un encadrement:** (fig.) une direction, des chefs responsables; *guidance.*   [63]**bien du:** beaucoup de.   [64]**livré:** abandonné.

jeunes filles parce que les parents leur donnent la somme qu'il faut pour le voyage organisé mais estiment que leurs fils peuvent gagner cet argent, travailler, et, pendant leurs voyages, vivre dans des conditions plus sommaires.[65]

21. *Est-ce que l'équilibre entre garçons et filles reparaîtra?*   5

On s'en approchera peut-être, bien qu'il y ait plus de femmes que d'hommes dans le monde, pour le moment du moins.

22. *Est-ce qu'il y a aussi de véritables échanges?*

Il y a effectivement quelques échanges. On échange—ça paraît un peu comique—une personne-journée contre une personne-journée. Ceci est   10 particulièrement vrai des républiques socialistes, dans lesquelles l'exportation de devises est assez stricte. Pour faciliter les voyages, nous sommes arrivés à cette méthode d'échange homme pour homme. Ailleurs les échanges sont rares; c'est une proportion minime des voyages, parce qu'il est très difficile d'équilibrer les nombres. C'est l'éternel problème.   15

23. *Quelle est, pensez-vous, la contribution au développment intellectuel des loisirs organisés? Y croyez-vous?*

Sinon, je ne ferais pas ce travail! Dès qu'un étudiant, ou d'ailleurs un adulte, sort de chez lui, il apprend quelque chose. Ce qu'il apprend de plus important, à mon avis, c'est à remettre en question un certain nombre   20 d'habitudes et de choses qu'il croit acquises[66] et qui ne le sont pas forcément,[67] qui ne sont pas forcément justes. Il n'y a pas *une* façon de vivre dans le monde, il y en a autant que d'hommes, et c'est ça que les voyages apprennent.

Questions pour la compréhension du texte

1. Quelle "valeur éducative" voyez-vous dans les differentes actitivités de l'OTU?
2. Comment s'exprime l'individualisme des étudiants d'aujourd'hui et comment est-ce que cela complique la tâche de l'OTU?
3. Quelle genre d'expérience cherchent les étudiants?
4. Quels sont les pays "plus difficiles d'accès" pour un Français?
5. Quel est le grand avantage des avions affrétés?
6. Décrivez les services supplémentaires que demandent les étudiants.

---

[65]**sommaire:** primitif, rudimentaire.   [66]**acquis:** (ici) sûr, évident, établi.   [67]**forcément:** nécessairement.

7. Qu'est-ce qui attire les étudiants aux rencontres à Avignon?
8. Qui y trouve-t-on?
9. Pourquoi les étudiants acceptent-ils des "programmes entiers" pour faire du ski?
10. Qu'est-ce qui est particulièrement cher quand on fait du ski?
11. Décrivez les "trains d'administration." Pourquoi les ajoute-t-on aux trains réguliers? Quel est leur avantage?
12. Quels sont les choix "plus diversifiés" pour Pâques?
13. Que fait l'étudiant une fois arrivé en Grèce?
14. Pourquoi y a-t-il plus d'inscriptions pour les avions affrétés que pour les options de voyages? Expliquez.
15. Définissez les "séjours libres."
16. Combien d'étudiants passent par les bureaux de l'OTU et de quelles nationalités sont-ils?
17. Que font certains groupes d'étudiants qui passent leur Junior Year en France, pendant leurs vacances?
18. Pourquoi les subventions de l'OTU ont-elles diminué? Est-ce un cas normal ou exceptionnel?
19. Faites la liste de ce que vous comprenez par "frais généraux."
20. Comment est-ce qu'une subvention diminue les prix que payent les étudiants?
21. Quelles sont les activités sportives du centre de Saint-Aygulf?
22. Etudiez une carte de la côte méditerranéenne, ensuite parlez de la géographie, du climat et des villes principales de la Côte d'Azur; dites où se trouvent les plages dont parle notre texte.
23. Comment l'OTU a-t-il fait pour installer un lycée dans les locaux de son centre de Saint-Aygulf?
24. Quelles sont les dates approximatives des vacances en France?
25. Combien de temps les étudiants peuvent-ils passer à Saint-Aygulf?
26. Décrivez leurs activités à Saint-Aygulf.
27. Comment un étudiant français divise-t-il ses vacances?
28. Comment peut-il trouver un emploi pendant l'été?
29. Comment s'occupent les étudiants que l'OTU envoie aux Etats-Unis pour l'été?
30. Comment et pourquoi est-ce que l'OTU modifie les projets de vacances qu'on propose?
31. Qu'est-ce que c'est qu'un "voyage de promotion"?
32. Pourquoi les bureaux de l'OTU sont-ils toujours occupés?
33. Pourquoi les groupes de l'OTU sont-ils si "mêlés"? De quels éléments se composent-ils, pensez-vous?
34. Pourquoi y a-t-il plus de filles que de garçons dans les groupes organisés?
35. Qui veut qu'une jeune fille ait "un certain encadrement" et qu'elle évite les conditions "sommaires"?
36. Où y a-t-il des échanges?
37. Définissez "une personne-journée."
38. Pourquoi les échanges sont-ils si difficiles ailleurs?

39. Qu'est-ce que les voyages ajoutent au développement intellectuel?
40. Quelle leçon d'humanisme est attribuée aux voyages?

Questions à discuter

1. Nous vivons dans une société qui voyage beaucoup. Expliquez comment et pourquoi on voyage et analysez votre propre expérience.

2. Préférez-vous voyager sac au dos ou d'une manière plus confortable? Parlez de vos expériences et de vos plans pour l'avenir.

3. Faites un plan détaillé pour un voyage en Europe, ou en France; dites pourquoi vous choisissez la route que vous proposez.

4. Comment vos études de langues étrangères peuvent-elles rendre vos séjours plus amusants et plus profitables?

5. Comment divisez-vous votre temps pendant les grandes vacances et que feriez-vous si vous aviez un choix tout à fait libre?

6. Décrivez vos sports préférés, l'été et l'hiver, et expliquez pourquoi vous les avez choisis.

7. Comment pourriez-vous organiser des voyages dans votre école? Quels seraient les programmes qui attireraient le plus grand nombre de vos camarades?

8. Décrivez quelques organismes américains analogues à l'OTU.

9. Comment est-ce qu'on trouve un poste pour l'été aux Etats-Unis? Comparez la situation à l'expérience française.

10. Décrivez vos contacts avec des étudiants étrangers. Comment sont-ils venus aux Etats-Unis, comment les avez-vous rencontrés, comment avez-vous profité de ces rencontres?

Propos à défendre ou à contester

1. Les étudiants cherchent une expérience qui leur soit propre; chaque étudiant doit choisir sa formule.

2. Ce que l'étudiant demande le plus souvent, ce sont des services donnés gratuitement.

3. Les étudiants qui s'intéressent particulièrement au théâtre, lui sacrifient volontiers une semaine de liberté.

4. La tendance qui se développe, c'est le goût pour les séjours libres.

5. Les étudiants, pendant leurs vacances, veulent aussi se reposer; ils dorment.

6. Pour les emplois d'été, il faut un bureau spécialement organisé.

7. Les étudiants venus d'un peu partout ont beaucoup à apporter les uns aux autres.

8. Il y a toujours plus de jeunes filles dans les voyages en groupe.

9. Les échanges sont rares; il est très difficile d'équilibrer les nombres.

10. Il n'y a pas *une* façon de vivre dans le monde, il y en a autant que d'hommes, et c'est ça que les voyages apprennent.

II

LES PROFESSIONS

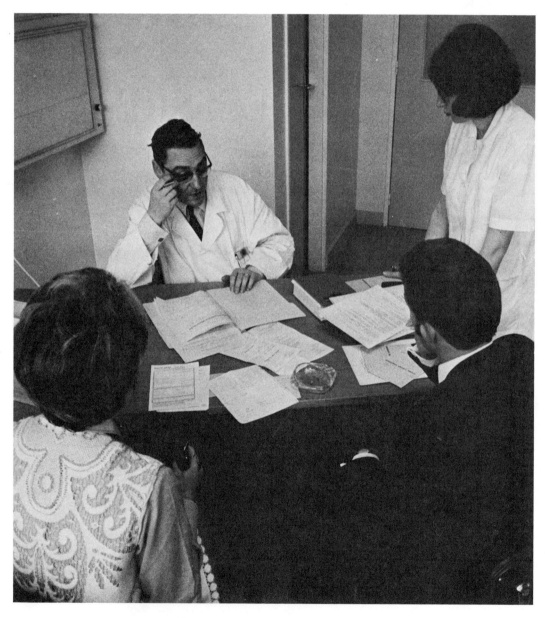

Une consultation médicale.
Photo L. Brun. Documentation Française.

4

Interview des docteurs Denyse et Roland BERMAN,
pédiatres[1] à Paris.

Un couple médecin

Les docteurs Denyse et Roland Berman, avec leurs spécialités différentes mais utiles
l'une à l'autre, semblent le modèle d'une coopération qui devient de plus en plus
importante dans la famille moderne. Lui reçoit ses clients dans son cabinet qui fait
partie de leur appartement à Paris ; elle travaille à l'hôpital et souvent, à la maison, elle
répond pour lui au téléphone. Dévoués[2] à leur profession, élevant en même temps leur
enfant, travaillant, lui surtout, des heures beaucoup trop longues, nous avons pu les
voir pendant un de leurs rares moments de loisir.[3]

1. *Comment avez-vous choisi votre carrière de médecin, Madame, et que
pensez-vous de la médecine comme carrière ?*

DB: Une femme qui se destine à la médecine désire être médecin
depuis de nombreuses années. Son choix, ce n'est pas un coup de foudre[4]
pour une profession, c'est quelque chose qui est mûrement réfléchi. Moi-   5
même, j'ai un père médecin, je suis de famille médicale, ce qui a certainement favorisé mon amour pour la médecine. J'ai toujours désiré être
médecin, seulement j'étais timide, je pensais plutôt faire une carrière de
recherche ou de laboratoire, car je n'aimais pas tellement le contact avec
les autres personnes ou éventuellement des patients. Puis, finalement, en   10
cours d'études, j'ai pensé que c'était un métier tellement passionnant, que
le contact justement avec d'autres personnes était tellement intéressant,
que j'ai changé d'avis.

2. *Ainsi, plutôt que chercheur,[5] vous êtes médecin ?*

DB: Oui, avec des contacts permanents avec des patients, pas tou-   15
jours des malades, mais des personnes qui viennent me voir et avec

---

[1] **le pédiatre:** le médecin qui soigne les enfants.   [2] **dévoué:** *devoted.*   [3] **le loisir:** le temps libre
quand on ne travaille pas.   [4] **le coup de foudre:** un amour inspiré subitement, soudainement.
[5] **le chercheur:** *research scholar.*

43

lesquelles j'essaie de créer un climat de confiance. Et vraiment, je suis très heureuse et très contente. Je n'ai plus aucun rapport avec les chercheurs ou les laboratoires.

3. *Combien de femmes médecins y a-t-il en France? Comment réconcilier la profession de femme médecin avec la vie de famille?*   5

DB: Il y a environ une femme médecin pour dix hommes, mais au départ, il y en a certainement plus qui s'inscrivent[6] à la Faculté. Ce problème rejoint la deuxième question: en cours d'études, les femmes se marient et comme elles ont souvent rapidement des enfants, elles abandonnent les études pour des raisons familiales. Celles qui restent ont   10 certainement des problèmes familiaux à résoudre.[7] Moi-même, je me suis mariée assez tardivement, une fois les études terminées, et j'ai eu un enfant très tardivement parce que je m'intéressais plus à la profession qu'à la famille, et plus à la profession de mon mari qu'à notre famille même. Les problèmes d'enfants et les problèmes strictement familiaux passaient au   15 second plan.[8]

4. *Croyez-vous que le mariage avec un médecin est particulièrement avantageux pour une femme médecin?*

DB: C'est souhaitable,[9] parce que je comprends mieux les problèmes de mon mari, qui sont des problèmes pas toujours très faciles à résoudre. Il   20 part tôt, il rentre tard, il faut une personne en permanence à la maison, il faut répondre au téléphone, ouvrir la porte, garder le sourire, ce qui n'est pas toujours très facile; la clientèle est très, très exigeante.[10] Il faut pourtant le comprendre et je le comprends beaucoup mieux parce que je suis médecin, et quand mon mari est débordé,[11] je peux le dépanner,[12] non pas   25 en consultant[13] parce que je n'ai pas le droit de le faire à la maison, étant donné que[14] je suis salariée[15] à l'hôpital, mais j'aide en donnant des conseils. Je "consulte" un petit peu par téléphone. Je dis cela entre guillemets,[16] parce que je n'ai pas le droit de le faire. Mais je peux l'aider et moi-même, quand je rentre à la maison, je peux parler de mon travail à mon mari. Nous avons   30 deux professions qui se complètent dans nos spécialités et nous pouvons en discuter, ce qui est très intéressant.

5. *Et le mari, qu'en pense-t-il?*

RB: Bien entendu, ma femme m'aide énormément dans ma profession. Je ne sais pas ce que je ferais si je devais changer de femme: ou bien   35

---

[6]**s'inscrire:** devenir étudiant; *to register.*   [7]**résoudre:** trouver une solution (pour quelque chose). [8]**le second plan:** ce qui est moins important, de second ordre.   [9]**souhaitable:** à désirer, à souhaiter.   [10]**exigeant:** difficile, qui demande beaucoup.   [11]**débordé:** trop occupé.   [12]**dépanner:** aider, tirer de l'embarras.   [13]**consulter:** examiner ou conseiller les malades.   [14]**étant donné que:** puisque, parce que.   [15]**un salarié:** celui qui reçoit un salaire, une somme fixe par mois.   [16]**entre guillements:** *in quotes.*

je renoncerais à changer de femme, ou bien j'en prendrais une autre qui soit médecin, ou il faudrait que je change de profession. Ma femme me rend énormément service sur le plan[17] médical. Elle me soulage[18] d'une partie de mes tâches,[19] en donnant des conseils, en conseillant les gens utilement au téléphone, parce que bien souvent, ce dont les gens ont besoin, c'est d'un conseil, d'être rassurés par une voix autorisée[20] et la voix de ma femme est aussi autorisée que la mienne, à tel titre que certaines personnes la connaissent bien et demandent à lui parler à elle, au téléphone, sans même vouloir me déranger.

6.   *Avez-vous la même spécialité?*

DB: Nous avons la même spécialité de base, nous sommes pédiatres tous les deux; si j'ai fait la pédiatrie, c'est parce que mon mari était pédiatre déjà. C'est lui qui m'a influencée. J'ai étudié tout particulièrement les maladies allergiques en pédiatrie, si bien que je peux renseigner les gens qui ont besoin de conseils pédiatriques et, en plus, j'ai ma spécialité dans mon petit coin qui est plus compatible avec une vie de femme, car je consulte à des heures régulières. Quand je rentre chez moi, c'est terminé, je ne suis plus dérangée.

7.   *Etes-vous aussi spécialisé que votre femme?*

RB: Je suis spécialisé en pédiatrie, c'est-à-dire que je soigne les enfants de la naissance jusqu'à l'âge de quinze ans; ensuite je renonce à les soigner; je les confie au médecin de médecine générale; mais à l'intérieur de la pédiatrie je suis un généraliste, alors que certains de mes confrères[21] font de la neuro-pédiatrie, de la cardio-pédiatrie, de la psycho-pédiatrie. Moi, je suis un généraliste pour les enfants.

8.   *Ainsi un "généraliste" peut être lui aussi spécialiste?*

RB: Comme aux Etats-Unis, il existe au sein[22] de la médecine générale des gens qui ont fait un certificat spécial qui leur donne le titre d'interniste, qui leur permet d'avoir le rang de spécialiste. Ils ont été internes pendant quatre ans. Ils peuvent demander des honoraires[23] de spécialiste.

9.   *Vous êtes donc tous les deux spécialistes, mais vous travaillez sous des conditions très différentes. Quels sont les avantages, Madame, de travailler dans un hôpital, à part les heures du travail?*

DB: Il y a un gros désavantage, mon salaire est bas par rapport aux honoraires habituels, mais je suis femme de médecin; donc je considère que

---

[17]**sur le plan:** au point de vue.   [18]**soulager:** (ici) diminuer le travail.   [19]**la tâche:** ce qu'on a à faire; *task*.   [20]**autorisé:** qui a l'autorité, qui connaît les problèmes.   [21]**le confrère:** le collègue.   [22]**au sein de:** (ici) dans le milieu de.   [23]**un honoraire:** ce qu'on paye aux membres d'une profession libérale.

ce que je gagne, c'est un peu mon argent de poche. Je n'ai pas besoin de gagner l'argent du ménage. Ceci mis à part,[24] il n'y a, je pense, que des avantages. Je n'ai aucun souci[25] de la bonne marche de la consultation; il y a des secrétaires qui donnent les rendez-vous;[26] un personnel infirmier s'occupe de recevoir les patients, de les diriger aux différents laboratoires, s'ils doivent y aller ensuite. C'est une médecine très facile et facilitée par l'organisation de l'hôpital.

En plus, j'ai d'excellents rapports avec les patients. Ne consultant pas chez moi, je considère chaque consultation comme une consultation privée. Je les reçois sur rendez-vous; je les prends à l'heure; je prends mon temps comme si je les recevais chez moi. Je n'ai aucun contact avec l'argent que donnent les patients; on me libère ainsi de cette contrainte.

10. *Qui peut se faire soigner à l'hôpital sans être hospitalisé?*

DB: N'importe qui[27] peut se présenter à l'hôpital, à la consultation qu'il désire. Ils prennent rendez-vous avec tel ou tel médecin, ou bien ils sont même reçus sans rendez-vous. Il n'y a pas de problèmes sauf si on demande à voir un patron;[28] les patrons, les professeurs des hôpitaux ne reçoivent que si c'est un médecin de ville qui leur adresse son patient avec une lettre. Autrement n'importe qui peut aller à l'hôpital voir n'importe quel médecin.

11. *Ne faut-il pas attendre longtemps ce rendez-vous?*

DB: S'il s'agit de grands professeurs, c'est possible. Pour des personnes qui ne connaissant personne dans le milieu médical, il est parfois très difficile de voir un patron; à ce moment-là, ils voient un assistant. C'est normal: si n'importe qui demandait à voir un professeur, les professeurs ne pourraient plus travailler, ils seraient encombrés[29] de cas qui devraient être réglés[30] au niveau de l'assistant ou de l'interne. Toute personne se présentant à l'hôpital est reçue par un médecin, mais il y a une hiérarchie, il y a différents degrés. Les problèmes sont souvent résolus au niveau de l'échelon médical inférieur. Par contre, si l'assistant a des difficultés, il montre le malade au patron. Il faut ajouter qu'en consultation les tarifs sont les mêmes que ce soit le patron, l'assistant ou quelqu'un d'autre, par exemple l'interne.

12. *Et quelle est votre position à l'hôpital?*

DB: Moi, j'ai le titre d'attachée de consultation. C'est très différent des chefs de service. Je n'ai pas de service de malades comme eux. J'ai une simple consultation. Je dépends d'un médecin chef de service. Je

---

[24]**ceci mis à part:** ceci excepté.   [25]**le souci:** la préoccupation; *worry.*   [26]**le rendez-vous:** *appointment.*   [27]**n'importe qui:** *anyone.*   [28]**le patron:** le médecin en chef, souvent un professeur.   [29]**encombrer:** surcharger, donner trop à faire.   [30]**régler:** résoudre; *to dispose of, settle.*

passe uniquement mon temps à voir des malades venant de l'extérieur. Je
ne vois des malades hospitalisés qu'envoyés par d'autres chefs de service.

13.   *Mais les chefs de service reçoivent aussi des clients de ville?*

RB: Les soins que donne un médecin de l'hôpital à des clients de
ville constituent ce qu'on appelle le service privé du médecin à temps-   5
plein. De plus en plus, les chefs de service sont ce qu'on appelle "temps-
plein," c'est-à-dire qu'ils ne font plus de clientèle,[31] ils ne reçoivent plus
chez eux, ils sont salariés par l'hôpital, mais l'hôpital leur donne l'autorisation une ou deux demi-journées par semaine de recevoir dans leurs
locaux[32] hospitaliers des malades privés et de leur demander des hono-   10
raires.

14.   *Votre femme est attachée de consultation, donc un peu l'assistante du
médecin en chef, et vous, docteur, dans votre pratique privée, avez-vous
un assistant?*

RB: Je n'ai pas d'assistant, seulement je surveille l'installation des   15
jeunes dans mon quartier, des jeunes pédiatres. Je suis content qu'ils
s'installent dans le quartier, je vais leur dire bonjour, je leur envoie mon
trop-plein[33] de patients. Ça me décharge; ça me permet d'envoyer des
patients que je n'ai pas le temps de voir. Eux aussi sont très contents, car
ils ont besoin de se faire une clientèle. Ça s'arrange bien comme ça. Quand   20
je suis submergé, débordé, eh bien, j'envoie mes malades à des jeunes
pédiatres qui ne sont pas débordés.

15.   *En France, les frais[34] médicaux sont largement payés par la Sécurité Sociale. Comment est-ce que cela marche, d'abord à l'hôpital,
puis dans la pratique privée?*   25

RB: A l'hôpital, toute personne affiliée à la Sécurité Sociale a droit
à un remboursement de 70% sur le tarif[35] demandé. C'est toujours le
même tarif, mais il y a un accord entre la Sécurité Sociale et les hôpitaux,
car les tarifs hospitaliers sont différents des tarifs demandés en ville. Quand
il y a des examens très onéreux, on ne demande au malade que les 30%   30
qui restent. De ce fait, les patients ont moins d'argent à débourser.[36]

Dans le secteur privé, 95% des médecins français sont conventionnés, c'est-à-dire 95% ont signé une convention avec la Sécurité Sociale et
s'engagent à appliquer des tarifs que la Sécurité Sociale impose. Ceux qui
se sont retirés de la convention, demandent des tarifs libres. Par contre,   35
la Sécurité Sociale rembourse 70% du tarif des médecins conventionnés.
Ces tarifs sont actuellement les suivants: pour le spécialiste en consulta-

---

[31]**la clientèle:** les clients (privés) que le docteur reçoit chez lui.   [32]**le local:** le bureau.   [33]**le
trop-plein:** *overflow.*   [34]**les frais:** dépense, ce qu'il faut payer.   [35]**le tarif:** les frais fixés
d'avance.   [36]**débourser:** payer; *disburse.*

tion chez lui, 33 francs; au domicile du patient, 45 francs.[37] Les patients paient mais sont remboursés à 70% du tarif; ceux qui ont une mutuelle[38] se font rembourser le complément[39] par leur mutuelle.

Il y a enfin les indigents qui sont inscrits à l'Aide Médicale. Ils ne paient pas le médecin. Le médecin est inscrit aussi et se fait rembourser   5 par l'Aide Médicale. Cela s'applique aussi aux accidents du travail. Si quelqu'un a un accident du travail, il ne paie pas le médecin qui se fait rembourser. Les interventions chirurgicales[40] qui dépassent 300 francs sont aussi prises en charge par la Sécurité Sociale, et là, les patients n'ont pas d'avance à faire.   10

16.   *Personne ne paie plus de 33 francs la consultation?*

RB: Si, la Sécurité Sociale prévoit des dérogations[41] mais uniquement dans deux cas: dans le cas d'exigences particulières[42] du malade et dans le cas de notoriété[43] du médecin. Si par exemple un patient se présente en dehors des heures de consultation, se présente à sept heures du   15 matin sans rendez-vous et désire être reçu tout de suite, vous avez parfaitement le droit d'augmenter les honoraires. Mais il faut indiquer à la Sécurité Sociale les honoraires qu'on prend. Il existe des majorations[44] pour les visites de dimanche ou de nuit. Enfin, certains médecins, ceux en particulier qui ont des titres hospitaliers, ont le droit permanent à dépas-   20 ser[45] le tarif du fait de leur notoriété. On peut en user, mais pas en abuser. Lorsque je dépasse, j'arrondis[46] de 2 à 5 francs, guère[47] plus.

17.   *Que pensez-vous de la Sécurité Sociale? Est-elle un avantage ou une menace?*

RB: C'est sûrement un avantage social pour la France, car tout le   25 monde peut se faire soigner, mais il est certain que, lorsque vous avez un patient que vous devez examiner pendant une heure et demie, si vous lui demandez 33 francs en spécialité ou 25 hors spécialité, vous ne pouvez pas vivre. Donc, ou bien vous allez trop vite, vous faites de la mauvaise médecine, ou bien vous ne pouvez plus consulter. Le système peut nuire[48]   30 à la bonne médecine. Je connais des médecins qui sont obligés de voir, à ce tarif, 30, 40, 50 patients par jour. Ils ne peuvent pas les voir sérieusement.

Le système actuel est pourtant ce que demandent les médecins. Ce qu'ils craignent, c'est une aggravation[49] qui mènerait[50] aux systèmes alle-   35

---

[37]Ces chiffres datent de 1972.   [38]**la mutuelle:** *insurance (company).*   [39]**le complément:** le supplément, c'est-à-dire les 30%.   [40]**chirurgical:** *surgical.*   [41]**la dérogation:** l'exception. [42]**les exigences particulières:** *special requirements.*   [43]**la notoriété:** la réputation exceptionnelle. [44]**la majoration:** l'augmentation de tarif.   [45]**dépasser:** *to exceed.*   [46]**arrondir:** *to round off.* [47]**guère:** *hardly.*   [48]**nuire:** faire du mal.   [49]**une aggravation:** une condition plus grave, moins favorable.   [50]**mener à:** amener, conduire (vers), apporter.

mand, anglais, ou italien, qui sont des systèmes anti-libéraux, coercitifs, autoritaires. Nous, je crois, sommes contents du système actuel. Ce système permet au malade de se soigner et au médecin de vivre correctement, de démarrer[51] correctement. Un jeune médecin, grâce à la Sécurité Sociale, s'il est consciencieux, il doit avoir rapidement une clientèle.   5

18.   *Quels sont les aspects nuisibles[52] des systèmes étrangers?*

RB: Je vais vous les donner aux yeux d'un Français. Les médecins anglais sont payés à l'année au pro-rata du nombre de malades qui sont enregistrés sur leurs listes. Le malade, lorsqu'il est enregistré sur une liste, n'a plus le droit de changer sauf une fois par an et en motivant[53] sa   10
demande. Il n'a plus de liberté, il n'a plus de choix de médecin. Et ça, les Français sont très à cheval[54] sur ce principe qui est la liberté du choix. Si le patient veut changer de médecin, c'est son droit. Le médecin français est également attaché à la liberté de prescription; il ne veut pas être contraint par des impératifs financiers dans ses prescriptions. Enfin, ce qui   15
déplaît au médecin français c'est que, si les gens sont soignés gratuitement comme dans le système anglais, cela entraîne[55] la multiplication des actes.[56] Les gens qui ne paient pas, ont tendance à abuser; les honoraires constituent tout de même un frein[57] à la consommation médicale.

En Italie, les médecins sont surchargés[58] et très mal payés. En Alle-   20
magne les médecins sont sévèrement contrôlés au point de vue de leurs prescriptions pharmaceutiques; lorsqu'ils dépassent un certain plafond,[59] on les oblige de rembourser de leur propre poche le trop-plein de prescriptions. Ceci est, à mon avis, ridicule, car si on applique ce système en France, je vais faire la chose suivante: au lieu de garder dans ma clientèle   25
un enfant pour lequel je prescris des soins onéreux, je le mettrais à l'hôpital. C'est une aberration sur le plan économique, familial et médical, car l'hôpital coûte beaucoup plus cher que la médecine praticienne. Prenons un exemple: un enfant a une maladie grave; je lui prescris 200 francs de médicaments par jour; cela coûtera beaucoup moins cher à la collec-   30
tivité que si je le mets dans un service spécialisé à l'hôpital où c'est 500 ou 600 francs par jour. En plus, il sera séparé de sa mère; il y aura tous les inconvénients[60] psychologiques de la séparation. La médecine de l'hôpital est intéressante; moi-même je vais encore à l'hôpital, mais c'est une médecine chère, spécialisée et souvent pas rentable.[61]   35

---

[51]**démarrer:** commencer (la carrière).   [52]**nuisible:** qui nuit (voir *nuire*, note 48).   [53]**motiver:** justifier, donner une bonne raison (un motif).   [54]**être à cheval sur:** tenir à, être strict au sujet de.   [55]**entraîner:** amener.   [56]C'est-à-dire les visites chez le médecin deviennent plus fréquentes. [57]**le frein:** *brake.*   [58]**surchargé:** trop occupé, débordé.   [59]**le plafond:** *ceiling,* le tarif maximum.   [60]**un inconvénient:** un désavantage, *drawback.*   [61]**rentable:** avantageux, où le profit correspond aux frais engagés.

19. *Revenons donc à votre clientèle et aux services dont elle a besoin.
N'est-ce pas un grand avantage de pouvoir envoyer vos malades dans
des services spécialisés, hôpitaux et laboratoires?*

RB: Bien sûr. Ici il faut distinguer plutôt les praticiens et spécialistes
qui sont en ville, et ceux qui sont à la campagne ou à la montagne. En ville   5
—si nous ne travaillons pas, comme ma femme, à l'hôpital même, mais
dans notre cabinet[62]—nous envoyons nos patients vers des spécialistes ou
laboratoires privés ou bien à l'hôpital, ce qui arrive également assez souvent. Je crois qu'il existe des problèmes pour les praticiens surtout qui se
trouvent dans les régions déshéritées[63] de la campagne ou de la montagne   10
et qui sont obligés de faire faire 30 ou 40 kilomètres parfois à un patient
pour un examen particulier. Nous-mêmes, en ville, et nos collègues en
banlieue,[64] nous avons tous les avantages.

DB: J'ai un frère qui habite une petite ville. Il n'est pas médecin mais
pharmacien dans un laboratoire, et il m'a expliqué que tous les médecins   15
se groupaient dans un centre médical pour faciliter la pratique de la médecine. Ils ont formé, dans un immeuble particulier,[65] une association. Les
médecins y disposent d'une secrétaire pour répondre au téléphone et
répartir[66] les visites, et cela facilite vraiment la pratique de la médecine.

20. *Est-ce que cela est typique en France ou plutôt une exception?*   20

DB: Je crois que c'est en effet de plus en plus fréquent, surtout en
province[67] et en banlieue parisienne mais aussi à Paris. Il se crée des cabinets de groupe.[68] C'est très intéressant, par exemple, pour les gardes[69] de
nuit, de dimanche ou pendant les périodes de vacances. Vous êtes sûr de
trouver en permanence un médecin qui répond aux appels. A Paris, il y a   25
encore assez peu de cabinets de ce genre, mais dans toutes les grandes
cités[70] autour de Paris et dans la banlieue nouvelle il se crée uniquement,
ou presque uniquement, ce genre de cabinet de groupe ou d'associations
médicales.

21. *Les médecins français commencent donc à collaborer comme vous le*   30
faites depuis longtemps!

Questions pour la compréhension du texte

1. Comment Mme Berman a-t-elle choisi sa profession? Qu'est-ce qui a
    favorisé son amour pour la médecine?

---

[62]**le cabinet:** (ici) le bureau (du médecin).   [63]**déshériter:** *disinherited,* c'est-à-dire pauvre.   [64]**la
banlieue:** les environs de la ville.   [65]**un immeuble particulier:** *a private building.*   [66]**répartir:**
distribuer, établir l'horaire (des visites).   [67]**la province:** la France, en dehors de la région
parisienne.   [68]**le cabinet de groupe:** une pratique en groupe.   [69]**la garde:** le service (médical).
[70]**la cité:** la ville satellite, une nouvelle concentration urbaine à l'extérieur du centre de la ville.

2. Pourquoi envisageait-elle une carrière de recherche? et pourquoi l'a-t-elle abandonnée?

3. De quoi discute-t-elle, pensez-vous, avec les personnes qui viennent la voir et qui ne sont pas malades?

4. Quelle est la proportion des femmes médecins en France?

5. Quels sont les "problèmes familiaux" dont elle parle? Comment les a-t-elle résolus?

6. Comment collabore-t-elle avec son mari?

7. Pourquoi n'a-t-elle pas le droit de consulter à la maison?

8. Mais elle consulte un peu tout de même. Comment? Pourquoi?

9. Son mari est-il content de ce qu'elle fait? Qu'en dit-il?

10. Pourquoi les Berman parlent-ils de leurs voix qui sont "autorisées"? Quel effet ont leur voix au téléphone? Quelle est la différence entre "autorisé" et "autoritaire"?

11. Est-ce que les Berman ont exactement la même spécialité? Expliquez en détail.

12. Comment le métier de Mme Berman est-il particulièrement compatible avec sa vie de femme?

13. Quels sont les aspects spécialisés de la pédiatrie dont s'occupent certains collègues du docteur? Décrivez-les.

14. Est-ce que le docteur est "spécialiste" bien que "généraliste"? Reçoit-il les honoraires du spécialiste?

15. Quelle est la différence entre un salaire (celui de Madame) et un honoraire (celui de Monsieur)?

16. Est-ce que Mme Berman est bien payée? Que pense-t-elle de son salaire?

17. Quels sont les avantages du travail à l'hôpital?

18. Quel système permet aux gens de ville de se faire soigner à l'hôpital?

19. Quelle est la position et la fonction des "patrons," des professeurs médecins, des chefs de service?

20. Qui peut voir le patron? Quand? Comment? Faut-il payer davantage que pour voir un assistant ou interne?

21. Qui voit les malades hospitalisés? Est-ce que Mme Berman en voit? Et M. Berman? Lesquels?

22. Décrivez "le service privé du médecin à temps-plein."

23. Par contre, que fait Mme Berman à l'hôpital?

24. Quels sont les rapports du mari avec les jeunes médecins de son quartier? Pourquoi est-il débordé?

25. Que paie le malade qui a droit à la Sécurité Sociale?

26. Qu'est-ce que c'est qu'un médecin conventionné? Est-ce que M. Berman est conventionné?

27. Qui peut demander des tarifs libres?

28. Quels étaient les tarifs conventionnés de 1972?

29. Qui est remboursé intégralement? Donnez quatre exemples différents.

30. Dans quels cas le médecin peut-il demander plus que le tarif normal? Est-ce beaucoup plus?

31. Est-ce que la Sécurité Sociale est un avantage pour la France, selon le Dr. Berman? Pourquoi y croit-il?

32. Quels sont les dangers d'une aggravation du système? Décrivez les modèles anglais, italien et allemand.
33. Dans quelles conditions est-ce que l'hospitalisation d'un malade n'est pas rentable?
34. Le système français de la Sécurité Sociale permet-il au patient de choisir le médecin et au médecin de choisir le traitement et les prescriptions?
35. Où les médecins trouvent-ils les services spécialisés où ils peuvent envoyer leurs malades?
36. En quoi les campagnes et la montagne sont-elles des régions "déshéritées"?
37. Décrivez un centre médical, un cabinet de groupe.
38. Quelle est l'évolution de la médecine dans la banlieue nouvelle, dans les cités autour de Paris?
39. Est-ce que Paris montre le même développement?
40. En quoi la collaboration des docteurs Berman ressemble-t-elle à celle d'un cabinet de groupe?

Questions à discuter

1. Qu'est-ce que vous envisagez comme profession? Pensez-vous que votre choix et décision viendront comme un coup de foudre?

2. Si vous étiez médecin, voudriez-vous être praticien ou chercheur? spécialiste?

3. Imaginez une jeune étudiante en médecine. Parlez des problèmes auxquels elle devra faire face; dites comment elle peut concilier ses responsabilités familiales et professionnelles.

4. Parlez de la femme professionnelle. Que pensez-vous d'elle? Est-ce que vous croyez à la "libération des femmes"?

5. Comparez la médecine américaine et française: les idées de notre texte s'appliquent-elles aux Etats-Unis? Quelles sont les différences?

6. Comparez les centres médicaux avec leur équivalent américain; les niveaux de vie du médecin français et américain.

7. Que pensez-vous des avantages des différentes catégories de médecine: celle des hôpitaux, du cabinet du médecin, celle du "généraliste" comparée à celle du spécialiste. Est-il possible de faire revivre l'ère du médecin rural (country doctor) qui traitait toutes les maladies?

8. Que pensez-vous de vos médecins? des assurances de votre université ou école? de la Sécurité Sociale et des autres assurances médicales?

9. Quand est-ce que le médecin vient chez vous en cas d'urgence?

10. Comment est-ce que Mme Berman exprime le point de vue de Women's Lib?

Propos à défendre ou à contester

1. Pour la femme médecin, les problèmes familiaux passent au second plan.

2. "La petite spécialité" de Mme Berman est compatible avec une vie de femme.

3. Pour ceux qui ne connaissent personne dans le milieu médical, il est très difficile de voir un patron.

4. Les bons médecins sont débordés; on n'arrive qu'à consulter les médecins moins qualifiés.

5. Il manque aux Etats-Unis un système qui offre les avantages de la Sécurité Sociale française.

6. La Sécurité Sociale est un avantage pour la France.

7. Le système peut nuire à la bonne médecine.

8. Un système où le patient ne paie rien est sujet à de gros abus. Les honoraires constituent un frein à la consommation médicale.

9. La médecine de l'hôpital est une médecine chère et spécialisée qui, souvent, n'est pas rentable.

10. Les cabinets de groupe constituent un progrès.

Tribunal d'instance de Sceaux.
Photo Almasy–Documentation Française.

Françoise Ribettes et Laï Kamara.

5

Interview de Françoise RIBETTES et Laï KAMARA,
auditeurs de justice[1] à Bordeaux et à Amiens.

~~~~~~

Mademoiselle le juge et son collègue

A 16 ans, Françoise Ribettes a passé son baccalauréat, à 20 ans sa licence en droit[2] et, la même année, elle était la plus jeune candidate admise à la magistrature[3] ayant déjà travaillé quelque temps comme avocat. Depuis, elle a suivi des cours à Bordeaux et des stages[4] dans différents tribunaux, acquérant ainsi l'expérience pratique de tous les aspects de la justice, y compris un séjour dans les prisons.

Laï Kamara, plus avancé qu'elle dans ce stage et un peu plus âgé, est non seulement licencié en droit, mais aussi en histoire; il a une maîtrise ès lettres en histoire[5] et un diplôme d'études supérieures en droit;[6] il a une spécialité de droit et économie des pays d'Afrique et a publié des articles dans plusieurs revues concernant l'économie de développement;[7] enfin il est président du Centre de Recherches sur les Techniques de Communications, qui étudie les relations entre structures administratives et administrés.

Nous avons pu leur parler à New York, au cours d'un de leurs nombreux voyages. Ils profitent du temps libre qu'ils ont entre les audiences des tribunaux[8] pour voir à peu près tous les pays du monde. Ils s'acheminent[9] vers des carrières aussi surprenantes que remarquables et, depuis cette interview, ils se sont mariés.

1. *Comment avez-vous choisi les études juridiques?*

FR: Lorsque j'ai eu terminé mes études secondaires, lorsque j'ai passé mon baccalauréat, il s'offrait[10] devant moi plusieurs choix possibles: d'abord la médecine, mais j'étais nulle[11] en mathématiques; c'était

---

[1]**un auditeur de justice:** un assistant, déjà fonctionnaire (*civil servant*), qui se prépare à être juge. [2]*Doctor of Laws* (J.D. *degree*). [3]**la magistrature:** la carrière et condition de juge. [4]**le stage:** la période de préparation; *training period.* [5]*M.A. in history.* [6]*Master of Laws* (LL.M. *degree*). [7]**l'économie de développement:** *economics of developing countries.* [8]**les audiences des tribunaux:** *court sessions.* [9]**s'acheminer vers:** aller vers, préparer. [10]**il s'offrait:** il y avait. [11]**nul, nulle:** aucun, *none,* (ici) sans capacité, sans aptitude.

hors de question;[12] et puis les lettres, mais les lettres offraient essentiellement une carrière dans l'enseignement et je ne pensais pas à l'enseignement. Alors il restait le droit, surtout que je sors d'une famille de juristes,
ce qui était de nature à favoriser ma vocation. En effet, depuis que j'étais
très jeune, j'ai eu la vocation d'être avocat. Ainsi j'ai entamé[13] des études   5
juridiques qui se composent de quatre années d'université et j'ai suivi
comme spécialité le droit privé qui m'offrait des carrières diverses: le barreau, c'est-à-dire être avocat, la magistrature, ou bien encore les entreprises
privées—les compagnies d'assurances,[14] les banques ou les contentieux[15]
des diverses entreprises.   10

2.   *Et comment avez-vous choisi votre carrière?*

FR: Ma carrière à l'heure actuelle est déjà la seconde que je pratique. J'ai d'abord passé ce qu'on appelle le Certificat d'Aptitude à la Profession d'Avocat et j'ai prêté serment;[16] seulement, j'ai, en même temps,
passé le concours[17] de la magistrature qui m'offrait la carrière mais qui   15
m'obligeait à intégrer[18] immédiatement l'Ecole de magistrature. Alors je
me suis trouvée devant un choix cornélien:[19] Ou bien je continuerais le
barreau et j'aurais une vie très active, mais exténuante,[20] passionnante[21]
mais vraiment très fatigante; ou bien j'accepterais la sécurité, beaucoup
de temps libre, ce qui à mon âge est infiniment important puisque cela me   20
permet de voyager et de faire beaucoup de choses en dehors. Alors j'ai
choisi la magistrature; au bout de trois mois de barreau, j'ai démissionné[22]
et j'ai intégré l'Ecole de magistrature.

3.   *Quels sont les serments que vous avez prêtés?*

FR: J'ai d'abord prêté serment lorsque je suis devenue avocat,   25
d'exercer loyalement ma profession, de défendre, dans la mesure du possible, dans la mesure de ma conscience, les intérêts des personnes qui
viendraient me demander de les aider et de leur prêter assistance en toutes
circonstances. Comme juge c'est tout à fait différent. C'est le serment de
remplir dignement[23] ma fonction (cela, comme précédemment, en tant[24]   30
qu'avocat), mais surtout celui de garder le secret du délibéré[25] et de juger
en pleine conscience.

---

[12]**hors de question:** impossible.   [13]**entamer:** commencer.   [14]**les assurances:** *insurance.*   [15]**le
contentieux:** service qui s'occupe des affaires litigieuses; *legal department.*   [16]**prêter serment:**
to take or swear an oath.   [17]**le concours:** *competitive extrance examination.*   [18]**intégrer:** entrer
dans, *to enroll in.*   [19]**cornélien:** comme celui des héros tragiques de Pierre Corneille (1606–
1684), par exemple le choix entre l'amour et le devoir dans *Le Cid.*   [20]**exténuant:** très fatigant.
[21]**passionnant:** très intéressant.   [22]**démissionner:** donner sa démission; *to resign.*   [23]**dignement:**
avec dignité.   [24]**en tant que:** au titre de, en la fonction de.   [25]**le délibéré:** les discussions qui
ont lieu entre les juges, à huis clos (*behind closed doors*), avant le prononcé de la décision.

4.   *Et vous, monsieur?*

LK: Je suis arrivé à la magistrature par une voie[26] tout à fait détournée.[27] A l'origine, j'avais opté pour une carrière militaire; et puis, compte tenu[28] de ma nullité en mathématiques, j'ai été obligé de choisir la voie des lettres et du droit, ce que j'ai fait concurremment, sans avoir, à l'origine, d'opinion définitive. Les événements de 1968[29] m'ont engagé à m'orienter vers une carrière politique, vers le droit public et plus spécialement, vers la science politique, mais je m'apercevais très vite que la carrière politique nécessitait d'autres qualités que les compétences en matière de droit. Cela voulait dire, choisir quelque chose tout en essayant de servir le public. C'est pourquoi j'ai choisi la magistrature.

FR: Si je peux me permettre de préciser. Je connais bien Laï Kamara et ce qui l'a attiré vers la carrière de magistrat, c'est précisément cette possibilité de remplir un service public, d'être serviteur ou du moins de concourir[30] à l'action de l'Etat. C'est au nom du peuple français que les magistrats rendent la justice. Pour ma part, la magistrature ne m'attire pas du tout au sens public du terme, mais, au contraire, au sens privé, dans la mesure où les décisions que prennent les magistrats ont un impact immédiat sur la vie de tous les particuliers,[31] sur leur vie de tous les jours.

5.   *Ce qui vous attire aussi, c'est la sécurité, comme vous dites, la certitude d'avoir un poste...?*

FR: Cela, c'est tout à fait vrai, et cette sécurité est particulièrement favorable aux femmes, parce que les femmes sont plus souvent absentes que les hommes, pour des raisons tout à fait naturelles, de maternité par exemple; elles conservent leur emploi de cette façon et ont beaucoup de temps libre à consacrer à leurs enfants. Cependant la sécurité attire également les hommes.

LK: En ce qui concerne les magistrats, vous savez qu'ils sont fonctionnaires de l'Etat; ils sont dès lors soumis[32] à un status particulier qui leur garantit la sécurité de l'emploi. La stabilité et la sécurité du poste sont d'ailleurs pratiquement absolus pour les magistrats du siège, c'est-à-dire, les magistrats qui jugent.

En ce qui concerne les avocats, il en va tout autrement. Ils sont de profession privée et ils ne travaillent que dans la mesure où ils ont des clients. Ils ont toujours des clients, mais certains réussissent mieux que d'autres.

---

[26]**la voie:** le chemin, la route.   [27]**détourné:** indirect.   [28]**compte tenu:** (p.p. de **tenir compte**), considérant, vu (*in view of*).   [29]Référence à la "révolution" des étudiants et des ouvriers en mai 1968.   [30]**concourir:** aider, aller vers le même but.   [31]**le particulier:** l'individu, le citoyen individuel.   [32]**soumis** (p.p. de **soumettre**): sous, *subject (to)*.

FR: Il faut ajouter qu'en France on va sur les traces des Etats-Unis qui ont le système du Legal Aid où les avocats sont pratiquement des salariés et qui ont, je dois le dire, des salaires assez importants. Le 16 septembre 1973, on a créé un système d'aide judiciaire qui va permettre aux avocats d'être rémunérés pour les services qu'ils vont offrir aux gens nécessiteux,[33] aux gens qui n'ont pas d'argent pour se présenter devant la justice. Ce salaire et cette sécurité s'appliquent aussi à une autre catégorie d'avocats qui sont les avocats d'affaires,[34] les avocats des sociétés[35] et qui sont appointés aux environs de 10.000 francs par mois.

6.   *Puisque vous serez magistrat, vous ne pourrez pas travailler en même* [10]
       temps dans une industrie privée. Que pensez-vous de cette séparation
       absolue des carrières?

LK: Compte tenu de l'exclusivité de la conception française du service de l'Etat, il est normal, il est même nécessaire qu'un magistrat se consacre intégralement à sa tâche du service de l'Etat. Cependant on se [15] rend compte qu'un magistrat risque de rester totalement enfermé dans sa fonction et de se couper du monde réel, surtout s'il est fils de magistrat, petit fils de magistrat. C'est ce qui fait que les magistrats ne sont pas toujours bien bien adaptés au monde des affaires, aux problèmes judiciaires des affaires. On s'aperçoit que souvent les hommes d'affaires préfèrent [20] s'en remettre[36] à un arbitre, qui règle directement entre eux les litiges,[37] plutôt que de s'en remettre à la justice.

FR: J'ai l'impression, quant à moi, que cet inconvénient[38] de la justice tend à disparaître, parce qu'il y a une Ecole de la magistrature qui a été instituée en 1958, par Michel Debré,[39] et qui donne un enseignement [25] diversifié dans toutes les domaines, que ce soit le domaine médical, celui des affaires, le domaine économique. . . .

On parlait tout à l'heure d'arbitres. Les magistrats vont peut-être bientôt avoir en France la possibilité d'être des arbitres rémunérés et alors, parce que ce sont des hommes en qui on peut avoir confiance, les parties [30] diverses vont faire appel[40] à eux. Il y a déjà des pays étrangers qui, pour des règlements[41] internationaux, ont fait appel à des magistrats français qui, pour l'instant, assurent[42] une aide bénévole,[43] mais qui un jour pourront se faire rémunérer et qui seront alors sollicités beaucoup plus fréquemment. [35]

---

[33]**nécessiteux:** pauvre, *needy.*   [34]**les affaires:** (ici) *business.*   [35]**la société:** *corporation.*   [36]**s'en remettre à:** laisser décider la question par.   [37]**le litige:** *litigation.*   [38]**un inconvénient:** un obstacle, un problème.   [39]**Michel Debré:** alors ministre de la Justice, depuis Premier ministre (1959–1962), ministre des Affaires étrangères (1968–1969) et de la Défense nationale (1969–1972), député de l'Ile de la Réunion depuis 1973.   [40]**faire appel à:** s'adresser à.   [41]**le règlement:** *settlement,* l'arbitrage, la résolution d'un litige.   [42]**assurer:** donner, être là pour donner.   [43]**bénévole:** non rémunéré, non payé.

7. *Monsieur, est-ce que dans ce système vous vous considérez un peu comme un intrus?*[44]

LK: Franchement oui, d'abord par origine familiale. Je ne suis pas du tout d'une famille de juristes, encore moins de magistrats, et nul dans ma famille n'a jamais exercé cette fonction. J'y suis arrivé par hasard. J'avais effectivement, quand j'étais plus jeune, une conception un peu rigide du service de l'Etat et j'ai choisi la carrière qui s'offrait à moi pour servir l'Etat. Maintenant que j'y réfléchis, je pense qu'il n'y a pas que le service de l'Etat, qu'il y a aussi des problèmes personnels qui se posent. J'avoue[45] que j'ai tendance à me considérer comme un intrus, mais qui dit intrus ne dit pas étranger ou personne se désintéressant de ce qui se passe.

Je crois que le système judiciaire français est une partie intégrante de la vie du pays. Donc, ne serait-ce qu'au titre de citoyen, je suis obligé de me pencher[46] sur ce problème.

8. *Ceci nous mène au rapport entre la politique et la justice. Il y a des avocats et des magistrats qui sont devenus députés[47] ou même ministres. S'ils ne connaissaient rien à la vie pratique, ce serait grave. . . .*

LK: Très longtemps, les magistrats sont restés en dehors du système et ce[48] en vertu du vieux principe révolutionnaire, suivant lequel il existait une séparation des pouvoirs entre le pouvoir exécutif, le pouvoir législatif et le pouvoir judiciaire. Il faut expliquer qu'historiquement, en France, la séparation des pouvoirs résulte des graves complications sous l'Ancien Régime,[49] qu'avait entraîné l'immixtion[50] du pouvoir judiciaire dans le pouvoir exécutif et législatif qui était incarné dans la personne du roi. Les révolutionnaires se sont méfiés[51] énormément du pouvoir judiciaire et l'ont réduit à sa plus simple expression,[52] ce qui fait d'ailleurs que dans la dernière constitution de la France, qui est la Constitution de 1958,[53] on ne parle plus de pouvoir judiciaire mais d'autorité judiciaire. C'est une autorité subordonnée à la loi, expression de la volonté[54] populaire et subordonnée, au niveau des nominations comme au niveau de l'avancement des magistrats, au pouvoir exécutif. Donc, dès le départ (en 1789) la séparation des pouvoirs en France s'exerçait au profit du législatif et de l'exécutif et pas en faveur du pouvoir judiciaire.

Celui-ci a quand même un certain nombre de possibilités d'intervention. S'en tenant[55] strictement à l'application de la loi, il peut éviter[56]

---

[44]**un intrus:** *intruder, outsider.*   [45]**avouer:** admettre.   [46]**se pencher sur:** s'intéresser à.   [47]**le député:** membre élu de l'Assemblée Nationale.   [48]**ce:** cela.   [49]**l'Ancien Régime:** la monarchie française avant 1789.   [50]**l'immixtion:** l'introduction, *interference.*   [51]**se méfier de:** ne pas avoir confiance en, *to distrust.*   [52]La préambule de la *Déclaration des droits de l'homme* (1789), par exemple, ne parle que des deux autres pouvoirs.   [53]La Constitution de 1958 établit la V⁰ République; le 21 décembre, le général de Gaulle est élu président de la République.   [54]**la volonté:** *will.*   [55]**s'en tenir à:** se limiter à.   [56]**éviter:** empêcher, *to avoid.*

qu'un certain nombre de personnes physiques, incarnant le pouvoir exécutif, puissent les transgresser. On a pu voir, ces dernières années, la
naissance d'organisations professionnelles et syndicales dans la magistrature française, donc un renouveau de l'intervention du pouvoir judiciaire
ou de l'autorité judiciaire dans la politique. De plus, des magistrats se font   5
élire députés, sénateurs, ou bien se font élire maires, conseillers municipaux. Ils sont alors mis en disponibilité,[57] c'est-à-dire que pendant toute
la période où ils ont un tel poste public, ils n'exercent pas les fonctions de
magistrat, mais ils n'en perdent aucun des privilèges et leur avancement
continue à courir.   10

FR: Ce qui est important, c'est qu'ils ne puissent pas prendre de
décisions judiciaires pendant qu'ils sont mêlés aux affaires publiques. Une
chose fondamentale en France, c'est que les magistrats sont séparés du
pouvoir politique au sens *étroit* du terme. A la fois les justiciables[58] et les
avocats, qui sont les premiers intéressés en tant que défenseurs de tous les   15
justiciables, sont violemment attachés au fait que les magistrats puissent
être des régulateurs[59] de tous les événements sociaux et de toutes les
révolutions, parce que les magistrats—c'est un avocat qui, un jour, me l'a
défini—sont des hommes qui disent *non*; lorsqu'un magistrat est dans un
régime de gauche, il dira *non* à la gauche, et lorsqu'il est dans un régime de   20
droite, il dira *non* à la droite, parce qu'il y a une réalité humaine, une
réalité politique au sens *large* du terme, il y a une réalité de la vie sociale
qui est indépendante du "régime politique." Ici les magistrats doivent
assurer une permanence, une pérennité[60] des rapports sociaux.

Je pense que pendant un temps les magistrats ont peut-être été coupés   25
de la vie quotidienne, cependant ceci n'empêche que la majorité de leurs
décisions, pas celles dont on parle le plus, mais toutes les décisions civiles,
toutes les décisions commerciales, ont été bien rendues. Il y a quelques
décisions en matière pénale qu'une presse de détracteurs, une presse
d'opposition, a utilisées, mais dans l'ensemble, les magistrats ont toujours   30
essayé—bien qu'ils n'aient pas une formation qui les y poussait—ont toujours essayé de connaître la réalité de chacune des affaires qu'ils avaient
à traiter. Je crois qu'on peut rendre gré[61] aux magistrats français de la
conscience, de l'honnêteté avec laquelle ils remplissent leurs fonctions.

LK: Mais il faut dire aussi que, depuis un certain nombre d'années,   35
comme tous les corps administratifs de la France, la magistrature tend à
se politiser. Il existe en France en particulier le syndicat de la magistrature,
qui a pris des positions dans tous les conflits sociaux, qui prend des positions sur la parution,[62] la sortie, le vote de tous les textes législatifs, qui

---

[57]**en disponibilité:** *on the inactive list.*   [58]**le justiciable:** l'individu qui doit paraître devant
un juge.   [59]**le régulateur:** l'arbitre; cf. **régler, le règlement.**   [60]**la pérennité:** la continuité.
[61]**rendre gré à:** remercier.   [62]**la parution:** la publication.

prend des positions de l'extrême gauche, des positions affirmées et qui soutient d'une façon systématique les positions des syndicats ouvriers.

Dire que la magistrature ne serait pas politisée aujourd'hui, ce serait en partie se tromper; de fait, elle le devient de plus en plus, ce qui risque de compromettre l'objectivité au cas où des magistrats, appartenant à une organisation professionnelle qui a pris des positions hostiles à tel ou tel principe, pourraient éventuellement[63] avoir à se déjuger.[64]

FR: Là je dois dire que Laï Kamara a raison, mais fort heureusement il n'a que partiellement raison. Sur plus de 4000 magistrats en France, le syndicat de la magistrature ne compte que 1200 membres, et encore, parmi ces 1200 membres il y en a au moins les trois quarts qui n'ont intégré ce syndicat que pour faire prendre conscience[65] aux magistrats anciens que certains problèmes sociaux se posaient. A peine[66] un quart de ces 1200 magistrats sont des agités. Alors effectivement[67] les justiciables s'inquiètent[68] de savoir si ces magistrats agités vont pouvoir sereinement rendre une décision. En effet, le risque qui se présente, c'est que l'on soit déféré[69] devant un magistrat qui a déjà pris des positions sur tel ou tel texte de loi et qui, par là même, est *a priori*[70] suspect de partialité. Cependant je crois qu'il y a un courant effectivement régulateur dans le reste de la magistrature qui veut briser[71] cet élan[72] et qui s'est déjà rendu compte du danger. Le problème de la politisation à gauche se pose, de toute façon, en France et dans beaucoup d'autres pays, non seulement dans la magistrature, mais également dans le barreau, dans la police, dans les tribunaux administratifs, dans tout le personnel pénitentiaire,[73] dans l'administration de la justice en général, dans le monde médical, dans l'enseignement, dans tous les domaines, je crois.

9. *Comment vous trouvez-vous dans une carrière qui n'était pas ouverte aux femmes jusqu'à assez récemment?*

FR: Nous femmes magistrats, nous sommes un peu l'objet des curiosités, tant des magistrats eux-mêmes que des justiciables qui sont déférés devant nous. En effet, la magistrature n'est ouverte aux femmes que depuis 1946. Cependant il s'avère que[74] les femmes réalisent un équilibre dans la carrière. Je crois qu'elles sont à la fois plus sensibles,[75] plus ouvertes et moins préoccupées d'avancement que les hommes. Elles sont toujours bien acceptées, mais il y a quelques fonctions qui ne sont pas encore fréquemment attribuées à une femme dans la magistrature, par

---

[63]**éventuellement:** (ici) peut-être.   [64]**se déjuger:** changer son opinion, *to change one's mind.*
[65]**faire prendre conscience à:** *to make (someone) realize.*   [66]**à peine:** *hardly.*   [67]**effectivement:** en effet.   [68]**s'inquiéter de:** *to worry about.*   [69]**déférer:** appeler (devant un juge).   [70]**a priori:** (latin) avant d'examiner l'évidence.   [71]**briser:** casser, arrêter.   [72]**un élan:** un mouvement.
[73]**le personnel pénitentiaire:** les employés des prisons.   [74]**il s'avère que:** il se trouve que.
[75]**sensible:** *sensitive.*

exemple celle d'Avocat général[76] en cour d'assises.[77] Les gens conçoivent mal[78] qu'une femme puisse requérir[79] la peine de mort contre quelqu'un.

10.   *Ne trouvez-vous contre vous aucun préjugé ?*

FR: Oh, alors là, certainement. Nous avons un concours à passer pour intégrer cette carrière. Or le sujet sur lequel je suis tombée, c'est précisément le féminisme et l'antiféminisme. Je me trouvais donc devant un jury[80] composé de cinq magistrats hommes qui m'ont dit: "Comment, si les femmes se trouvent maintenant un peu négligées par les hommes, elles n'ont qu'à s'en prendre[81] à elles-mêmes; elles l'ont bien cherché; elles envahissent[82] la carrière des magistrats." J'ai dit alors que les femmes font tellement partie de la vie quotidienne qu'il est inconcevable qu'elles n'exercent pas cette carrière au même titre que les hommes.

On n'a pas encore vu de femmes partout. On a vu une seule femme conseiller à la Cour de Cassation[83] qui est, si vous voulez, l'équivalent de la Cour Suprême des Etats-Unis. Je crois qu'on en verra de plus en plus. On n'a pas vu encore de femmes présidents de grands tribunaux, mais on en verra un jour. D'ailleurs, qu'elles soient célibataires[84] ou bien mariées et mères de famille, elles remplissent avec la même conscience leurs fonctions.

11.   *Passons à l'interprétation de la loi par le juge. Aux Etats-Unis l'opinion du juge crée un précédent et dicte l'évolution de la loi. Comment est-ce que cela se passe en France ?*

FR: En France, théoriquement, c'est très exactement l'inverse. Nous avons un droit écrit qui est strict, rigide, et qui doit tracer les limites de la décision du juge. Le juge est là pour appliquer la loi. Cependant, grâce à l'interprétation de la loi, les juges arrivent[85] à la modifier complètement aussi bien pour la faire évoluer et coller[86] aux nouvelles situations, que pour freiner[87] l'application de textes nouveaux qui seraient trop avancés dans certains litiges. Le cas s'est présenté plusieurs fois, en matière de lois sur l'avortement,[88] par exemple. L'avortement est, en principe, encore puni en France mais on refuse souvent de poursuivre les femmes avortées ou bien de les faire condamner.

Cela d'une part; mais d'autre part on assiste à un second phénomène: c'est la prolifération de textes spécialisés et de circulaires, de règlements,

---

[76]**Avocat général:** *public prosecutor.*   [77]**la cour d'assises:** *criminal court.*   [78]**ils conçoivent mal:** ils ne peuvent pas s'imaginer.   [79]**requérir:** demander (une punition).   [80]**le jury:** *board of examiners.*   [81]**s'en prendre à:** reprocher, blâmer.   [82]**envahir:** *to invade.*   [83]**la Cour de Cassation:** le tribunal suprême en France; on parle de Mme Lagarde, la première à être conseiller.   [84]**célibataire:** *unmarried, single.*   [85]**arriver à:** réussir à.   [86]**coller:** (ici) se conformer.   [87]**freiner:** ralentir, arrêter; (*lit.*) *to brake.*   [88]**l'avortement:** *abortion.*

qui sont le produit du pouvoir réglementaire[89] et non pas du Parlement,[90] c'est-à-dire du gouvernement et des différents ministres. On assiste en France à un grand pouvoir de l'administration. Ces textes sont de plus en plus précis; il est certain que les magistrats ne peuvent pas y échapper.

LK: La différence entre les Etats-Unis et la France réside dans le fait que le juge en France est totalement soumis à la loi parce que la loi est l'expression de la souveraineté populaire, décidée par les députés légalement élus. Les magistrats, au contraire, ne sont pas issus[91] de la volonté populaire directe: ils sont là pour appliquer la loi et non pas du tout pour la déclarer inconstitutionnelle; il existe une instance[92] en France qui a le pouvoir de déclarer une loi inconstitutionnelle, c'est le Conseil Constitutionnel.[93] Donc, en aucun cas, les magistrats de l'ordre judiciaire français ne peuvent déclarer une loi inconstitutionnelle.

12. *Même la Cour de Cassation?*

LK: Même la Cour de Cassation ne peut pas déclarer une loi inconstitutionnelle. Si le président de la République, le premier ministre ou l'un des présidents des deux assemblées, L'Assemblée Nationale et le Sénat, n'a pas saisi[94] le Conseil Constitutionnel pour lui demander de bien vouloir en discuter, on ne peut pas effectivement déclarer inconstitutionnelle une loi avant sa promulgation.[95]

D'ailleurs, si je me souviens bien, il a existé aux Etats-Unis une période de gouvernement des juges qui s'est terminée par la victoire du pouvoir exécutif, du président des Etats-Unis. En France, pour éviter que les juges ne prennent trop d'importance, pour éviter l'immixtion des juges dans le pouvoir, pour empêcher qu'ils passent par dessus le législateur qui émane directement du peuple, le législateur s'est arrangé, par la voie constitutionnelle, pour lui ôter[96] le pouvoir d'interpréter constitutionnellement la loi.

FR: Il faut ajouter que le contrôle de la constitutionalité des lois en France, fait par le Conseil Constitutionnel, doit avoir lieu avant la promulgation de la loi, c'est-à-dire avant que le président de la République ait procédé à la promulgation. Par conséquent, infiniment peu de lois sont déclarées inconstitutionnelles.

---

[89]**les règlements du pouvoir réglementaire:** *administrative, executive orders and regulations.* [90]**le Parlement:** L'Assemblée Nationale et le Sénat. [91]**issu de:** sorti de, établi par. [92]**une instance:** un organe du gouvernement. [93]Le Conseil Constitutionnel se compose de trois membres nommés par le président de la République et de trois membres nommés par chacun des présidents des deux assemblées (l'Assemblée Nationale et le Sénat). Les anciens présidents de la République en font aussi partie (il n'y en a pas en ce moment). [94]**saisir:** (ici) informer officiellement, *to lay the matter before.* [95]**la promulgation:** le moment où, après avoir été votée, la loi est publiée par le président de la République. [96]**ôter:** enlever.

Une fois que ces lois sont promulguées, il n'y a pas une seule instance, pas un seul contrôle qui puisse les déclarer inconstitutionnelles, et c'est cela qui a ruiné le pouvoir judiciaire en France. On a toujours voulu "couper la langue, comme le disait Napoléon, à ceux qui pouvaient l'utiliser contre le pouvoir," qui risque, par là même, de devenir arbitraire.   5

Donc, d'une part, il n'y a pas de contrôle constitutionnel de la loi à proprement parler, mais d'autre part, nous l'avons dit tout à l'heure, le pouvoir législatif tend à être remplacé par le pouvoir réglementaire; l'œuvre du Parlement est remplacée par des ministres, des conseils de ministres, des décrets, des arrêtés.[97] Cependant, ces textes, qui sont de   10 nature administrative, sont contrôlables tant par le Conseil d'Etat[98] que, en matière pénale, par les juges des tribunaux pénaux, des tribunaux répressifs.[99] C'est fort heureux car, sans cela, le pouvoir réglementaire qui va légiférer[100] en matière publique, privée, pénale, n'aurait aucun contrôle. Le Conseil d'Etat, juridiction administrative entièrement séparée des   15 tribunaux de l'ordre judiciaire, fait une œuvre très honorable.

13. *Vous êtes contente de trouver que les magistrats ont tout de même un certain contrôle, tandis que vous, Monsieur, semblez dire qu'ils ne peuvent pas donner des interprétations valables,[101] parce qu'ils ne sont pas élus. Est-ce que je vous comprends bien?*   20

LK: Si on confiait[102] le contrôle à des magistrats nommés pour toute leur vie, ils auraient la possibilité de légiférer toute leur vie; par conséquent on enchaînerait[103] le peuple à l'obligation de leur obéir. J'ajoute que déjà les dispositions constitutionnelles du préambule de la Constitution de 1793 prévoient qu'aucune génération ne doit enchaîner des générations   25 futures à ses lois.[104] Si on a institué une régularité dans les élections, qui ont lieu tous les cinq ans, c'est précisément pour qu'une situation qui a duré cinq ans ne puisse pas s'éterniser.[105]

Il faut éviter l'arbitraire qui est très grand quand quelqu'un se sent des pouvoirs illimités, et le seul moyen pour éviter l'arbitraire, c'est de ne   30 pas donner aux magistrats qui sont nommés pour toute leur vie, la possibilité de juger nos lois. Les pays européens et la France en particulier, sont des pays de vieilles traditions de centralisation, où l'autorité, qui émanait de haut, a été confiée à des fonctionnaires de plus en plus bas. Il suffit de voir quelqu'un qui a une casquette sur la tête avec une étoile, un   35

---

[97]**un décret, un arrêté:** actes administratifs; un décret est pris à un échelon plus élevé qu'un arrêté.   [98]Le Conseil d'Etat est le plus haut tribunal administratif.   [99]**les tribunaux pénaux (répressifs):** *criminal courts, among which are the* cours d'assises *for murder and other felonies.* [100]**légiférer:** faire des lois (on parle du pouvoir exécutif qui prend des fonctions du pouvoir législatif, du parlement).   [101]**valable:** *valid.*   [102]**confier à:** *to entrust to.*   [103]**enchaîner:** lier, *to chain (to).*   [104]La Constitution du 19 juin 1793 légitimise le coup d'état des Jacobins radicaux et proclame le droit "sacré" à l'insurrection lorsque le gouvernement viole le droit du peuple.   [105]**s'éterniser:** devenir éternel, durer *(to last)* longtemps.

simple contractuel[106] de police par exemple, pour constater[107] que son pouvoir peut être excessif. C'est pourquoi la Révolution a essayé de faire un équilibre des pouvoirs, qui a quelquefois entrainé, d'ailleurs, l'anarchie en France, puisqu'avec de trop nombreux pouvoirs on ne gouvernait plus.

Donc, si les magistrats, nommés à vie, avaient un pouvoir illimité, il   5
n'y aurait d'autre solution pour en sortir que la révolution, pour les sup-
primer[108] définitivement. C'est d'ailleurs ce qui est arrivé dans l'antiquité quand on confiait à un tyran le soin de légiférer pour toute sa vie. Quand on n'en voulait plus, il n'y avait qu'une solution, c'était de l'éliminer. Alors, pour éviter cela, pour éviter l'arbitraire, il faut limiter l'autorité   10
judiciaire.

FR : Ecoutez-moi. Ce que demandent les magistrats, c'est de pou-
voir juger si les lois sont en conformité avec les principes qui n'ont jamais été remis en question, les droits fondamentaux qui sont venus à tout citoyen par la *Déclaration des droits de l'homme*. S'ils demandent un contrôle de   15
la constitutionalité des lois, c'est pour vérifier l'accord de ces lois avec ce préambule de la Constitution de 1791, de ces principes généraux de 1789.

LK : Un petit détail : un principe n'est pas une loi. Un principe est une idée générale, une philosophie dont doit s'inspirer le texte de loi, mais en aucun cas, aucun principe philosophique de droit n'a jamais pu obliger   20
le législateur à définir dans le détail les dispositions des lois qu'il propose. J'ajoute que le Conseil d'Etat s'est souvent référé aux principes généraux du droit, mais uniquement en ce qui concerne les règlements administratifs, et jamais en ce qui concerne la loi, puisqu'il n'a pas le pouvoir non plus de juger de la constitutionalité d'une loi.   23

FR. Le Conseil d'Etat n'a, malheureusement, à connaître que des textes administratifs, mais comment concevez-vous que les magistrats ne vont pas pouvoir apprécier l'accord des lois avec les principes dont vous avez parlé? Vous dites vous-même que le texte de lois doit coller au principe, doit réaliser dans le concret l'esprit du principe. Comment con-   30
cevez-vous que personne n'ait la possibilité de contrôler cet accord?

LK : Et pourtant, sous l'occupation,[109] par exemple, les magistrats français ont appliqué les lois anti-juives;[110] ils ont envoyé les juifs en masse dans les camps de concentration. La loi qui a été votée par le gouvernement de Vichy,[111] les gendarmes[112] l'ont appliquée sous le contrôle des   35
magistrats de Vichy, et regardez dans la magistrature française combien

---

[106]**le contractuel:** un agent spécial qui n'est pas fonctionnaire mais sous contract et qui, par exemple, contrôle le stationnement (*parking*).   [107]**constater:** remarquer, s'apercevoir. [108]**supprimer:** éliminer, abolir.   [109]**l'occupation:** l'occupation allemande de la France, 1940–1944.   [110]**juif:** *Jewish.*   [111]**Vichy:** station thermale dans le centre de la France; siège du gouvernement du maréchal Pétain pendant l'occupation allemande.   [112]**le gendarme:** membre de la gendarmerie qui a la fonction de la police à l'extérieur des villes et fait partie de l'armée; la police est municipale et fonctionne dans les villes.

il y en a qui étaient déjà en poste au moment de Vichy. Il y en avait combien qui étaient des résistants?[113] Alors il ne faut pas me raconter que les magistrats sont mieux placés que d'autres pour juger de la valeur de la loi et des égarements[114] du peuple!

[Cette discussion vigoureuse *pour* (FR) et *contre* (LK) le pouvoir judiciaire a continué encore bien longtemps.]

Questions pour la compréhension du texte

1. Comment notre interlocutrice a-t-elle choisi les études juridiques?
2. Quelles carrières s'ouvrent devant un spécialiste du droit privé?
3. Etant déjà avocat, pourquoi a-t-elle choisi la magistrature?
4. Décrivez les serments qu'elle a prêtés.
5. Comment l'idée de servir l'Etat a-t-elle guidé Laï Kamara?
6. Est-ce que cette même idée a guidé aussi Mlle Ribettes?
7. Pourquoi la sécurité est-elle particulièrement favorable aux femmes?
8. Est-ce que les avocats manquent jamais d'emploi? Précisez!
9. Comment un avocat peut-il être salarié?
10. Comment les magistrats peuvent-ils sembler coupés de la vie réelle?
11. Quand les magistrats servent-ils comme arbitres dans le monde des affaires?
12. Décrivez l'Ecole de magistrature.
13. Comment les magistrats s'approchent-ils de plus en plus d'une orientation pratique?
14. Pourquoi Laï Kamara se sent-il comme un intrus?
15. Pourquoi est-ce que tout citoyen doit s'intéresser au système judiciaire?
16. Y avait-il une séparation des pouvoirs exécutif, législatif et judiciaire sous l'Ancien Régime?
17. Comment la Révolution française a-t-elle traité le pouvoir judiciaire, les magistrats?
18. Pourquoi parle-t-on (depuis 1958) d'une autorité plutôt que d'un pouvoir judiciaire?
19. Quelles sont les deux possibilités d'intervention dans la politique ouvertes aux magistrats?
20. Elu à un poste politique, le magistrat continue-t-il dans ses fonctions? Peut-il avoir le même avancement que ses collègues?
21. Définissez le sens *étroit* du pouvoir politique (où le magistrat ne participe pas) et le sens *large* du terme (qui le concerne).
22. Expliquez comment le magistrat dit *non* au pouvoir et à quels groupements politiques il le dit.
23. Par quels arguments est-ce que Mlle Ribettes défend les magistrats contre leurs détracteurs?

---

[113]**le résistant:** un membre de la résistance contre les Allemands.   [114]**un égarement:** une erreur, une aberration.

24. De quelle tendance politique est le syndicat de la magistrature?
25. Quel est le danger de la politisation des juges qui pourraient éventuellement se déjuger?
26. Qui sont les magistrats "agités" et quelle est leur importance?
27. Pourquoi Mlle Ribettes croit-elle que les femmes sont tout à fait capables d'être magistrats?
28. Selon l'opinion courante, qu'est-ce qu'une femme magistrat est incapable de demander?
29. Décrivez le jury de Mlle Ribettes.
30. Comment défend-elle le point de vue féminin?
31. Quel est le principe du droit codifié et dans quelle mesure est-il l'inverse du droit commun américain?
32. Comment l'interprétation judiciaire peut-elle transformer l'application de la loi?
33. Comment le pouvoir exécutif intervient-il dans la justice? A quoi les juges ne peuvent-ils pas échapper?
34. Si les cours de justice ne peuvent pas déclarer une loi inconstitutionnelle, qui peut le faire?
35. Qui doit prendre l'initiative pour déclarer une loi inconstitutionnelle et quand faut-il le faire?
36. Pourquoi le pouvoir risque-t-il de devenir arbitraire en suivant les principes de Napoléon?
37. S'il est difficile de déclarer une loi inconstitutionnelle, cela est plus facile pour les décrets et arrêtés administratifs; qui les contrôle?
38. Selon Laï Kamara, comment le pouvoir du magistrat pourrait-il enchaîner le peuple?
39. Définissez son idée d'un pouvoir arbitraire.
40. Décrivez son idée que l'Europe, et la France en particulier, tendent à la centralisation.
41. Selon Françoise Ribettes, quels principes n'ont jamais été mis en question?
42. Selon elle, est-ce que les magistrats devraient pouvoir juger la constitutionalité des lois?
43. Expliquez le point de vue contraire de Laï Kamara.
44. Quelle conclusion tire-t-il de l'expérience de Vichy?

Quelques renseignements utiles

1. *Contrastes entre le droit français et le droit américain.*

FRANCE	USA
Droit écrit, code Napoléon.	Droit commun.
La loi émane de la souveraineté du peuple, donc de ses députés, mais elle est interprétée par les tribunaux.	La loi est constituée et renouvelée par les décisions des tribunaux qui créent des précédents.
Le juge garde le secret du délibéré.	L'opinion du juge est publiée et établit le précédent.

FRANCE	USA
Le magistrat est soumis aux lois du pouvoir législatif et aux décrets du pouvoir exécutif; le pouvoir judiciaire est donc moins grand que les pouvoirs exécutif et législatif.	En principe, il y a égalité des trois pouvoirs, exécutif, législatif et judiciaire.
La séparation des pouvoirs garantit l'indépendance des pouvoirs législatif et exécutif et celui-ci a un système de justice à lui, les tribunaux administratifs.	La séparation des pouvoirs établit un contrôle mutuel (*checks and balances*) où chaque pouvoir est contrôlé par les autres; il y a un seul système de tribunaux.
Seul le Conseil Constitutionnel, indépendant du pouvoir judiciaire, peut déclarer une loi inconstitutionnelle, mais le pouvoir exécutif ou législatif doit prendre l'initiative et "saisir" le Conseil Constitutionnel, qui doit agir *avant* que la loi ne soit promulguée.	La Cour Suprême, qui fait partie du pouvoir judiciaire, peut déclarer les lois inconstitutionnelles; l'initiative vient d'une partie qui porte plainte et de la Cour Suprême qui accepte de juger le cas, et ceci toujours *après* la promulgation de la loi.

2.   *Résumé de l'histoire constitutionnelle de la France.*

La Révolution de 1789 et la *Déclaration des droits de l'homme,* qui devient le préambule de la Constitution de 1791.

La Première République (1792–1799); le coup d'état Jacobin produit la Constitution de juin 1793.

La dictature de Napoléon (1799–1814), qui établit l'Empire en 1804.

La Monarchie (1814–1848); la Deuxième République (1848–1851); le Second Empire (1851–1870); la Troisième République (1870–1940).

Le gouvernement provisoire de Vichy, l'Etat français de Pétain sous l'occupation allemande. (1940–1944).

La Quatrième République (1946–1958).

La Cinquième République et la Constitution de 1958; la "révolution" de mai 1968.

Questions à discuter

1.   Comparez les carrières de l'avocat (le barreau) et du juge (la magistrature).

2.   Si vous pensez devenir avocat ou juge, qu'est-ce qui vous attire dans ces professions? Quelles capacités faut-il dans ces carrières?

3.   Que préférez-vous, la sécurité ou l'aventure, l'appartenance à un corps public ou l'indépendance dans le privé?

4.   Quels avantages voyez-vous à travailler pour l'Etat? Quels inconvénients? Avez-vous une philosophie du bien public qui vous y engage? Si oui, décrivez cette philosophie.

5. Décrivez l'influence de votre famille sur votre formation. Connaissez-vous "la vie réelle" ou vous sentez-vous trop protégé par votre famille (ou par vos études)?

6. Avez-vous peur de la politisation des syndicats, des universités, de la vie en général? Quel rôle vous proposez-vous dans la vie politique?

7. Pensez-vous que le pouvoir judiciaire, ou la séparation des pouvoirs, peut nous protéger contre la tyrannie? En dehors du pouvoir judiciaire, qui peut nous aider? le parlement et les députes? le droit de vote? la constitution?

8. Que pensez-vous du pouvoir toujours grandissant du gouvernement, du pouvoir exécutif?

9. Parlez de la carrière d'un juge, d'un avocat, ou d'un personnage politique que vous connaissez bien.

10. Définissez votre idéal du droit et de la justice.

Propos à défendre ou à contester

1. Il est nécessaire qu'un magistrat se consacre intégralement à sa tâche du service de l'Etat.

2. Le système judiciaire est une partie intégrante de la vie du pays. En tant que citoyen, on est obligé de s'y intéresser.

3. Un magistrat appartenant à un syndicat, qui a pris des positions politiques, pourrait avoir à se déjuger.

4. La politisation à gauche se pose dans tous les domaines, en France et dans beaucoup d'autres pays.

5. Les femmes sont à la fois plus sensibles, plus ouvertes et moins préoccupées d'avancement de carrière que les hommes.

6. Grâce à l'interprétation de la loi, les juges arrivent à la modifier complètement.

7. La loi est l'expression de la souveraineté du peuple.

8. On a toujours voulu "couper la langue à ceux qui pouvaient l'utiliser contre le pouvoir."

9. Il suffit de voir quelqu'un qui a une casquette sur la tête avec une étoile, pour constater que son pouvoir peut être excessif.

10. Quand on confiait à un tyran le soin de légiférer pour toute sa vie, quand on n'en voulait plus, il n'y avait qu'une solution, c'était de l'éliminer.

André Chamson de l'Académie Française.
French Cultural Services.

6

Interview d'André CHAMSON, de l'Académie Française, ancien directeur des Archives Nationales.

Devenir écrivain

Auteur d'une quarantaine d'ouvrages,[1] des romans pour la plupart, parlant souvent de la tradition protestante dont il fait partie et des Cévennes,[2] son pays, André Chamson allait prendre sa retraite comme directeur des Archives quand nous avons pu assister à un interview conduit par Madame Nicole Becker qui faisait sa thèse sur lui. Il l'avait accueillie[3] chez lui, lui permettant de parcourir sa volumineuse correspondance. A un âge où d'autres ont cessé de travailler depuis longtemps, il paraissait actif, enthousiaste, désireux de partager ce que sa carrière lui avait appris. Sa femme nous aidait à installer le magnétophone[4] et nous servait le thé ; on était comme en famille. C'est dire qu'après une vie riche, engagé dans la politique, la littérature, dans l'actualité, André Chamson n'avait rien perdu de sa jeunesse intellectuelle ni de son esprit ouvert.

1. *Quelle est, pour vous, la marque d'un grand écrivain, le style ou le message ?*

Vous posez là le vieux problème du fond et de la forme, toujours repris, dans toutes les universités, partout où on a pensé le phénomène littéraire. Eh bien, je crois que ce ne sont pas des aspects que l'on traite séparément. Si le style et le fond se rejoignent, s'imbriquent[5] l'un dans l'autre, on est, vraisemblablement,[6] en présence d'un grand écrivain. La chose est accomplie quand l'un et l'autre deviennent identiques.

2. *Comment concevez-vous donc l'œuvre[7] que vous allez écrire ?*

La composition, c'est une histoire semblable à celle du style chez les sportifs. L'entraînement des sportifs est quelque chose de très dur, de très

---

[1]**une quarantaine d'ouvrages:** à peu près quarante livres. [2]**les Cévennes:** section orientale des montagnes du Massif Central, région protestante et isolée, décrite dans les romans *Roux le Bandit, Les Hommes de la Route, Le Crime des justes*, parmi d'autres. [3]**accueillir:** recevoir. [4]**le magnétophone:** *tape recorder.* [5]**s'imbriquer:** *to become enmeshed.* [6]**vraisemblable:** probable, qui semble vrai. [7]**une œuvre:** ce qu'on produit, la création artistique; (ici) un livre.

pénible, qui consiste pourtant à faire les choses dans la voie la plus naturelle et la plus simple, répondant le mieux au physique qui leur a été donné.
Je crois que c'est exactement la même chose pour un écrivain. Il faut que
chacun détermine le style que les moyens, qui lui ont été donnés, déterminent presque invinciblement; ce qui ne veut pas dire qu'il faut s'abandon-   5
ner aux réflexes, au conditionnement élémentaire, mais, au contraire,
essayer de découvrir, au fond de sa propre personnalité, le style qui est
votre style d'accomplissement.

3.   *Partez-vous donc d'une idée? Quand vous pensez à l'œuvre que vous*
allez écrire, la concevez-vous comme un tout?   10

Alors là nous sommes dans les grands mystères. C'est la genèse de
l'œuvre non pas balbutiante[8] comme celle du débutant,[9] mais celle du
professionnel. J'ai l'habitude de citer Renoir[10] qui disait, avant de peindre
une toile:[11] "Je vais faire un tableau bleu, ou jaune, ou rose," et ça abou-
tissait à faire ce chef-d'œuvre[12] extraordinaire qui s'appelle le *Moulin de la*   15
Galette.[13] L'écrivain aussi est un monsieur qui veut faire une œuvre bleue,
ou rouge, ou jaune.

Un grand arbre, c'est d'abord une toute petite semence;[14] une œuvre
aussi, c'est une toute petite impulsion, mais de tout l'être,[15] de l'être total,
je dirais, presque physique. Lorsqu'on est pris par l'idée de faire un livre,   20
il y a à la base quelque chose de physique, une sorte d'engagement,[16] une
crispation[17] de la personne physique, mais aussi de la personne morale et
intellectuelle. Alors là, la semence première, c'est vraiment quelque chose
d'extrêmement mystérieux.

4.   *Mais elle dépend de la nature de l'écrivain?*   25

Je le répète, il s'agit de trouver ce qu'on est. J'ai employé cette expression plusieurs fois,[18] et elle me vient d'un très grand écrivain qui s'appelle
Balzac.[19] Un écrivain, au fond, c'est un homme qui essaie de se réaliser,
de devenir ce qu'il est, et qui, pour cela, doit faire l'effort créateur, l'effort
qui va être le sien à travers l'existence. Je crois que la grandeur de la   30
littérature, c'est de permettre à une créature humaine de devenir véritablement ce qu'elle est, en s'exprimant. Au fur et à mesure[20] de l'expression,
la réalité profonde de la personne se découvre. Les très grands écrivains,

---

[8]**balbutier:** *to stammer.*   [9]**le débutant:** celui qui commence.   [10]**Auguste Renoir** (1841–1919):
peintre impressionniste.   [11]**la toile:** le tableau; *canvas, painting.*   [12]**le chef-d'œuvre:** *master-*
piece.   [13]Vieux moulin (*mill*) de Montmartre peint par Renoir; le tableau se trouve au Louvre.
[14]**la semence:** *seed.*   [15]**l'être:** *being.*   [16]**un engagement:** *commitment.*   [17]**la crispation:** la
contraction (des muscles); un effort (de l'esprit).   [18]Par exemple dans *Devenir ce qu'on est*
(1959), livre autobiographique.   [19]**Honoré de Balzac** (1798–1850): auteur d'*Eugénie Grandet*,
du *Père Goriot*, des *Illusions perdues* et d'autres romans bien connus.   [20]**au fur et à mesure:**
in the process of, while (*expressing oneself*).

les Balzac, les Stendhal,[21] sont devenus ce qu'ils étaient par toute une suite d'œuvres; ils ne l'auraient pas été sans la littérature.

5.   *Dites-vous que l'écrivain a besoin d'une philosophie personnelle, d'un thème central qu'il transmet dans toute son œuvre et qui lui apporte un élément de continuité?*   5

Oui, je le crois. Mais ce que je crois aussi, c'est qu'il ne faut pas faire ça de façon volontaire. Ça vient de soi-même. Il faut que ça se fasse.[22] Vous dites, "un thème." Ça peut être deux ou trois thèmes entre-croisés.[23] Ce sont des forces latentes très puissantes que chacun de nous porte en lui. Il en a la hantise,[24] le ronron[25] qui revient toujours, la médi-   10
tation qu'on retrouvera entre éveil[26] et sommeil, par exemple, quand on est encore lucide mais quand la volonté n'est pas la seule chose qui nous régit.[27] Il y a des hantises qui reviennent toujours et qui sont la thématique de l'écrivain.

6.   *Qu'entendez-vous[28] par là?*   15

La thématique de l'écrivain, c'est l'ensemble des thèmes qui lui seront donnés et auxquels il reviendra toujours.

7.   *Et quelle est la vôtre?*

Je crois que le thème central de mon œuvre a toujours été à la fois une méditation sur l'histoire et une méditation sur le destin de l'individu.   20
J'ai toujours été, comme on dit, fasciné par l'histoire, ayant vécu dans une période assez pleine d'événements terribles pour que cette histoire ait tenu une grande place dans mon existence. Je pense à tout ce que je lui ai donné de moi-même, à travers les agitations, les révolutions, avortées[29] ou réussies, les guerres; je pense aux jours et aux nuits que j'ai passés dans   25
des conditions tout à fait détournées[30] de tout ce qui est mon destin per-
sonnel! Et pourtant, j'ai toujours été hanté par une idée qu'au-delà de l'homme engagé dans l'histoire, il y avait un homme permanent, qui échap-
pait[31] à cette histoire, qui voulait échapper..., à la fois un mélange de fatalité et de volonté.[32] Je pense que cet homme contre l'histoire, cet   30
homme au-delà de l'histoire, est la créature véritable que nous portons en nous. C'est ce que nous devons devenir!

---

[21]**Stendhal** (Henri Beyle) (1783–1842): auteur de *Le Rouge et le Noir* et de *La Chartreuse de Parme.*   [22]**que ça se fasse:** que cela arrive tout seul.   [23]**entrecroisé:** mêlé, mélangé, ensemble.   [24]**la hantise:** l'obsession, le retour constant (d'une idée).   [25]**le ronron:** *purring*; le son répété et continu; quelque chose qu'on répète souvent.   [26]**un éveil:** quand on est réveillé; le contraire du sommeil.   [27]**régir:** gouverner, dominer.   [28]**entendre:** (ici) comprendre, vouloir dire.   [29]**avorté:** *aborted.*   [30]**détourné de:** loin de, éloigné de.   [31]**échapper à:** *to escape.*   [32]**un mélange de fatalité et de volonté:** *a mixture of (passive) acceptance of fate and of (active) will-power.*

8.   *Vous avez réalisé vos méditations concernant ces thèmes en donnant une place de premier plan[33] à la nature, à vos Cévennes. Evoquez-les pour nous.*

Ce pays, qui est le mien, joue le même rôle que celui de Faulkner, dans son œuvre, mais les Français, les trois quarts du temps, ont un mau- 5 vais rapport avec les régions. Chez nous, dès qu'on habite quelque part, Paris fait la critique de ce "quelque part"; Paris supporte[34] mal la concurrence[35] avec les autres régions de la France et pourtant, la France est loin d'être faite uniquement par Paris.

C'est le pays où j'ai reçu le jour;[36] il me semble porter en lui à la fois 10 les valeurs de l'histoire et les valeurs de la nature. Il est resté près de ce que nous appelons "la nature," une nature conditionnée par les hommes mais où les forces du terroir[37] restent les plus puissantes et les plus présentes. C'est un pays de solitude, de montagnes, de vastes horizons, un pays où les accidents climatiques sont, à la fois, très forts, exagérés, et d'une 15 grande douceur. Il y a des soleils d'été, il y a des neiges d'hiver, enfin, toute une variété où l'homme peut prendre un contact avec la mère-nature. Elle me dit: "Je suis!" C'est le théâtre à la fois sensible[38] et insensible.

Voilà, d'un côté il y a la nature, et de l'autre côté il y a les valeurs de l'histoire, car ce petit pays a un destin singulier. Ses habitants se sont 20 comportés, à l'intérieur de la nation française, comme une véritable nation indépendante, et il y a ces finalités,[39] en particulier les guerres de religion qui ont eu lieu là.[40] Je ne m'en félicite[41] pas, loin de là, mais c'est un état de fait.[42] Il y a eu des guerres pour la liberté de conscience; des gens sont morts pour préserver cette liberté qui leur apparaissait la chose la plus 25 précieuse.

Cette combinaison, de présence de la nature et de présence de l'histoire, me permet de devenir ce que je suis à la fois à travers l'histoire et dans le contact avec la nature. C'est pour cela que j'ai fini par faire de cette région, qui est la mienne, une sorte de résumé de l'histoire de l'humanité 30 dans sa marche vers une finalité transcendante qui lui permettra de devenir ce qu'elle est.

---

[33]**le premier plan:** ce qui est devant, ou essentiel.   [34]**supporter:** *tolérer.*   [35]**la concurrence:** *competition.*   [36]André Chamson est né à Nîmes (en 1900), trop près du Rhône pour être vraiment dans les Cévennes, mais il y a passé sa jeunesse.   [37]**le terroir:** la terre, les traits caractéristiques du pays.   [38]**sensible:** *sensitive.*   [39]**la finalité:** le but (*objective*) moral.   [40]En révoquant l'Edit de Nantes (1685), Louis XIV avait interdit le culte protestant, mais les "Camisards" se sont battus dans les Cévennes (1702–1704) pour conserver leur religion. André Chamson parle de cette lutte dans deux romans récents, *La Tour de Constance* et *La Galère.* Un très beau film de René Allio, *Les Camisards,* décrit ce moment dans l'histoire où une bande de guérilleros a pu lutter contre les armées organisées de Louis XIV.   [41]**je ne m'en félicite pas:** je n'en suis pas fier; **féliciter:** *to congratulate.*   [42]**un état de fait:** *a matter of fact,* une vérité acceptée.

9. *Voulez-vous dire qu'elle doit retrouver sa valeur morale?*

En effet, je crois que le plus grand échec[43] de la société, c'est l'inégalité qu'il y a entre le progrès matériel et les progrès moraux, entre les grandeurs d'établissement[44] et les grandeurs naturelles. Pascal[45] avait déjà trouvé que nos grandeurs d'établissement ont pris le pas sur[46] nos grandeurs naturelles qui toujours sont à conquérir suivant la formule: "Devenir ce qu'on est."

Nos grandeurs d'établissement ont pris de telles proportions, que nous sommes très grands d'un côté et très petits de l'autre. Nous ne savons pas dégager[47] notre grandeur naturelle, c'est-à-dire ce que l'homme porte en lui; malheureusement nous sommes très petits dans ce qui serait le plus capable de nous apporter l'équilibre, la santé morale et la santé intellectuelle, et même,—ne reculons pas devant le mot,—le bonheur.

10. *Votre vie montre que votre espérance[48] en l'homme ne s'est jamais démentie,[49] mais ne pensez-vous pas qu'il est difficile de ne pas désespérer dans un monde comme le nôtre, qui laisse de moins en moins d'options à l'individu?*

Oui, vous avez bien saisi. Je suis un pessimiste optimiste. Cette antithèse interne exprime le fait que tout porte en soi son contraire dans la nature humaine; c'est valable pour toutes les autres valeurs également. Pour répondre sans détours à votre question, l'optimisme serait chez moi naturel; le pessimisme serait conquis.[50] Il m'est imposé, et cependant, le retour de l'optimisme sur la vision pessimiste est une chose que je retrouve à tous les instants. Pour résoudre ce problème d'optimisme–pessimisme, il faudrait aller au-delà de nos activités vitales jusqu'à notre heure dernière. On ne doit pouvoir parler sérieusement d'une solution que devant la mort, dans un temps très court qui est l'extrême bout du chemin.

11. *On voit donc que, pour vous, la littérature n'est pas un jeu de l'esprit, mais crée une lourde responsabilité à ceux qui sont doués[51] du talent d'écrivain.*

Oui, je le crois, encore que[52] là il faut se freiner[53] soi-même et ne pas entrer dans la mentalité prophétique. Le plus grand prophète, c'est celui qui ne sait pas qu'il est prophète, qui ne pense pas qu'il l'est véritablement, qui ne se jette pas dans des convulsions frénétiques. Mais je crois qu'il y a, évidemment, une responsabilité d'écrivain: c'est de faire son métier d'homme.

---

[43]**un échec:** *failure.*   [44]**la grandeur d'établissement:** *material achievement.*   [45]**Blaise Pascal** (1623–1662): philosophe religieux et mathématicien.   [46]**prendre le pas sur:** avancer plus vite que.   [47]**dégager:** libérer, faire ressortir.   [48]**une espérance:** un espoir, ce qu'on espère.   [49]**se démentir:** cesser de se manifester, venir à manquer.   [50]**conquérir** (*p. p.* **conquis**): *to conquer*; (ici) *to acquire.*   [51]**doué:** *gifted.*   [52]**encore que:** *although.*   [53]**se freiner:** (ici) se contrôler, s'arrêter.

12.   *L'écrivain proposera donc une ligne de conduite à l'humanité aux prises avec[54] des problèmes qui la dépassent?*

Oui, il le fera. On peut le faire de trente-six manières. On peut faire une œuvre dont la lecture dirige l'esprit vers un certain nombre de conclusions, mais sans que l'auteur les ait apportées; il peut même, au contraire, donner ses solutions, et pourquoi pas? Seulement je déteste l'inconscience[55] du prophétisme qui risque de se substituer au prophétisme réel. Ce n'est pas le prophète que je récuse,[56] c'est celui qui se croit un prophète, car alors il est très dangereux. C'est une question de responsabilité.

13.   *Vous êtes un auteur qu'on lit et qu'on respecte; la critique[57] vous étudie; vous avez un peu le rôle de prophète, au moins de guide. Quelle impression est-ce que cela vous fait?*

Eh bien, mes compatriotes ont déjà donné mon nom à des rues. Par exemple, la ville de Valleraugue[58] a donné mon nom à sa rue principale. Lorsque, pour la première fois, j'ai vu une plaque bleue avec des lettres blanches, sur laquelle il y avait écrit: "Rue André Chamson," j'ai été un peu estomaqué[59] et je me suis demandé si j'étais mort; je voyais la façon dont me traitait la postérité!

Mais je dois dire que le contact avec la créature humaine, avec une personne qui étudie mon œuvre, est, au contraire, un contact tout à fait charmant. On est en présence d'un lecteur privilégié, d'un lecteur qui va jusqu'au bout de son effort de lecture. Ce n'est plus le lecteur occasionnel qui a lu un ou deux livres de vous, c'est un lecteur qui, ayant mis le doigt dans l'engrenage,[60] vous apporte le témoignage[61] de son effort volontaire, de sa lucidité, de sa compréhension. Je dois dire que, par de petites touches,[62] dans une conversation, on apprend beaucoup sur soi-même. Il faut simplement essayer d'échapper, en ces circonstances,—que ce soit la plaque ou le critique,—d'échapper au piège[63] de la vanité.

14.   *Beaucoup d'étudiants veulent écrire. Que leur conseillez-vous pour se préparer à une carrière d'écrivain?*

Je leur conseillerais tout d'abord d'être de bons étudiants; je veux dire, des étudiants perméables[64] à tout l'ensemble de connaissances que la vie universitaire peut leur apporter. Il faudrait aussi qu'ils soient réceptifs aux messages du monde qui les entoure et, en même temps, aux messages qui peuvent leur venir du fond des âges par l'intermédiaire des grands

---

[54]**aux prises avec:** qui combat, qui lutte avec.   [55]**l'inconscience:** l'absence de jugement, l'irresponsabilité.   [56]**récuser:** rejeter.   [57]**la critique:** les critiques, tous ceux qui font de la critique. [58]**Valleraugue:** petite ville dans les Cévennes à l'est de Nîmes.   [59]**estomaqué:** *astounded.* [60]**un engrenage:** *gear (of a motor),* (ici) l'esprit, la façon de penser.   [61]**le témoignage:** l'expression; *testimony.*   [62]**par de petites touches:** peu à peu.   [63]**le piège:** *trap.*   [64]**perméable:** ouvert, qui se laisse influencer.

écrivains. Qu'ils se mettent en condition de vivre la vie de l'écrivain comme les gens qui ont la vocation religieuse peuvent se mettre en condition de vivre la vie monastique!

15. *Vous qui avez écrit* La Neige et la Fleur, *un roman sur la jeunesse, qui a eu un très grand succès et dont on a loué*[65] *l'honnêteté et la lucidité, avez-vous un message à transmettre à la jeunesse d'aujourd'hui?*

Oh oui, je voudrais leur dire une chose. Ne vous laissez pas prendre par la démagogie contemporaine! Ne croyez pas que la jeunesse est la finalité de l'existence humaine! La jeunesse, en admettant qu'elle commence à 15 ou 16 ans et qu'elle finisse tard, à 25 ou 26 ans, qu'est-ce que c'est dans la vie d'un homme, telle que le monde moderne nous la réserve? Nous avons maintenant des chances de vie de 70 ou de 80 ans. Si vous limitez la période de plénitude, de responsabilité, de capacité, de joie à la jeunesse, et que pour le reste du déroulement[66] de la vie, vous considérez que tout cela n'a plus d'importance, quelle malheureuse existence vous vous préparez! Comme vous serez malheureux, si vous avez raison à l'heure actuelle d'avoir, pour l'âge mûr, le peu de considération que vous avez, puisque vous serez obligés de vivre dans votre âge mûr tout le restant de l'existence au-delà de votre jeunesse.

Voilà ce que je leur dirai. Non! Une vie d'homme, c'est une continuité cohérente où la jeunesse tient une place, comme la rosée[67] du matin, une place particulière. On ne retrouvera plus cela; cela va s'évaporer, comme cette rosée matinale. Mais à côté de ces quelques années fugaces[68] et fragiles, quelles belles années vous aurez devant vous encore! Les années de la maturité, de la maturité avancée et même,—mon âge me permet de le dire,—celles de la vieillesse, sont des années merveilleuses, une sorte de potentialisation[69] des choses de l'existence, qui est irremplaçable.

Vous savez, on voit des flammes aux yeux des jeunes gens, mais dans l'œil des vieillards on voit de la lumière. Je cite Victor Hugo,[70] mais on pourrait citer tous les grands écrivains. Il faut avoir l'esprit rétréci[71] et le cœur presque annihilé[72] pour croire au mythe qu'on développe à l'heure actuelle sur l'unicité[73] de la jeunesse dans l'existence humaine.

Voilà ce que je leur dirais, aux garçons et aux filles, en sachant bien que s'ils n'entendent pas ce message, la vie se chargera de le leur rappeler, peut-être de façon très dure et avant qu'il ne soit longtemps.

---

[65]**louer:** dire du bien de, *to praise.*   [66]**le déroulement:** le cours, le passage.   [67]**la rosée:** *dew.* [68]**fugace:** qui passe vite, court.   [69]**la potentialisation:** la réalisation du potentiel.   [70]**Victor Hugo** (1802–1885): poète et romancier, auteur de pièces de théâtre.   [71]**rétréci:** étroit, limité; (**rétrécir:** *to shrink*).   [72]C'est-à-dire, le cœur insensible, sans sentiment.   [73]**une unicité:** une qualité unique.

16. *Est-ce que vous considérez que les jeunes auteurs devront accepter,*
comme vous l'avez fait, un second métier? Est-ce que le second métier
vous a plutôt aidé ou gêné dans votre entreprise littéraire?

Je suis pour le second métier. Non, si vous n'avez pas de fortune, ne
comptez pas sur la littérature comme activité nourricière[74] au début de   5
votre vie. Je ne sais pas, du reste, si ce que je suis en train de dire convient
très bien pour les Anglo-Saxons. Il est possible qu'en raison de l'immense
domaine de la langue anglaise, les conditions ne soient pas tout à fait les
mêmes, mais, chez nous, compter sur des livres pour vivre, c'est se réserver
de longues années de misère, de détresse; c'est risquer de s'amener soi-   10
même à une sorte de pessimisme et de hargne[75] qu'il vaut mieux s'éviter; la
hargne contre les choses et contre les gens, une agressivité qui vient du
fait que la vie est difficile.

J'ai été incliné à prendre un second métier par un de mes confrères,[76]
qui est mort maintenant, que j'ai beaucoup aimé, qui était un homme émi-   15
nent. C'était Georges Duhamel.[77] Quand j'ai écrit mon premier livre,
Duhamel était au sommet de sa gloire. C'est une histoire bizarre! C'est
notre cordonnier commun qui m'a envoyé chez Duhamel. Je suis donc
allé chez cet illustre académicien, moi, petit étudiant inconnu, avec la re-
commandation d'un cordonnier, et Duhamel, ayant lu mon premier livre,   20
qui était *Roux le Bandit*, m'a dit, quand je suis retourné le voir: "J'ai lu
votre livre; il est très bon; vous êtes sûrement un écrivain; vous êtes un
écrivain de race,[78] mais je vais vous donner un conseil: Est-ce que vous
avez un métier dans les mains, une technique?

— Oui, j'ai répondu que j'étais ancien élève[79] de l'Ecole des Char-   25
tes.[80]

— Vous pouvez avoir un métier?

— Oui, je peux avoir un métier: conservateur[81] de musée, de bibliothèque ou d'archives.

— Eh bien, faites-le et faites votre œuvre en même temps, cela vous   30
permettra de faire l'œuvre que vous avez envie de faire, et non pas celle
qu'il faudra faire pour gagner votre vie.

17. *Une dernière question. En 1722, Marivaux[82] conseillait aux écrivains*
de "rester dans la singularité d'esprit qui nous est échue."[83] N'est-ce
pas aussi le conseil que vous donnez aux jeunes?   35

---

[74]**nourricier**: qui nourrit, qui permet de gagner de l'argent.   [75]**la hargne**: la mauvaise humeur,
l'irritation.   [76]**le confrère**: celui qui a le même métier, un collègue.   [77]**Georges Duhamel**
(1884–1966): romancier et médecin, membre de l'Académie Française, auteur de *Vie et Aven-*
tures de Salavin et *Chronique des Pasquier*.   [78]**de race**: de qualité (de la race des grands
auteurs).   [79]**ancien élève**: *alumnus*.   [80]L'Ecole des Chartes prépare les archivistes.   [81]**le con-**
servateur: *curator*.   [82]**Marivaux** (1688–1763): auteur de comédies et de romans.   [83]**échu**:
donné (par le destin). Citation du *Spectateur français* (dans *Journaux et Œuvres diverses*,
Paris: Garnier, 1969, p. 149).

Ah! Le dix-huitième siècle! Quelle jolie langue ils parlaient et ils écrivaient. "La singularité d'esprit qui nous est échue" est une formule admirable. Elle me frappe. Cela veut dire simplement, et je vais me répéter comme un vieux monsieur qui ne sait pas sortir de son ronron, mais je vous assure que je ne suis pas dans un ronron,—cela revient[84] à   5 peu près à la formule de devenir ce qu'on est.

Questions pour la compréhension du texte

1. Expliquez "le vieux problème du fond et de la forme."
2. Quelle est la marque d'un grand écrivain?
3. Comment un sportif développe-t-il un style propre à lui, et pourquoi?
4. Suivre son style n'est pas s'abandonner à ses réflexes? Expliquez l'idée d'un style littéraire.
5. Expliquez le mystère de la genèse d'une œuvre. Suffit-il de dire comme Renoir: "Je vais faire un tableau bleu"?
6. Comparez la genèse d'un arbre à la composition d'une œuvre littéraire.
7. Quelle est l'attitude de l'auteur envers la nature? Pourquoi y voit-il aussi un mystère?
8. Comment est-ce que la littérature peut aider l'écrivain à devenir ce qu'il est?
9. Que savez-vous de Balzac et de Stendhal?
10. Comment l'écrivain trouve-t-il son thème essentiel?
11. Comment ce thème, ou ces thèmes, constituent-ils une force latente et puissante?
12. Comment cette force latente domine-t-elle l'auteur?
13. Quelle est "la thématique" d'André Chamson?
14. Quels sont, pensez-vous, les événements terribles qui ont amené André Chamson à être "fasciné par l'histoire"? Notez qu'il est né en 1900.
15. André Chamson nous dit que les crises sociales et politiques l'ont détourné de son destin, qui est la littérature. Quelle idée l'y a toujours ramené?
16. Quel est le défaut qu'il reproche aux Parisiens?
17. Comment la nature peut-elle être sensible? Tirez votre réponse de ce qu'il dit de la nature et des Cévennes.
18. Quelle explication donne-t-il des guerres de religion?
19. Pourquoi et comment André Chamson a-t-il fini par faire des Cévennes une sorte de résumé de l'histoire de l'humanité?
20. Quel est le grand échec de la société moderne dont parlait déjà Pascal?
21. Expliquez la formule: "devenir ce qu'on est."
22. Qu'est-ce que c'est qu'une antithèse? Expliquez de quelle antithèse il s'agit.
23. Quel côté de l'optimisme–pessimisme vient plus naturellement à notre auteur?

---

[84]**cela revient à:** c'est la même chose que.

24. Est-ce que la mort donne vraiment une solution au problème de l'optimisme–pessimisme?

25. Qui sont les faux prophètes et de quel "prophétisme réel" parle André Chamson?

26. Pourquoi les faux prophètes sont-ils dangereux?

27. Que pense notre auteur quand il voit une rue qui porte son nom?

28. Comment la postérité qui circule dans les rues de Villeraugue lui prouve-t-elle sa considération?

29. Quelle impression lui fait le critique sérieux?

30. Quel danger constant y a-t-il pour l'écrivain?

31. Quelles sont les trois résolutions et qualités qu'il demande aux jeunes qui veulent devenir écrivains?

32. Que disent les démagogues concernant la jeunesse?

33. Qu'est-ce qui arrivera aux fanatiques de la jeunesse quand ils auront atteint l'âge mûr, et pourquoi?

34. Que pense notre auteur de la maturité?

35. Expliquez la phrase de Victor Hugo citée par André Chamson.

36. Que pense-t-il de l'unicité de la jeunesse?

37. Comment est-ce que les conditions du jeune auteur diffèrent dans les pays anglo-saxons?

38. De quoi le jeune auteur a-t-il souvent besoin?

39. Comment Georges Duhamel a-t-il conseillé notre auteur?

40. Est-ce qu'André Chamson est d'accord avec Marivaux pour dire qu'il faut un style strictement individuel?

Questions à discuter

1. Avez-vous jamais pensé devenir écrivain? Si oui, comparez vos plans aux expériences d'André Chamson. Si non, parlez de la carrière qui vous attire, des études qui doivent vous préparer, etc.

2. Que pensez-vous de l'idée de deux métiers, l'un pour gagner votre vie, l'autre pour vous exprimer et vous réaliser? Quelle double carrière envisagez-vous?

3. André Chamson connaît bien ses Cévennes. Parlez de la région que vous connaissez le mieux et analysez-la comme notre auteur l'a fait pour la sienne. Mettez en valeur les traditions, les facteurs géographiques, sociaux, culturels et religieux.

4. Définissez le progrès moral et le progrès technologique et dites si l'un empêche l'autre et si l'homme peut progresser dans les deux domaines à la fois.

5. Etes-vous conscient de "devenir ce que vous êtes"? Décrivez les changements que vous avez constaté en vous concernant votre personne, votre rôle dans la société, votre avenir.

Propos à défendre ou à contester

1. Le style (la forme) et le fond se rejoignent; ce ne sont pas des aspects que l'on traite séparément.

2. Il faut que chacun détermine son style que les moyens, qui lui ont été donnés, déterminent presque invinciblement.

3. Cet homme contre l'histoire, cet homme au-delà de l'histoire, est la créature véritable que nous portons en nous. C'est ce que nous devons devenir.

4. Il y a eu des guerres pour la liberté de conscience; des gens sont morts pour préserver cette liberté.

5. Il y a une responsabilité d'écrivain: c'est de faire son métier d'homme.

6. Il faut être réceptif au message du monde qui nous entoure.

7. Ne croyez pas que la jeunesse est la finalité de l'existence humaine. Non! Une vie d'homme, c'est une continuité cohérente.

Claude Lelouch et sa caméra.
Photo Les Films 13.

7

Interview de Claude PINOTEAU, directeur et assistant aux Films 13, à Paris.

Un cinéaste, Claude Lelouch

Le Club 13, local des Films 13, près de l'Etoile,[1] à Paris, a deux salles de projection qui, quand elles ne sont pas louées, servent à faire passer[2] un grand nombre de films de jeunes cinéastes[3] pour aider leur carrière. Toute la nuit il y a des productions nouvelles; on se demande quand dort ce monde entreprenant. Claude Lelouch, son organisateur, tournait[4] un film—il vient de compléter *Toute une vie*—et ne pouvait pas même nous dire bonjour. C'est donc son adjoint,[5] Claude Pinoteau, qui nous reçoit. Il vient de réaliser son premier grand film, *L'Homme silencieux*. Après avoir travaillé avec Jean Cocteau, Pinoteau a aidé Claude Lelouch à faire ses films. Lelouch est connu avant tout par son succès international, *Un Homme et une femme*, mais il semble encore plus important par ses méthodes nouvelles, par son rôle dans l'évolution du cinéma. La concurrence[6] de la télévision est constante; pour que le cinéma vive, il faut un esprit inventif et neuf. C'est ainsi que Pinoteau nous présente Claude Lelouch!

1. *Quel est le rôle de Claude Lelouch dans le cinéma moderne?*

Claude Lelouch a été l'un des premiers à libérer l'expression cinématographique de ses routines, à apporter un sang nouveau dans la manière de diriger les comédiens,[7] de s'affranchir[8] des servitudes techniques, de créer un style "reportage," pris sur le vif.[9] Son courage et son audace ont étonné, puis fait école.[10] Mais sa manière n'aurait pas suffi à son succès. Le talent de Claude tient à sa personnalité, son charme, cette tendresse qu'il porte à ses personnages, à sa puissance[11] de travail. Auteur, metteur en scène,[12] caméraman, il est l'athlète complet du jeune cinéma.   5

---

[1]**L'Etoile:** carrefour de douze avenues avec l'Arc-de-Triomphe de Napoléon; nommé place Charles de Gaulle en 1970.   [2]**passer:** présenter, montrer. [3]**le cinéaste:** l'auteur, le réalisateur de films. [4]**tourner:** produire, faire. [5]**un adjoint:** un assistant. [6]**la concurrence:** *competition.* [7]**le comédien:** (ici) l'acteur. [8]**s'affranchir:** se libérer. [9]**pris sur le vif:** qui montre ce qui se passe actuellement, qui étudie la réalité, la vie autour de lui. [10]**faire école:** trouver des disciples et imitateurs. [11]**la puissance:** la capacité. [12]**le metteur en scène:** *director.*

Lelouch n'est pas issu[13] des formations classiques du cinéma français. Il a appris le métier très jeune, quand son père lui a dit: "Si tu passes
ton bac,[14] tant mieux, et si tu ne le passes pas, eh bien, je t'achèterai une
petite caméra 16 mm, et puis tu essaieras de faire du cinéma." Il va sans
dire que Claude n'a pas du tout passé son bac. Il a été pris d'une ignorance   5
subite. Quand l'examinateur lui a posé des questions, il a répondu à côté,[15]
car il ne rêvait que d'une chose: faire du cinéma. Son père est mort très
vite et Claude, qui n'était pas riche, travaillait énormément pour être libre
l'après-midi et faire de petits films pour apprendre le métier.

Dans ce métier, Lelouch est un autodidacte[16] absolu. Il n'est passé   10
par aucune école sinon celle de la pratique. C'est une des raisons pour laquelle il a créé les Films 13. Il voulait donner leur chance à des jeunes qui,
autrement, auraient eu de grandes difficultés d'entrer dans le métier.

2. *Pourquoi?*

Pour deux raisons. Tout d'abord parce que le cinéma classique[17]   15
était toujours rigide. Pour y entrer, il fallait, il y a encore quelques années,
suivre des stages,[18] monter dans la hiérarchie professionnelle et obtenir des
cartes. Le cinéma classique est devenu plus libéral. Avec un peu d'argent,
on peut, aujourd'hui, réunir[19] une petite équipe,[20] faire un film, et si le
film est bon, obtenir ensuite du Centre National du Cinéma une autorisa-   20
tion de l'exploiter.[21] On laisse une grande liberté aux jeunes, délibérément,
de manière à ne pas délimiter l'entrée des jeunes talents à l'intérieur de ce
métier, mais même ce régime libéral ne suffit pas.

Ceci m'amène à la deuxième raison. Le cinéma français n'est pas
une industrie en évolution. Nous avons perdu quantité de clients parce que   25
la télévision nous a enlevé jusqu'à 60% des spectateurs.

3. *Cette situation ne s'est-elle pas stabilisée?*

C'est à peu près stabilisé. On peut observer, depuis l'année dernière,
une recrudescence[22] de bons films et une lassitude du public pour la télévision. Elle flatte, bien sûr, sa paresse;[23] il est plus facile de rester chez soi que   30
de sortir, mais la jeunesse préfère sortir, attirée par l'afflux[24] de meilleurs
films, de films de qualité qui ont modifié la mode et bouleversé[25] les
routines habituelles du film. L'Amérique a aussi fait, ces dernier temps, des
progrès considérables et on peut noter une évolution internationale dans
tous les domaines, intellectuel et autres, qui fait que maintenant les gens   35

---

[13]**issu:** sorti.   [14]**le bac** (baccalauréat): les examens à la fin du lycée.   [15]**à côté:** (ici) mal.
[16]**un autodidacte:** une personne qui a tout appris d'elle-même, en étudiant toute seule.
[17]**classique:** (ici) traditionnel.   [18]**le stage:** la période de formation, un cours.   [19]**réunir:**
rassembler, organiser.   [20]**une équipe:** un groupe qui travaille ensemble; *team.*   [21]**exploiter:**
mettre dans le commerce, montrer au public.   [22]**la recrudescence:** le renouveau, la renaissance.
[23]**la paresse:** le désir de se reposer; *laziness.*   [24]**un afflux:** une abondance.   [25]**bouleverser:**
transformer complètement.

veulent aller voir les films dont on parle beaucoup. On a observé les indices de fréquentation en France, dernièrement, dans les salles de cinéma, aussi bien pour le film français que pour le film étranger, et on a constaté[26] un intérêt nouveau.

Cet intérêt est très important. Il a sauvé le cinéma qui tendait à mourir. Ça n'a pas, pour autant,[27] augmenté la production. En France, on réalise[28] environ 120 films par an. Sur ces 120 films, il y a peut-être 50 metteurs en scène qui travaillent; c'est la même chose pour les techniciens et les acteurs, qui font deux ou trois films par an pour gagner leur vie professionnelle.

Quand je vous dis 50 metteurs en scène, vous vous doutez[29] qu'il y a environ 500 metteurs en scène inscrits sur l'annuaire[30] du cinéma et peut-être 10.000 personnes qui voudraient vivre de ce métier et qui sont inscrites dans les listes des techniciens. Ils ne travaillent pas tous. Ce n'est pas une profession de progression, mais en régression depuis dix années. Il est certain que la masse des jeunes qui veut faire du cinéma ne pourra pas trouver des débouchés[31] aussi faciles que dans l'électronique ou d'autres industries en pleine évolution. Un jeune français qui voudrait faire du cinéma en provenance[32] d'une université ou de l'IDHEC (Institut des Hautes Etudes Cinématographiques) trouvera que c'est vraiment difficile: les places sont occupées et pour s'affirmer[33] il faut avoir un talent réel.

4.   *Que peut y faire le Club 13 ?*

Il est né de l'expérience de Lelouch qui, précisément, pour s'affirmer, a dû faire des films avec de petits moyens, des courts métrages,[34] qui ont permis d'identifier son talent, ce qui lui a permis de faire des films et d'arriver à la situation qu'il a. Le Club 13 représente une possibilité de révéler de jeunes talents. Claude leur donne la chance là où d'autres producteurs ne la lui ont pas donnée.

Pour citer un exemple amusant. Le scénario d'*Un Homme et une femme*[35] a été posé sur le bureau d'une douzaine de producteurs français, et tous l'ont refusé. Claude s'est donc résigné à faire son film quand même. Il a trouvé des capitaux pour tourner une semaine; or, son film devait tourner pendant quatre semaines. Il a fait un film publicitaire pendant le week-end pour pouvoir financer sa deuxième semaine. Il a obtenu du crédit de la part des acteurs, de la part du laboratoire. La troisième semaine il a réussi à financer la fin en montrant le résultat des deux premières semaines à un

---

[26]**constater:** noter, remarquer.   [27]**pour autant:** *for all that, in spite of that.*   [28]**réaliser:** produire, faire.   [29]**se douter:** *to suspect.*   [30]**l'annuaire:** la liste annuelle des membres.   [31]**le débouché:** (ici) la carrière, la possibilité de travailler.   [32]**la provenance:** l'origine; **en provenance de:** venant de.   [33]**s'affirmer:** obtenir un succès, réussir.   [34]**un court métrage:** un film court, *a short.*   [35]Film de Lelouch, succès international.

acheteur américain de Allied Artists, qui a acheté le film pour l'Amérique pour 40.000 dollars, ce qui lui a permis de tourner sa troisième et quatrième semaines. Je crois que Allied Artists a fait là sa plus belle affaire: le film a dû rapporter des millions et des millions de dollars! Ça a été une affaire gigantesque.

Voilà donc la manière dont Claude a dû démarrer.[36] Maintenant il donne sa chance à des jeunes, une chance plus ou moins heureuse, parce que beaucoup de leurs films sont restés dans les tiroirs. Si on prend, en sortant de l'université, 200 étudiants et qu'on leur donne à chacun une caméra avec un certain métrage de pellicule,[37] et en leur demandant de faire un film sur le même sujet, il y aura certainement quelques-uns qui feront un très bon film, mais il y aura aussi un déchet[38] énorme.

5. *Claude Lelouch est donc le producteur d'un grand nombre de films qui se montrent au Club 13 ?*

Pas tellement. Nous avons eu la chance de tomber sur quelques bons éléments mais nous avons perdu beaucoup d'argent en faisant des films qui sont encore dans les placards[39] et qui ne sortiront sans doute jamais. C'était sa vocation de créer le Club pour dépister[40] de jeunes talents et leur donner cette chance. Le Club 13, c'est avant tout un centre de cinéma, où se retrouvent de vrais professionnels du cinéma et les jeunes qui veulent en faire. Ils viennent ici pour voir tous les soirs un film différent, entre 11 heures du soir et 4 heures du matin.

6. *Pourquoi si tard? Quand est-ce qu'ils dorment? et vous?*

Parce que Claude n'est pas un mécène[41] qui peut tout payer de sa poche. Nous avons deux salles de projection qui sont louées jusqu'à 10 heures 30 du soir. D'autres cinéastes, d'autres metteurs en scène viennent ici du matin au soir projeter des films comme on le fait dans les salles privées. Certains producteurs viennent faire leur première ou leur avant-première de film chez nous, ce qui fait, par exemple, qu'il y a une séance à 8 heures suivie d'un petit cocktail. Donc le Club ne peut être libre le soir qu'à 11 heures sauf durant les week-end où le Club fonctionne à plein temps. Ça limite, bien sûr, et c'est vraiment les fanas[42] de cinéma qui viennent. Pendant un temps nous y étions tous, mais comme Lelouch commence tous les matins à travailler à 7 heures 30. . . .

Il est certain que, même comme cela, le Club 13 n'est pas une affaire.[43] Nous sommes obligés de mettre deux projectionnistes tous les soirs,

---

[36]**démarrer:** commencer (sa carrière).   [37]**la pellicule:** le film (non-exposé).   [38]**le déchet:** l'effort perdu, qui ne réussit pas.   [39]**le placard:** *closet.*   [40]**dépister:** découvrir.   [41]**mécène:** *patron.*   [42]**fanas** (= les fanatiques): les enthousiastes.   [43]**n'est pas une affaire:** ne rapporte pas d'argent, a un déficit.

d'avoir deux barmen, d'avoir deux hôtesses, aussi un gardien, des gens au service de l'entretien,[44] enfin les frais[45] qui s'ajoutent, la location[46] des films, puisque nous passons un film différent tous les soirs. Ces frais-là ne sont pas compensés par les inscriptions[47] des membres du club, et Claude a souvent la faiblesse de faire cadeau de certaines cartes à des copains[48] qui   5 n'ont pas de quoi[49] payer. On est obligé aussi de limiter les membres de ce Club, puisque nous n'avons que deux salles de projection. Si on inscrivait 1.000, 2.000 ou 3.000 personnes, et si elles venaient d'un seul coup,[50] vous comprendrez bien que ce ne serait pas possible de les satisfaire. Par conséquent, cette affaire du Club est une affaire blanche;[51] il faut tout de   10 même que la maison vive. Le service production, le service distribution et le service location des Films 13 soutiennent[52] le Club.

7.   *Et le travail reprend à 7 heures 30 du matin?*

A 7 heures 30 Lelouch est à son bureau. Il déjeune très peu, mais ça, il a une santé! Je ne sais pas comment il fait. Il lui suffit de dormir quatre   15 heures par nuit et il est dans une forme vraiment fantastique. Il a une vitalité étonnante, je dois dire, exceptionnelle. Pratiquement, sa journée est terminée à 9 heures 30, c'est-à-dire, en deux heures il a résolu tous les problèmes qu'il a à traiter dans sa journée: la gestion,[53] la distribution—comment marchent ses films—et à 9 heures 30, alors que les gens commencent   20 leur journée, lui, pratiquement, l'a presque terminée, ou en tout cas organisée. Il faut dire que le matin, avant 9 heures 30, est très calme. Il n'y a pas de coups de téléphone, on n'est pas dérangé.

Il est certain que pendant les mois qui ont suivi l'ouverture du Club, ça a été pour Claude Lelouch comme pour nous un opium: le soir nous   25 y étions très tard pour voir ces films. Ça nous passionnait nous-mêmes. On faisait des journées gigantesques. Au bout d'un certain temps il a fallu tout de même prendre un peu de repos et limiter nos horaires. Maintenant, le Club va tout seul. Claude vient de temps en temps bavarder[54] avec les gens du Club, voir leurs films.   30

8.   *Quelles sont les expériences techniques que Lelouch a perfectionnées?*

Ce que je vais dire peut paraître prétentieux. Pourtant Claude a réellement créé une nouvelle école. Certains metteurs en scène ont eu la faiblesse, ou la gentillesse, de dire qu'ils n'auraient pas fait leurs films comme ils les ont faits, s'ils n'avaient pas vu *Un Homme et une femme* ou d'autres   35

---

[44]**l'entretien:** *maintenance.*   [45]**les frais:** l'argent qu'on dépense; *costs.*   [46]**la location:** les frais pour louer; *rental fees.*   [47]**une inscription:** la cotisation; *registration fee.*   [48]**le copain:** le camarade, l'ami.   [49]**de quoi:** les moyens de, la possibilité de, l'argent pour.   [50]**d'un seul coup:** ensemble, à la fois.   [51]**une affaire blanche:** une entreprise qui ne fait pas de bénéfice; *nonprofit.*   [52]**soutenir:** *to support.*   [53]**la gestion:** l'administration.   [54]**bavarder:** parler, discuter.

films de Claude. Je ne nommerai que *The Graduate* de Nichols[55] qui nous
l'a dit quand nous sommes venus à Hollywood, et d'autres metteurs en
scène américains qui ont reconnu que Claude a influencé un certain cinéma
qui a amené *Easy Rider,*[56] et d'autres films de ce genre.

Et pourquoi? D'abord parce que le cinéma d'avant la guerre dépen-   5
dait forcément d'équipes et d'un matériel important:[57] les pellicules de
l'époque étaient très peu sensibles et l'on devait, pour faire un film, dépla-
cer beaucoup de monde et beaucoup de matériel. Quand on voit maintenant une pellicule qu'on peut pousser jusqu'à 400,[58] cela nous permet dans
certains films de Claude, qui sont adaptés à ça, de faire le film pratique-   10
ment sans adduction[59] de lumière, sinon de "roll-back"[60] ou des flash que
l'on tient à la main. Donc, libération des servitudes que l'on avait avant!

Ensuite, les caméras deviennent de plus en plus légères aussi. Le
matériel évolue énormément et forcément les méthodes de tournage s'en
trouvent différenciées. Claude adore tourner des films comme le feraient   15
des amateurs, mais avec des compétences professionnelles; car, en fait,
pour faire un film d'amateur sur le mode amateur, il faut vraiment être un
très grand professionnel du métier. Il n'aime pas traîner[61] derrière lui une
équipe très lourde.

Un autre exemple: Claude n'interrompt pas entre les plans[62] mais il   20
enchaîne aussitôt.[63] Les acteurs n'ont pas le temps d'aller prendre un
verre,[64] de téléphoner, de penser à autre chose. A partir du moment où commence le tournage, on est constamment sur le plateau.[65] La lumière est
faite et puis on ne change plus. Si nous tournons dans un intérieur réel, la
lumière est faite le matin par l'opérateur pendant que Claude a sa con-   25
férence avec ses acteurs; après, on n'arrête pas de tourner. Quand on a
demandé à Greta Garbo: "Quels sont les souvenirs que vous avez de *La
Reine Christine?*" elle a répondu: "Je me souviens d'avoir attendu." Si on
demande à Omar Sharif pourquoi il est devenu champion de bridge, c'est
parce qu'il a eu beaucoup de temps entre les plans, quand il tournait.   30
Mais avec Lelouch, il n'en est pas question! Il est tellement enthousiaste et
passionné par la création qu'il ne lâche[66] pas un instant ses acteurs!

9.   *A-t-il fait une expérience récente dans ce genre?*

Il a fait une expérience unique en son genre qui n'a jamais eu de
précédent. Vous savez qu'on a récemment créé une caméra 16 mm fran-   35

---

[55]Mike Nichols, qui a aussi fait *Catch 22* et *Carnal Knowledge.*   [56]Film tourné par Peter
Fonda et Dennis Hopper.   [57]**important:** (ici) grand et lourd.   [58]400 ASA, un film très
sensible à la lumière.   [59]**l'adduction:** l'addition (d'une lumière artificielle).   [60]**roll-back:**
flashing; on ajoute à la sensibilité du film en l'exposant encore avant ou après la prise.
[61]**traîner:** tirer (avec grand effort); dans *L'Aventure c'est l'aventure* ("*Money, Money, Money*"),
Lelouch nous montre ces caméras.   [62]**le plan:** (ici) *sequence.*   [63]**il enchaîne aussitôt:** il continue immédiatement.   [64]**prendre un verre:** boire quelque chose au bar.   [65]**sur le plateau:**
sur la scène, *on stage.*   [66]**lâcher:** laisser partir, laisser aller.

çaise, une caméra Eclair, qui a des magasins[67] 60 mètres. Elle est vraiment aussi légère que la caméra Vidéo ou une caméra d'amateur. Elle est également insonorisée[68] et munie d'un moteur à quartz qui permet de tourner synchrone[69] avec le son. Elle révolutionne le cinéma!

Avec cette caméra, Claude a décidé de tenter[70] une expérience totale, c'est-à-dire, d'élaborer un sujet, de penser à un scénario extrêmement simple sans l'écrire, de noter simplement une suite d'idées ou une suite de séquences servant une idée, au festival de Cannes et, il y a écrit une petite historiette de trois copains qui travaillent sur un chantier de bateau,[71] trois célibataires.[72] Il a écrit cette histoire en quinze jours, une heure par ci, une heure par là, à côté des travaux qu'il avait au festival.

Il a décidé de tourner ce film en huit jours. Nous avons donc constitué une petite équipe; nous étions une douzaine à peu près. Nous avons pris quelques acteurs très peu connus, d'autres qui ne l'étaient pas du tout. Toute l'équipe a tourné un rôle dans ce film!

On s'est amusé à le tourner en huit jours, à Saint-Tropez, un peu sur toutes les plages dans cette région du Sud de la France, sur la Côte d'Azur. Puis, Claude est rentré a Paris. Il a fait son montage. Pratiquement, le mixage était déjà fait puisqu'un des acteurs du film était Francis Lai qui a écrit la musique de *Love Story* et d'*Un Homme et une femme*—c'était un personnage aveugle qui jouait de l'accordéon—et puisque le son était synchrone avec cette petite caméra et qu'on n'avait pas eu de doublage[73] à faire: c'était des mixages directs. Si bien que huit jours après, on était en mesure de monter[74] le film. On l'a présenté à une commission qui l'a sélectionné pour Venise. C'est ainsi qu'entre l'élaboration du film qui a commencé début mai, au festival de Cannes, et le tournage qui a commencé dans la première semaine de juin et la sélection pour le festival de Venise, il ne s'est passé que deux mois!

10. *Et le film s'appelle?*

Smic, Smac, Smoc.[75] C'est un film expérimental, pas un grand spectacle, on peut l'imaginer, mais c'est une expérience qui, si elle a l'adhésion du public, prouvera une chose importante: c'est que les moyens techniques deviennent sommaires.[76] Claude Lelouch a peut-être dix ans d'avance, mais alors tout le monde pourra faire du cinéma! On aura des pellicules avec la même sensibilité que l'œil, et le matériel va de plus en plus s'alléger,[77] donc les équipes deviendront extrêmement réduites. Alors on pourra

---

[67]**le magasin:** *magazine*, le récipient de la pellicule.   [68]**insonorisé:** *sound-proof.*   [69]**synchrone:** en synchronisation.   [70]**tenter:** essayer.   [71]**chantier de bateau:** *shipyard.*   [72]**célibataire:** personne non-mariée.   [73]**le doublage:** l'action d'ajouter le son à l'image.   [74]**monter:** mettre en état, préparer (à le montrer).   [75]**SMIC:** salaire minimum interprofessionel de croissance; SMAC: salaire minimum agricole de croissance; SMOC: *pun on these terms,* cf. *hic, haec, hoc.*   [76]**sommaire:** (ici) petit, léger.   [77]**alléger:** rendre plus léger.

fairę du cinéma professionnel comme on fait du cinéma d'amateur. Je ne parle pas des super-productions avec reconstitution historique, ou les super-westerns qui demanderont toujours une certaine organisation.

On arrivera à faire des caméras professionnelles qui font diaphragme automatiquement, comme les caméras d'amateur! Le domaine amateur est plus perfectionné, pourquoi? Parce que le prototype d'un appareil 35 mm coûte une fortune, deux, trois, on cinq ans d'étude, et on peut en vendre une centaine dans le monde! tandis qu'une caméra d'amateur, réalisée à un million d'exemplaires, permet d'amortir très vite les frais de perfectionnement.

Cela permettra une production plus facile avec des moyens plus flexibles, mais cela plonge aussi le film dans un aspect de réalisme, d'atmosphère naturelle. Que devient l'art dans ces conditions? Comment garantir que vous aboutirez à une production artistique, non pas seulement à un reportage? Car, quand je disais que le cinéma futur sera à la portée[78] de tous, je voulais ajouter que le talent n'est pas à la portée de tous. On peut donner un petit matériel à n'importe qui, mais seul le talent compte. Il va sans dire qu'on trouvera d'autres langages dans le domaine artistique, mais au prix de combien d'échecs![79]

Ainsi, le style de Lelouch a fait de lui un témoin de son temps, dans le domaine de l'amour, dans le domaine de la vie courante. Quand on projettera les films de Claude dans l'avenir, il se situera dans une époque: les sentiments qu'on pouvait avoir dans cette époque seront éclaircis. Son art, c'est aussi de nous donner l'illusion d'assister à un reportage, mais un reportage "provoqué," imaginé.

Je trouve cette qualité très proche de l'art. En fait, les artistes de jadis[80] reproduisaient des paysages le plus fidèlement possible, car la photographie n'existait pas. Les sculpteurs reproduisaient des corps humains de la manière la plus fidèle. Pour le cinéma aussi, il y a une reproduction fidèle de la vie à travers l'œil de l'artiste. L'art de Lelouch est d'étudier la vie actuelle, mais c'est son art, son talent, qui font que ses films sont prisés[81] par le public. Il est vrai qu'il alterne ses productions: certains films sont plus à la portée du public, d'autres sont plus rigoureux. Quand il a fait *La Vie, l'amour et la mort*, c'était un film engagé[82] contre la peine de mort,[83] une manière de plaider une cause par le cinéma. Ça aussi est une mission du cinéma!

Peut-être Claude sera-t-il davantage un observateur de son époque qui profite de l'arme qu'est une caméra, pour dénoncer certaines choses,

---

[78]**à la portée de:** accessible à. [79]**un échec:** *failure.* [80]**jadis:** il y a longtemps. [81]**priser:** apprécier. [82]**engagé:** qui prend une position politique ou sociale. [83]**la peine de mort:** *capital punishment.*

et pas un metteur en scène qui fait *Satyricon*.[84] Chacun a son mode d'expression! Claude Lelouch reste à l'avant-garde d'un cinéma en constante évolution!

Questions pour la compréhension du texte

1. Pourquoi la formation de Lelouch n'est-elle pas classique?
2. Précisez comment il a appris son métier.
3. Comment est-ce que la profession s'est libéralisée?
4. Qu'est-ce qui a bloqué le métier? Pourquoi y a-t-il si peu de postes?
5. Pourquoi y a-t-il une certaine recrudescence?
6. Sur dix personnes qui se présentent, combien peuvent travailler? Combien de films par an y a-t-il?
7. Est-ce qu'une préparation universitaire ou à l'IDHEC promet une carrière? Expliquez.
8. Quel est le but de Lelouch en créant le Club 13?
9. Racontez l'histoire de la production d'*Un Homme et une femme*. Qui en a profité le plus?
10. Comment Lelouch donne-t-il leur chance aux jeunes?
11. Est-ce que la plupart des films faits par les jeunes réussissent? Expliquez.
12. Que font les vrais professionnels au Club 13?
13. Qui loue les locaux pendant le jour?
14. Quand ont lieu les projections de films expérimentaux et qui y assiste?
15. Pourquoi le Club 13 n'est-il pas une affaire? Donnez plusieurs raisons.
16. Que fait Lelouch entre 7 heures 30 et 9 heures 30 du matin?
17. Pourquoi est-ce qu'il assiste moins souvent maintenant aux projections de nuit?
18. Qu'est-ce qui a permis à Lelouch de créer une nouvelle école? Qui en fait partie? Qui a-t-il influencé?
19. Comment les pellicules ont-elles changé?
20. Comment les caméras ont-elles changé?
21. Décrivez la méthode de travail de Lelouch.
22. Comment est-ce que les commentaires de Greta Garbo et d'Omar Sharif montrent que la méthode de Lelouch est nouvelle?
23. En quoi la caméra Eclair est-elle révolutionnaire?
24. Qu'est-ce qui s'est passé au festival de Cannes?
25. De qui et de quoi s'agit-il dans *Smic, Smac, Smoc*? Quel était l'horaire étonnant de cette production?
27. Qui est Francis Lai? Qu'a-t-il fait?
28. Est-ce que Lelouch aboutit à une production artistique ou à un reportage? Qu'en dit Pinoteau?

---

[84]Film de Fellini.

29. Faut-il trouver un nouveau langage artistique? Pourquoi?
30. Comment Lelouch est-il témoin de son temps?
31. Pourquoi le public apprécie-t-il les films de Lelouch?
32. Quelle est la grande qualité de Lelouch, qui n'est pas celle de Fellini?

Questions à discuter

1. Cinéma et télévision, sont-ils ennemis ou alliés?

2. Discutez le réalisme chez Lelouch et chez les peintres et sculpteurs; est-ce un mérite d'être "réaliste"?

3. Que pensez-vous du Club 13? Quels organismes analogues connaissez-vous aux Etats-Unis qui donnent leur chance aux jeunes?

4. Faites-vous de la photographie? Décrivez votre appareil, les pellicules dont vous vous servez, etc. Quels sont les sujets qui vous intéressent?

5. Etes-vous un "fana" du cinéma? Quel genre de films préférez-vous?

6. Quelle est la situation du cinéma aux Etats-Unis? Est-ce qu'on peut dire que le film américain a une grande vitalité?

7. Avez-vous jamais assisté à un festival du cinéma? Où y en a-t-il à l'étranger et aux Etats-Unis? Qu'est-ce que vous en pensez?

8. Décrivez les différents aspects de la production d'un film. D'où viennent vos connaissances? Où pourriez-vous apprendre davantage?

9. On parle de la différence entre l'art et le reportage. Comment voyez-vous ce problème dans le domaine du film? de la littérature? de la peinture? de la sculpture?

10. Qu'est-ce que c'est qu'une œuvre engagée? Indiquez des films que vous avez vus ou des livres que vous avez lus qui entrent dans cette catégorie. Notez qu'on dit qu'une caméra (ou un livre) peut devenir une arme!

Propos à défendre ou à contester

1. Il ne faut pas limiter l'entrée des jeunes dans les métiers.

2. On a constaté un intérêt nouveau. Il a sauvé le cinéma qui tendait à mourir.

3. Il faut des entreprises comme le Club 13 pour donner leur chance aux jeunes, pour dépister les talents.

4. Le cinéma ne dépend plus des grandes équipes.

5. Il faut tenter des "expériences totales."

6. On peut donner un petit matériel à n'importe qui, ou un gros matériel énorme; seul le talent compte.

7. Les artistes de jadis reproduisaient des paysages et le corps humain le plus fidèlement possible parce que la photographie n'existait pas.

8. Les films engagés, c'est une manière de plaider une cause. Ça aussi est une mission du cinéma.

La voix des femmes. Réunion organisée par l'Electricité de France.
French Embassy Press & Information Division.

8

Interview d' Evelyne SULLEROT,
professeur à l'Université de Paris X (Nanterre).

Une sociologue regarde les femmes

Personne n'a contribué davantage aux études sur les femmes qu'Evelyne Sullerot qui
nous reçoit chez elle, dans la maison de César Franck,[1] en train de trier[2] les résultats
de sa dernière enquête[3] statistique. Elle décrit comment elle est arrivée à entreprendre
des études de plus en plus ambitieuses pendant cette deuxième lune de miel[4] qui est
son œuvre et ses recherches. Si seulement elle avait le temps, elle continuerait sa
thèse de doctorat, l'histoire de la presse féminine, pour mener la discussion jusqu'à nos
jours. Plongée dans des projets de toute sorte, elle a la satisfaction de voir que ses
étudiants, garçons et filles, font des maîtrises[5] et des doctorats dans cette spécialité
qui, il y a quinze ans, ne paraissait qu'un rêve, la problématique de la condition féminine. Ce qui distingue Evelyne Sullerot, c'est son humanisme, sa compréhension de
la société moderne.

1. *Quel but[6] vous proposez-vous, en tant que[7] sociologue, de la vie
    féminine?*

Il s'agit de[8] proposer pour la femme, non pas une égalité physique,
mentale ou autre, mais plutôt une chance égale, l'équité. En tant que
sociologue—j'ai été toujours attirée par ce terme, "sociologie," fabriqué par   5
Auguste Comte,[9] un vilain[10] terme parce qu'il est à moitié latin, à moitié
grec—je me demande: "Comment ce groupe vit-il? Pourquoi les femmes
sont-elles toujours à une certaine distance des hommes?" Il y a deux sens
à ce mot "distance." Il y a d'abord la distance économique. Pourquoi,
quand elle fabrique mille feuilles de papier, gagnerait-elle moins qu'un   10
homme qui fabrique aussi mille feuilles de papier? Pourquoi gagnerait-elle

---

[1]**César Franck** (1822–1890): compositeur et organiste, né en Belgique, naturalisé Français
et qui habitait boulevard St.-Michel à Paris.   [2]**trier:** analyser, sélectionner.   [3]**une enquête:**
inquiry, survey.   [4]**la lune de miel:** *honeymoon.*   [5]**la maîtrise:** grade universitaire équivalent
au M.A.   [6]**le but:** *aim.*   [7]**en tant que:** comme.   [8]**il s'agit de:** il est question de.   [9]**Auguste
Comte** (1798–1857): philosophe français.   [10]**vilain:** méchant, *ugly.*

95

moins pour le même travail? Il y a ensuite la distance historique. Pourquoi, par exemple, des hommes sont-ils faits docteurs en médecine et des femmes plus de 50 ans après eux? La distance historique établit une évolution sui-viste.[11] Un pionnier, dans le langage populaire, est un homme qui fait une chose pour la première fois; une pionnière est une femme qui fait pour la première fois ce qu'un homme a déjà fait.

Cela pose d'énormes problèmes. Qu'est-ce qui vient là-dedans de la nature? qu'est-ce qui vient de la culture? tout étant imbriqué[12] d'une façon extrêmement étroite. Je voudrais rendre l'hommage le plus vif[13] à Margaret Mead[14] qui, pour moi, est vraiment celle qui a réfléchi sur ces problèmes, mais je crois qu'en France, la génération à laquelle j'appartiens et qui doit beaucoup à Simone de Beauvoir,[15] n'a pas cessé de progresser.

Quand j'ai lu Simone de Beauvoir, j'étais en train d'allaiter[16] un de mes enfants. Il y avait des pages qui me révulsaient, celles où elle disait que la femme n'avait pas d'instinct maternel. J'ai lu et relu et je me suis aperçue d'une chose très simple: elle avait oublié une dimension quantitative. Il y avait dans son livre cinq pages sur la femme qui n'a pas le sentiment ma-ternel, et trois pages sur la femme qui a ce sentiment, alors que dans la réalité, il y a 9.999 femmes qui en ont pour une seule qui n'en a pas. Elle avait fait pourtant un travail de défrichement[17] énorme; il lui manquait l'esprit scientifique, l'apport[18] de la sociologie, et certaines connaissances acquises[19] plus récemment. La biologie et la génétique ont amplement prouvé que les hommes et les femmes ne sont pas semblables.[20] Simone de Beauvoir disait: "On ne naît[21] pas femme, on le devient." Hélas! C'est faux! Même s'il existe une bisexualité à un certain stade du développement de l'embryon, même si chaque être humain a des hormones communes aux deux sexes, il reste une différence absolue dans la composition du noyau[22] de chacune de nos cellules. Les hommes ont des chromosomes Y que les femmes n'ont pas et cette différence génétique entraîne[23] un développement hormonal et, dans une certaine mesure, psychologique différent. Il serait stupide de le nier[24] à l'heure où la science l'établit. Donc, on ne peut pas dire que nous sommes, hommes et femmes, des êtres[25] semblables. Il n'en est pas moins vrai que le grand mouvement des vingt dernières années, c'est le mouve-ment vers l'équité, des chances égales et des droits désormais[26] égaux pour la femme.

---

[11]**suiviste:** qui suit, qui a du retard.   [12]**imbriqué:** mêlé, lié; *tied together.*   [13]**vif:** enthousiaste. [14]**Margaret Mead** (1901–   ): sociologue américaine, auteur de *Male and Female* (1949). [15]**Simone de Beauvoir** (1908–   ): auteur du *Deuxième Sexe* et associée à Jean-Paul Sartre, aux existentialistes.   [16]**allaiter:** donner son lait à un bébé, nourrir de son lait.   [17]**le défriche-ment:** la recherche préliminaire, préparatoire.   [18]**un apport:** une contribution.   [19]**acquis** (p.p. du verbe **acquérir**): obtenu, établi.   [20]**semblable:** *similar*, pareil.   [21]**on naît:** on est né.   [22]**le noyau:** la partie centrale (d'une cellule); *nucleus.*   [23]**entraîner:** apporter.   [24]**nier:** *to deny.* [25]**un être:** *being.*   [26]**désormais:** à partir de maintenant.

Quand *Le Deuxième Sexe* est sorti, en 1949, j'étais la toute jeune femme avec son bébé dans les bras, à qui on faisait éclater[27] tous les mythes, mais j'étais aussi fille de psychiatre. Or il était arrivé à mon père une curieuse aventure. Les Allemands avaient occupé sa clinique et ils avaient éventré[28] un coffre-fort.[29] Il n'y avait pas d'argent dedans, mais des notes de psychanalyse que mon père enfermait là pour des raisons de secret professionnel. Après la guerre, il m'a demandé de les remettre en ordre et, au lieu de les classer uniquement par histoire de chaque malade, instinctivement j'ai introduit dans mon classement l'historique, l'économique, même le géographique. Je lui ai remis des paquets en disant: "Tiens, les institutrices[30] ont telle sorte de névrose, tu as des gens de tel âge qui font ceci!" Alors il m'a dit: "C'est vraiment drôle; moi, je suis un homme de la psychologie des profondeurs; toi, tu prends le contrepied[31] et tu tentes[32] d'apporter d'autres éléments."

C'est vraiment la direction que j'ai suivie après, et pas du tout contre Simone de Beauvoir; j'ai la plus grande estime pour ce qu'elle fait. J'ai étudié la démographie, qui m'intéresse énormément, l'économie; puis j'ai fait des analyses quantitatives, de la presse féminine par exemple, des journaux de mode, de 2.000 personnages de photo-romans écrits pour les femmes du peuple, faits avec des photos et de petites bulles,[33] un peu comme les "comics," mais photographiés, pas dessinés. Ainsi j'ai fait des analyses de contenu de cette presse populaire au Moyen-Orient, en Amérique du Sud, en Italie, en France, pour savoir quelle était au juste la thématique proposée aux femmes du peuple dans cette littérature sentimentale, sans apports culturels, qu'elles dévoraient comme une espèce de menu auquel il manquerait les protides.[34] J'étais une toute petite bonne femme devant une montagne de choses à examiner, car on a rarement étudié les faits culturels ou économiques du point de vue féminin.

Voici un exemple que nous présente la démographie. Vous savez qu'on dit toujours d'un pays: "On y a fait de grands progrès, le taux[35] de mortalité infantile est tombé de tant." On oublie d'analyser l'importance de cette réduction de mortalité infantile pour la femme. Elle a complètement changé sa manière d'être mère! Etant sûre à 98% de garder ses enfants, ses maternités sont devenues des projets alors qu'auparavant elles n'étaient que des tentatives.[36] La pétition pour l'avortement[37] n'est que la conséquence de ce progrès. On est arrivé à maîtriser[38] la mortalité infantile et maintenant la vie menace la vie, le trop de vie menace la mère comme

---

[27]**faire éclater:** détruire, casser.   [28]**éventrer:** (ici) ouvrir par la force.   [29]**le coffre-fort:** *safe.*
[30]**une institutrice, un instituteur:** *elementary school teacher.*   [31]**le contrepied:** la position contraire.   [32]**tenter:** essayer.   [33]**la bulle:** *bubble*; (ici) le cercle avec un texte qui explique la photo.   [34]**les protides:** la protéine et les acides aminés.   [35]**le taux:** la proportion, *rate.*
[36]**alors . . . tentatives:** *while before they were only possibilities.*   [37]**un avortement:** *abortion.*
[38]**maîtriser:** contrôler.

l'enfant. L'espèce³⁹ de mépris⁴⁰ qu'on avait pour le petit enfant autrefois, maintenant on l'a pour l'embryon. J'essaie historiquement, économique- ment, littérairement, à repenser le monde de mon point de vue de femme, ou plutôt du point de vue des femmes. Je voudrais écrire une histoire de la maternité.   5

2.   *Qu'est-ce qui vous a engagée dans cette voie?*

Vous allez rire, ça a commencé en 1955 par le planning familial. Nous sommes ici dans un pays catholique où la loi contre l'avortement et contre les méthodes de contraception étaient extrêmement sévères. On n'avait même pas le droit de parler de méthodes contraceptives. Or j'ai   10 quatre enfants et le docteur m'avait dit: "Si vous en avez un autre, vous risquez votre vie." Je lui ai dit: "Que faire?" Il a levé les bras au ciel. J'étais tellement révoltée que je ne pouvais penser à rien d'autre qu'à cette hypocrisie. Puis j'ai vu dans un journal un tout petit entrefilet⁴¹ disant qu'une dame avait parlé à l'Académie de Médecine de ce problème.⁴² Je lui   15 ai écrit: "Ecoutez, je n'ai ni nom ni fortune, j'ai quatre enfants et pas beau- coup de temps, mais je me mets à votre service entièrement." Elle m'a téléphoné tout de suite. Je croyais que c'était une dame à cheveux gris avec la Légion d'Honneur,⁴³ or c'était une jeune femme qui avait elle-même trois jeunes enfants. Nous avions, à nous deux, sept enfants de moins de   20 dix ans! et nous avons fondé une association pour le family planning français. On s'est dit: "Rendez-vous dans quinze jours et on amène toutes les femmes qu'on peut trouver." Quinze jours après, on était 25. Mainte- nant, on a plus de 300.000 membres et on a changé la loi.

Cette dame m'avait dit: "Moi, je suis médecin, je m'occupe du côté   25 médical. Vous, vous prenez le côté démographique, sociologique, psycho- logique." J'ai dit: "Merci du peu!"⁴⁴ J'avais fait surtout des études de let- tres pures, français, latin, grec; je n'étais pas très préparée mais je me suis dit: "Pourquoi pas?" Alors j'ai demandé à *France-Observateur*⁴⁵ de pu- blier simplement la question: "Est-ce que 800.000 avortements valent mieux   30 que le contrôle de naissances?" Il est arrivé quelques 400 lettres de réponse. Je les ai analysées comme vous me trouvez aujourd'hui en train d'analyser des questionnaires.

J'ai porté ça au Centre National de la Recherche Scientifique⁴⁶ en disant: "Est-ce qu'il y a quelqu'un que ça intéresserait?" Je suis tombée sur   35

---

³⁹**une espèce de:** *a kind of.*   ⁴⁰**le mépris:** le manque d'estime; *contempt.*   ⁴¹**un entrefilet:** un petit article dans un journal.   ⁴²Mme Lagroua-Weill-Hallé, auteur de *La Grand-Peur d'aimer* (Paris: Juliard, 1960).   ⁴³**la Légion d'Honneur:** haute décoration, à l'origine militaire, instituée par Napoléon en 1802.   ⁴⁴**merci du peu:** vous ne demandez pas grand-chose (ironique). ⁴⁵*France-Observateur:* revue hebdomadaire (*weekly*) qui s'appelle aujourd'hui *Le Nouvel Observateur.*   ⁴⁶Le CNRS est un organisme de l'Etat consacré à la recherche.

Cécile Andrieux[47] qui m'a dit: "Non seulement c'est passionnant, mais pourquoi ne vous y mettez-vous pas vous-même?" J'ai donc commencé à travailler avec elle parce qu'elle a trouvé là un sujet pour sa thèse et parce qu'elle m'a dit: "Vous avez le sens de la recherche, continuez!" Tel Paul de Tarse, j'avais rencontré mon chemin de Damas, la recherche.[48] C'est en 1957 que j'ai fait, avec cette psycho-sociologue, ma première enquête[49] sur les attitudes des femmes devant la contraception, l'avortement et l'éducation sexuelle.

Alors je me suis aperçue—et là je veux insister—qu'un mouvement féminin qui va dans la rue, monte sur les toits, gueule,[50] envoie son soutiengorge dans la poubelle,[51] qu'il fasse ce qu'il veut, n'est qu'une bulle de savon, s'il n'est pas basé sur une étude scientifique des réalités, des possibilités et des indicateurs sociaux. Notre association pour le family planning n'était faite que de femmes qui clamaient:[52] "Il nous faut la liberté!" mais qui, au fond, ne connaissaient pas vraiment les problèmes.

3.   *Alors où est-ce que votre première enquête vous a menée?*

Je me suis aperçue que la correlation la plus forte à une attitude responsable et progressiste en matières sexuelles n'était pas la religion, c'était le vote politique. C'est curieux! J'ai fait le porte-à-porte, j'ai fait les enquêtes moi-même en sonnant chez les femmes. J'en ai trouvé beaucoup lisant des magazines féminins et j'ai ajouté au questionnaire: "Qu'est-ce que vous lisez?" Elles lisaient *Elle, Intimité, Nous Deux, Marie-Claire, Marie-France.* Cette enquête m'a ouvert beaucoup d'horizons.

En 1958, j'ai rencontré Edgar Morin qui a écrit dernièrement son *Journal de Californie.* Il me dit: "Je vais fonder un bureau d'études des mass communications. Est-ce que ça vous tente?"[53] Moi, avec cette vision des femmes qui lisaient tout le temps ces magazines féminins, j'ai répondu: "Oui!"

J'ai commencé à étudier à ce moment-là l'analyse de contenu. J'ai travaillé pendant un an pour l'Université d'Illinois, pour le professeur George Gerbner, selon les méthodes de Berelson ou d'Osgood.[54] J'ai participé avec l'UNESCO à des enquêtes internationales sur les communications de masse et particulièrement sur les héros des films. Puis, je me suis intéressée aux héros et héroïnes de tous ces romans et nouvelles[55] qui

---

[47]Cécile Andrieux, psycho-sociologue, auteur d'une thèse sur la psychologie différentielle des sexes.   [48]St Paul eut, sur le chemin de Damas, la vision qui le convertit à suivre Jésus; de même, Mme Sullerot a trouvé sa voie, qui est la recherche.   [49]**une enquête:** un projet de recherches.   [50]**gueuler** (mot populaire): crier.   [51]**envoie . . . dans la poubelle:** *throws their bras into the trash can.*   [52]**clamer:** crier, s'écrier.   [53]**tenter:** intéresser; *to tempt.*   [54]George Gerbner, Bernard Berelson et Charles Osgood sont connus pour leurs études dans le domaine de la communication humaine.   [55]**la nouvelle:** le récit, *short story, novella.*

paraissaient dans la presse féminine. J'ai voulu faire une comparaison scientifique, sur des fiches IBM,[56] sur des milliers de personnages paraissant dans tous les films français de 1961, pour voir quelle était la différence entre ce que vous appelez "mass culture," le cinéma, et une sous-culture qui est cette culture féminisée des magazines populaires.

En 1962, une amie me dit: "Moi, je vais faire un livre pour Armand Colin;[57] fais comme moi, écris un livre! On cherche quelqu'un chez Armand Colin pour faire un livre sur la presse féminine!" Je lui réponds: "Je n'arriverai jamais!" Elle me dit: "Essaie toujours!" J'ai parlé de mes 2.000 cartes perforées, de tout ce que j'avais trouvé, à l'éditeur qui me dit: "Ecoutez, faites-moi un synopsis d'une dizaine de pages et faites-moi un chapitre, puis on verra bien." Je lui ai donné ça dix jours après. Une heure après j'avais un contrat et l'argent. J'ai dépensé l'argent parce que je n'en avais pas beaucoup et j'ai été obligée de faire le livre, *La Presse féminine*.[58]

Pleine d'illusions, j'ai mis dans le synopsis de ce livre comme introduction: "Histoire de la presse féminine, 20 pages." Puis, quand il a fallu l'écrire, je suis allée à la Bibliothèque Nationale et je me suis aperçue que la presse féminine était quelque chose d'énorme qui avait commencé au dix-septième siècle. Alors là j'ai trouvé le sujet de ma thèse.[59] J'avais la chance de tomber dans un domaine qui n'avait jamais été exploré. Pour ma thèse, j'ai étudié tous les journaux féminins français jusqu'en 1848. J'ai encore fait une suite sur les "Journaux féminins et la lutte ouvrière, 1848–1849." Je vais continuer; j'espère finir avant de mourir! Mon directeur de thèse attend de moi que je finisse, parce que c'est une étude absolument exhaustive de tous les journaux féminins qui ont paru en France. J'ai cherché ce qu'ils véhiculaient[60] comme vocabulaire, comme morale, comme morale sexuelle. Toute l'histoire de la pédagogie est aussi contenue dans ces journaux destinés aux mères. C'est tout à fait curieux.

Vous dire le bonheur que j'ai eu à écrire ce livre, à faire cette étude.... J'avais été une mère de famille sans aide familiale qui, à un moment, n'avait même pas l'eau chaude. J'avais fait dix heures de ménage par jour pendant dix ans! Quand j'ai refait un travail intellectuel, ça a été une joie comme la lune de miel, un vrai bonheur!

En faisant ces études historiques, du point de vue des femmes, toujours, j'ai trouvé qu'il fallait étudier aussi les utopies: les Saint-Simoniens,[61] les Fouriéristes.[62] Pour les Américains, c'est très intéressant, parce

---

[56]**la fiche IBM:** la carte perforée.   [57]Maison éditoriale (*publishers*) à Paris.   [58]*La Presse féminine* (Paris: Armand Colin, 1963).   [59]**ma thèse** (de doctorat ès lettres): *Histoire de la presse féminine, des origines à 1848* (Paris: Armand Colin, 1964).   [60]**véhiculer:** communiquer, employer.   [61]**Saint-Simoniens:** disciples de Claude-Henri, comte de Saint-Simon (1760–1825). C'étaient souvent des ingénieurs qui rêvaient de meilleures voies de communication.   [62]**Fouriéristes:** disciples de Charles Fourier (1772–1837), précurseur de la psychanalyse, un peu fou, mais considéré aujourd'hui comme prophétique. Il organisait les hommes en groupes harmonisés, en "phalanstères."

que ces mouvements ont eu des prolongements aux Etats-Unis.[63] Les Saint-
Simoniens hommes étaient des technocrates,[64] techniciens, hommes de
banque. Les Saint-Simoniens femmes étaient des ouvrières. Il y a eu une
lutte entre eux, très intéressante, et dans leur journal à elles, il y a des
choses écrites en 1833 qui feraient pâlir la Women's Liberation mainte-   5
nant. Elles ont déjà tout dit, mais elles l'ont dit dans une optique[65] philosophique, même théiste. J'ai même trouvé un journal qui s'appelait le
Théodémogynophile, "celui qui aime Dieu, le peuple, la femme." J'ai eu du
mal à m'arracher à ces études historiques des utopistes du dix-neuvième
siècle, si proches de certains aspects très modernes.   10

4.   *Et alors vous avez commencé à enseigner ?*

J'ai commencé à enseigner à l'université vers 1965. *La Vie des femmes*,
parue à ce moment-là, est née d'une idée différente. Une amie photographe
s'intéressait beaucoup aux questions féminines. Elle avait environ 4.000
photos remarquables de femmes du monde entier. Nous avions fait le pro-   15
jet de publier ensemble un livre où je ferais le texte à partir de ses images.
Nous avons choisi une centaine de photographies et puis, hélas, notre
éditeur a fait faillite,[66] lui qui devait faire un livre un peu luxueux. Un gros
éditeur l'a racheté. Il m'a appelée dans son bureau en me disant: "Votre
truc est invendable parce que ça reviendra trop cher,[67] mais votre texte à   20
vous est très bon, je le garde." C'était affreux[68] car le texte courait autour
de ces photographies. Or on ne m'a permis de conserver que cinq ou six
photos au lieu de cent! et trop petites! Une des photos, quand elle était
plus grande, symbolisait mieux la femme qui attend toujours. Une autre,
cette admirable photo de naissance, quand elle était en pleine page,[69] signi-   25
fiait tout autre chose. Avec les photographies, mon livre aurait donné
quelque chose de passionnant.[70]

Personnellement, je trouve que c'est le livre où j'ai mis le plus de moi-
même; c'était le résultat d'une triple amitié, entre cette jeune femme photographe, Colette Audry, directrice de la collection et moi-même. Colette   30
Audry, une femme d'une autre génération, est un personnage merveilleux.
Elle a écrit elle-même des romans, dont l'un a eu le prix Médicis;[71] il s'appelle *Derrière la baignoire*.[72] Mais surtout, elle a eu l'idée de faire une collection, *Femme*,[73] où seraient publiés des livres sur les femmes, des essais par

---

[63]Brook Farm à West Roxbury, Mass. a été convertie en "phalanstère" en 1844.   [64]La tech-
nocratie envisage un gouvernement dirigé par des techniciens. Les technocrates s'opposent
aux philosophes idéalistes et, selon Mme Sullerot, ils "gouvernent en France aujourd'hui plus
que les politiciens."   [65]**une optique:** un point de vue.   [66]**faire faillite:** *to go bankrupt.*   [67]**votre
truc . . . cher:** *your thing won't sell because it will be too expensive.*   [68]**affreux:** terrible.   [69]**en
pleine page:** grande comme une page entière.   [70]**passionnant:** merveilleux, magnifique.   [71]Le
prix Médicis est accordé chaque année à un livre original (et à une traduction) par un jury
composé de douze femmes.   [72]**la baignoire:** *bathtub.*   [73]**collection:** *series.* Dans cette collection (chez Gonthier), E. Sullerot a publié *La Vie des femmes* et, en 1968, *Histoire et
sociologie du travail féminin.*

exemple. Son amie, Simone de Beauvoir, parle beaucoup d'elle dans ses souvenirs. Elles ont été professeurs dans le même lycée, l'une de philoso-phie, l'autre de lettres.

Quand j'ai publié *La Vie des femmes*, il m'a été demandé par un autre éditeur[74] d'imaginer l'avenir des femmes. Je lui ai dit: "Je vais me ridiculi- 5 ser complètement!" Il m'a répondu: "Amusez-vous à faire un synopsis; vous me le donnerez la semaine prochaine." Même scénario: deux heures après avoir reçu le synopsis, il m'a envoyé contrat et argent. J'ai dépensé l'argent et j'ai été obligée de faire le livre.

Demain les femmes m'a beaucoup intéressée et beaucoup turlupinée[75] 10 en même temps, parce que le sujet était, à ce moment-là, un peu nouveau. Je me suis rendu compte que j'étais une enfant devant le problème: la femme et l'espèce,[76] nature et culture, l'influence des progrès de la biologie sur la sociologie. Quand la biologie ou la génétique fait des progrès, qu'est-ce que ça change dans la condition sociale de la femme? Par exemple: du 15 moment où on a découvert que c'est le chromosome mâle qui détermine le sexe de l'enfant, on ne peut plus répudier une femme qui n'a que des filles, comme ça a été le cas dans bien des civilisations. Ce livre était une médita-tion sur les questions: "Qu'est-ce que la science peut découvrir qui peut modifier ou bouleverser[77] la condition féminine et comment disposera la 20 société de ce que la science proposera, des transferts d'ovules aux bébés-éprouvette?"[78]

Puis j'ai abordé[79] la question du travail des femmes et de l'économie. L'Université de Bruxelles m'avait offert une chaire en 1967, la première en Europe, pour parler des problèmes du travail féminin. J'ai beaucoup tra- 25 vaillé pour préparer ce cours, que la reine Fabiola a suivi comme élève. J'ai amassé énormément de matériaux et j'en ai fait un livre, *Histoire et socio-logie du travail féminin*. Ce n'est pas une histoire exhaustive, plutôt un essai de survol;[80] quelle surprise de trouver qu'il n'existait en aucune langue une histoire de l'activité féminine. Je me rappelle avoir été à Radcliffe et avoir 30 passé deux jours dans la merveilleuse bibliothèque à Cambridge[81] à cher-cher des histoires du travail des femmes. Il n'y en avait pas en anglais, ni du reste en espagnol, ni en italien. August Bebel et Lily Braun en allemand avaient approché un peu cette question.[82]

J'ai trouvé l'histoire vécue par les femmes dans une trentaine d'his- 35 toires des travailleurs ou du travail, par petits morceaux. Il y avait, ici et là, quelques lignes sur les femmes. J'ai fait 200 pages d'histoire et 200 pages de ce qui se passe à l'heure actuelle. Cela fait un gros livre.

---

[74]Editions Robert Laffont, où en 1966, a paru *Demain les femmes*. [75]**turlupiner:** tourmenter. [76]**une espèce:** (ici) *species*. [77]**bouleverser:** transformer totalement. [78]**le bébé-éprouvette:** *test-tube baby*. [79]**aborder:** (ici) commencer à étudier. [80]**le survol:** un examen rapide (lit. *over-flight*). [81]Il s'agit de la Widener Library, Harvard University. [82]Vers la fin du dix-neuvième siècle.

Il suit au long des siècles l'influence sur l'activité féminine de la division des rôles sexuels: le monde extérieur pour l'homme, la maison, l'intérieur pour la femme. L'origine sexuelle de cette division est bien nette: ne pas laisser sortir la femme permettait à l'homme d'être assuré que sa descendance était bien la sienne. L'idée a eu un effet considérable. Comment les femmes sont devenues les sous-prolétaires de l'ère industrielle, les chances qu'offrent les solutions politiques, ou encore l'avenir postindustriel, tout cela se dessine d'une part à travers de cette longue histoire, d'autre part par la comparaison de la situation des femmes dans les pays développés aujourd'hui.

Ce livre a paru en 1968. Il a été traduit en dix langues mais pas en anglais, car les éditeurs américains ont trouvé que les Américaines n'y apparaissaient pas assez flattées! C'était l'époque où les Américaines, qui commençaient seulement, grâce à Betty Friedan,[83] à réfléchir sur leur condition, croyaient cependant être les plus libérées du monde. Les éditeurs américains voulaient me faire supprimer,[84] par exemple les graphiques du Woman's Bureau, tout à fait officiels, qui établissaient que les femmes blanches gagnaient moins que les hommes noirs en revenu annuel; ou tout au moins demandaient que j'adoucisse[85] le tableau pour l'édition en anglais. J'ai refusé de changer quoi que ce soit[86] à mon texte. Et deux ans plus tard, il y a eu aux Etats-Unis l'explosion que vous savez, des femmes, elles-mêmes, et elles ont découvert toutes seules ce que les éditeurs ne voulaient pas qu'une Française leur dise. Ainsi, ce livre qui est au programme[87] de très nombreuses universités de sept pays, n'est pas connu aux Etats-Unis.

5. *Ce livre vous a donc fait connaître au grand public!*

A partir de ce moment, j'ai eu l'avantage périlleux d'être demandée comme expert auprès d'organismes internationaux, l'ONU,[88] le Marché Commun,[89] le Bureau International du Travail. J'ai fait, en 1970, deux choses qui m'ont beaucoup apporté.[90] C'est d'une part un rapport sur le travail féminin dans les pays du Marché Commun.[91] J'ai eu l'avantage de disposer de statistiques harmonisées, permettant des comparaisons valables. C'était un travail ardu qui a eu beaucoup de conséquences dans les six pays alors concernés. Les effets de ce rapport ne sont pas encore terminés. J'ai eu le bonheur de constater[92] que ce seul rapport avait permis de

---

[83]Auteur de *The Feminine Mystique*. [84]**supprimer:** *to delete.* [85]**adoucir:** rendre plus doux, moins offensant. [86]**quoi que ce soit:** *anything at all.* [87]**au programme:** *on the syllabus.* [88]**ONU:** Organisation des Nations Unies. [89]En 1970, le Marché Commun se composait de six pays: l'Allemagne, la Belgique, la France, la Hollande, l'Italie, et le Luxembourg; l'Angleterre est entrée depuis. [90]**apporté:** (ici) appris. [91]*L'Emploi des femmes et ses problèmes dans les Etats-membres de la Communauté Européenne* (Paris: Commission des Communautés Européennes, juillet 1970). [92]**constater:** noter, remarquer, observer.

changer les lois, d'améliorer la situation des femmes au travail dans plusieurs pays.

Avant ce rapport de synthèse, il n'existait que des juxtapositions, des monographies nationales,[93] tandis que j'ai pu faire des études analogues et parallèles de la législation du travail des six pays, de l'interdiction du travail de nuit pour les femmes, des crèches, des maternelles, des jardins d'enfants,[94] de l'influence que ça a sur le marché du travail. J'ai analysé chaque aspect horizontalement, c'est-à-dire dans les six pays, alors que, jusque là, on étudiait les statistiques de son pays, jamais de celui d'à côté.[95]

Les magazines féminins étant riches, parce qu'ils font beaucoup de publicité,[96] ont offert d'être les mécènes[97] de cinq grosses études qui ont suivi mon rapport: *Brigit* en Allemagne, *Margriet* en Hollande, *Amica* en Italie et les deux journaux qui s'appellent *Femmes d'aujourd'hui* en Belgique et en France, ont subventionné[98] des études nationales sur les femmes salariées. J'ai dirigé l'étude française, sur 1.300 femmes comme échantillon[99] et j'ai publié les résultats en 1973 dans un livre intitulé *Les Françaises au travail*.

L'autre projet de 1970, c'est une enquête sur l'éducation, l'orientation et la formation professionnelle des jeunes filles et des femmes dans toute l'Europe, Est et Ouest, que m'a demandé le Bureau International du Travail à Genève. On m'a proposé de choisir des pays types et j'ai choisi la Suède, la Grande-Bretagne, la Hollande, la France, la Hongrie, la Roumanie et l'URSS. Je suis allée étudier ce sujet dans ces sept pays.

J'ai publié aussi en 1970 un autre livre, *La Femme dans le monde moderne*,[100] fait en 1968, au beau milieu de Quartier Latin, des batailles de rue.[101] J'y fais un bilan[102] pour ceux qui, sans être spécialistes, veulent avoir les données[103] essentielles. Du point de vue idéologique, il y a eu progrès: on n'imagine plus la femme comme un être inférieur. Du point de vue économique, j'ai l'impression que la femme a plutôt reculé.

Il faut examiner sa situation par rapport à celle de l'homme dans chacun des grands secteurs de l'économie. La grande faiblesse féminine est d'être mal insérée[104] dans le secteur technologique et industriel. Les femmes se ruent[105] sur les emplois de secrétaires et de services du secteur

---

[93]**la monographie nationale:** l'étude d'un seul pays.   [94]La crèche (*day care center*) garde les bébés de 1 mois à 3 ans pendant que la mère travaille; l'école maternelle est pour les enfants de 2 à 6 ans. "En France, 80% des enfants vont à la maternelle qui est gratuite, alors que les jardins d'enfants, privés, sont payants" (E. Sullerot).   [95]**celui d'à côté:** le voisin.   [96]**la publicité:** *advertising.*   [97]**le mécène:** *patron, backer.*   [98]**subventionner:** *to subsidize.*   [99]**un échantillon:** *sample.*   [100]*La Femme dans le monde moderne* (Paris: Hachette, 1970) dans la collection *L'Univers des Connaissances,* livre paru simultanément en Angleterre, en Allemagne, en Espagne, aux Etats-Unis, en Hollande, en Italie et en Suède.   [101]Allusion à la "révolution" des étudiants à Paris, en mai 1968, dans le quartier de la Sorbonne.   [102]**faire le bilan:** juger, examiner les résultats.   [103]**les données:** les faits (statistiques).   [104]**s'insérer dans:** entrer dans, s'intégrer.   [105]**se ruer sur:** se précipiter sur, se jeter sur.

tertiaire.[106] Elle n'a pas fait l'effort nécessaire pour s'insérer dans une technologie en progrès constant. Il y a, bien sûr, dans l'industrie, de pauvres ouvrières dont la dextérité est supérieure à celle des hommes, mais ce sont des emplois mal payés. Les disparités des salaires subsistent. Les causes en sont plus complexes qu'on ne pense et beaucoup plus difficiles à faire disparaître que ne le croient certaines féministes. Il faut mieux orienter les jeunes filles, leur montrer qu'elles font, très souvent, leur propre infériorité. Elles la fabriquent; elles se précipitent vers des métiers embouteillés,[107] à faibles salaires et de peu d'avenir.

Je suis une personne qui constate. Les femmes sont extrêmement nombreuses à faire des études de lettres dans à peu près tous les pays et partout elles se destinent à certains métiers où il y a des "contacts humains," comme l'enseignement où elles sont plus nombreuses que les hommes. Je suis assez effrayée par le matriarcat de l'éducation vers lequel nous allons. J'ai l'impression que nous allons vers une société où la femme à la maison, la mère, la *mamma* italienne, devient maîtresse et spécialiste de l'éducation. Dans ses magazines, elle lit des articles de psychologie et de pédagogie et régente[108] l'éducation des enfants à la maison. Ceci se double par le fait social que l'enseignement se féminise. En France, près de 70% du personnel enseignant les jeunes de 2 à 18 ans est féminin. Un garçon de 17 ans peut avoir fait toutes ses études en n'ayant eu que des éducatrices femmes. En URSS, il n'y a plus que des femmes dans l'enseignement, ou presque. Une société qui instaure[109] des clivages[110] aussi nets: la technologie aux hommes, l'éducation aux femmes, est une société finalement moins mixte que celle du Moyen-Age où on travaillait côte à côte dans les champs.

6.   *Quelles sont donc les perspectives?*

La génération à laquelle j'appartiens a conquis énormément de choses. Le droit de vote, les Américaines l'avaient avant nous; les Françaises l'ont acquis au moment où j'avais 20 ans. Ensuite nous avons conquis l'égalité des salaires, bien avant les Américaines. C'est en France qu'il y a le moins de différence entre les salaires masculins et féminins, à part les pays de l'Est. Pendant la Résistance[111] on avait beaucoup pensé au monde de demain. Ce n'est pas le général de Gaulle qui a donné le droit de vote aux femmes, c'est le Conseil National de la Résistance, dont le programme

---

[106]Les secteurs sont (1) le primaire: l'extraction des matières premières (*raw materials*) et l'agriculture; (2) le secondaire: l'industrie; (3) le tertiaire: l'administration, les bureaux. [107]**embouteillé:** où il y a trop de monde, encombré.   [108]**régenter:** gouverner.   [109]**instaurer:** établir.   [110]**le clivage:** la division (cf. *cleavage*).   [111]**la Résistance:** le mouvement contre l'occupation par les Allemands de 1940 à 1944, date de la Libération quand les forces françaises, commandées par le général de Gaulle, sont arrivées avec les troupes américaines et alliées.

comportait tout un chapitre égalitaire sur les femmes, où on parlait de
l'égalité des salaires et d'une autre spécialité française, les maternelles. Ce
sont des conquêtes des années qui ont suivi la Libération.

Je sais que je stupéfie les Américains quand je leur dis que 80% des
enfants de 3 à 6 ans sont dans ces maternelles qui sont gratuites et qui ont   5
une pédagogie remarquable. Près de 3.000.000 d'enfants y vont de 8 heures
du matin à 6 heures du soir. Ils peuvent y manger et les plus petits y font
la sieste. Ceci est une conquête des femmes. Ce sont elles qui ont fait ces
écoles qui, du point de vue de leur pédagogie, demeurent un modèle, alors
que le reste de notre enseignement est dans un bouleversement épouvanta-   10
ble,[112] où tout le monde critique tout et on a bien raison. Mais on ne critique pas l'école maternelle qui n'a connu que des pédagogues femmes.

Ensuite nous avons changé les régimes matrimoniaux.[113] Autrefois,
selon le code Napoléon, l'homme était l'administrateur des biens de la
communauté financière. Maintenant la femme a les mêmes droits que le   15
mari. Nous avons également changé la loi sur la puissance paternelle.[114]
Selon la vieille loi napoléonienne, il fallait la signature du père pour faire
voyager l'enfant, à l'étranger par exemple. Maintenant la mère et le père ont
les mêmes pouvoirs exactement. Au cas où ils ne s'entendent pas,[115] ils
vont devant les Chambres de Famille et le juge décide.   20

De même pour le contrôle des naissances. Au bout de quinze ans de
lutte, c'est notre association féminine qui a obtenu le changement de la loi
et je suis sûre que nous allons obtenir l'élargissement de l'avortement.[116]
J'aime mieux aller lentement et sûrement que de faire les choses trop vite.

Si je compare les Françaises avec les Américaines, je m'aperçois que   25
nous avons la proportion de filles dans les universités qui est la plus
élevée du monde après l'URSS. Sur 100 étudiants, il y a en France 48 filles
et 52 garçons; comme il naît 105 garçons pour 100 filles, on peut dire qu'il
y a à peu près égalité. Nous avons un pourcentage de jeunes filles qui
continuent leur scolarité à 18 ans, qui est un des plus élevés du monde, bien   30
plus élevé que celui de l'Angleterre, exactement double.

On y est arrivé en France d'une façon prodigieusement rapide. En
1945, seulement environ 25% des filles, à 18 ans, continuaient leurs études
et maintenant 60%! Du côté travail, professions, il y a encore un exemple.
Il y a en France beaucoup plus, proportionnellement, de femmes médecins,   35
avocats, juges, ingénieurs qu'aux Etats-Unis. Alors qu'il y a 6% de femmes
parmi les médecins aux Etats-Unis, il y en a 20% en France; 22% des
avocats sont des femmes et il y a beaucoup de femmes juges.

Là où nous avons fait des progrès, ils ont été rapides. Dans le domaine familial la femme est devenue puissante, dans le domaine de   40

---

[112]**épouvantable:** terrible, qui fait peur.   [113]**le régime matrimonial:** les lois concernant le
mariage.   [114]**la puissance paternelle:** l'autorité prioritaire du père.   [115]**s'entendre:** être
d'accord.   [116]C'est-à-dire une plus grande facilité, des mesures facilitant l'avortement. Cette
loi a été adoptée et s'applique depuis le 18 janvier 1975.

l'instruction aussi. Plus de 50% de femmes entre 20 et 60 ans travaillent. Mais si, en France, il y a une élite féminine supérieure, il y a aussi un sous-prolétariat féminin misérable, tout à fait en bas de l'échelle sociale. Ça, il faut que nous arrivions à l'éliminer.

Nous avons une autre énorme faiblesse, c'est le côté politique. La   5
représentation féminine est infime,[117] négligeable, en France, à la Chambre, au Sénat.[118] En revanche,[119] elle a réussi à politiser les questions féminines; les grandes questions féminines sont devenues des questions politiques.

Un des problèmes les plus difficiles en France est le retour dans le   10
monde du travail, des femmes de 35, 40 ans qui se sont arrêtées de travailler pour élever leurs enfants et qui désirent retrouver un emploi après 10 ou 15 ans au foyer.[120] Pour elles, je viens de fonder un institut où nous leur assurons un mois de réactivation de leurs aptitudes (attention, mémoire, expression, etc.) tout en les informant sur le monde du travail. A la fin de   15
ces semaines de "dérouillage"[121] mental, elles ont une consultation d'orientation et peuvent suivre une formation pour le métier qui leur convient[122] le mieux. Ce travail est passionnant car j'ai inventé une pédagogie particulière pour ces femmes qui ont été longtemps endormies dans la routine du foyer. Les résultats, très encourageants, prouvent qu'on peut très bien se   20
rééduquer à 40, même à 50 ans, retrouver mémoire, vocabulaire, aptitudes pour les chiffres et recommencer une vie professionnelle. L'important est de faire cet entraînement avant de choisir une formation spécialisée car, à 40 ans, il ne faut pas se tromper de voie.[123]

Questions pour la compréhension du texte

1. Quelle est la différence entre égalité et équité, et pourquoi Mme Sullerot ne cherche-t-elle que l'équité?
2. Quelle est l'origine du mot "sociologie"?
3. Distinguez "la distance économique" et "la distance historique" selon l'auteur.
4. Comment la culture féminine est-elle suiviste?
5. Pourquoi et comment Margaret Mead et Simone de Beauvoir ont-elles inspiré Evelyne Sullerot?
6. Qu'est-ce qui a d'abord choqué notre auteur chez Simone de Beauvoir et comment a-t-elle mieux compris plus tard?

---

[117]**infime:** très petit.   [118]L'Assemblée Nationale (souvent appelé la Chambre) a remplacé la Chambre des Députés (1946–1958); elle forme, avec le Sénat, qui est beaucoup moins puissant, le Parlement français.   [119]**en revanche:** par contre, en échange.   [120]**le foyer:** *home*, la famille.   [121]**le dérouillage:** *rust removal*.   [122]**convenir à:** *to suit*.   [123]E. Sullerot ajoute: "Je travaille actuellement à une *Anthologie féminine de l'amour*. J'ai recueilli des centaines d'écrits de femmes sur l'amour depuis le douzième siècle. Ce sera mon prochain livre."

7. Qu'apporte la génétique à la sociologie et aux idées concernant le rôle de la femme ?

8. Quels éléments Mme Sullerot a-t-elle introduits dans les notes de son père et pourquoi ?

9. Comment a-t-elle appliqué l'analyse quantitative à la presse féminine ?

10. Que sont ces "analyses de contenu" qu'elle a entreprises dans tant de pays; qu'est-ce qu'elle y cherchait ?

11. Qu'est-ce que c'est que la démographie ?

12. Quel est le résultat d'une mortalité enfantile très réduite sur la condition des femmes ?

13. Expliquez le mépris pour l'embryon. Mme Sullerot est-elle pour ou contre l'avortement ?

14. Qu'est-ce que c'est que le family planning ?

15. Qu'est-ce qui y a attiré son attention ? Comment son docteur l'a-t-il poussée à s'en occuper ?

16. Décrivez les progrès de l'association du planning familial.

17. Comment a-t-elle obtenu 400 lettres et qu'est-ce qu'elle en a fait ?

18. Qu'est-ce qu'elle a découvert sur son "chemin de Damas" ?

19. Qu'est-ce qu'il faut pour qu'un mouvement soit efficace ? Est-ce que les démonstrations sont utiles aux femmes ?

20. Quelle correlation a surpris l'auteur ?

21. Quels journaux ou revues lisaient les femmes chez qui elle a sonné et quelle est la qualité de ces publications ?

22. Comment notre auteur a-t-elle été attirée vers les mass communications et avec quel résultat ?

23. Quelle est la signification des héros de films et de romans pour l'étude du rôle de la femme ?

24. Comment E. Sullerot a-t-elle été forcée d'écrire son premier livre ?

25. Pourquoi vingt pages ne suffisaient pas pour l'histoire de la presse féminine ?

26. Qu'est-ce que c'est qu'une thèse universitaire ?

27. Une thèse doit souvent être "exhaustive"; comment l'était celle de notre auteur ?

28. Quel était ce bonheur à écrire un livre, cette lune de miel ?

29. Quelle était la différence entre les utopistes (Saint-Simoniens) hommes et femmes ?

30. Que nous dit le titre, *Théodémogynophile*, pour marquer la différence entre les femmes réformatrices d'alors et de maintenant ?

31. De quelle association provient *La Vie des femmes* ?

32. Pourquoi n'a-t-on publié que six photos ?

33. Quel aurait été l'effet de photos plus nombreuses et plus grandes ?

35. Quel était le but de la collection *Femme* ?

36. Pourquoi un livre sur l'avenir des femmes semblait-il ridicule ?

37. Pourquoi E. Sullerot croit-elle à l'influence de la biologie sur la sociologie et quelle est cette influence ?

38. Où et dans quelles circonstances a-t-elle abordé la question du travail et de l'économie ?

39. Quels étaient les livres sur le sujet et qu'en dit E. Sullerot ?

40. Discutez la dichotomie de la vie intérieure et extérieure.
41. Pourquoi le livre, *Histoire et sociologie du travail féminin*, n'a-t-il pas paru aux Etats-Unis?
42. Décrivez le rapport qui a été entrepris sous les auspices de la Communauté Européenne.
43. Pourquoi n'avait-on pas pu analyser les conditions "horizontalement" avant ce rapport? Qu'est-ce que cela veut dire?
44. Qui étaient les mécènes de cinq grosses études? Pourquoi étaient-ils si riches?
45. Dans quels pays a-t-elle comparé la formation des femmes?
46. Dans quelles conditions a-t-elle écrit *La Femme dans le monde moderne*?
47. Comment juge-t-elle l'évolution récente de la femme aux points de vue idéologique et économique?
48. Dans lequel des trois secteurs de l'économie la femme est-elle mal représentée et pourquoi?
49. Comment faut-il orienter les jeunes filles pour qu'elles trouvent de meilleurs emplois?
50. Comment fabriquent-elles leur propre infériorité?
51. Quel est ce danger d'un nouveau matriarcat, de la concentration des femmes dans certains domaines?
52. Comment est-ce que l'enseignement se féminise? Quel danger y a-t-il? Quelle en est la cause?
53. Quel clivage résulte de la concentration des femmes?
54. Où travaillaient les femmes avec les hommes au Moyen-Age? Comment cette société était-elle plus mixte que la nôtre?
55. En quoi la Française a-t-elle devancé sa sœur américaine?
56. Quelle est l'importance et la qualité des maternelles?
57. Comment les régimes matrimoniaux ont-ils changé?
58. Quel est l'avenir du contrôle des naissances?
59. Comparez le rôle de la Française, de l'Américaine et de l'Anglaise dans l'université.
60. Dans quelles professions y a-t-il plus de femmes en France qu'aux Etats-Unis?
61. Quelle condition reste à éliminer dans le travail féminin en France?
62. Quelle est la plus grande faiblesse de la femme dans la vie française (et américaine)?
63. Pourquoi faut-il "dérouiller" les femmes de 35 à 50 ans qui veulent rentrer dans le monde du travail? Donnez-en les raisons et décrivez le cours qu'Evelyne Sullerot a organisé pour elles.

Questions à discuter

1. Discutez les inégalités et la position de la femme par rapport à:
   (a) La question des salaires; travail identique, salaire différent.
   (b) Les professions ouvertes ou fermées; la femme médecin, la femme avocat, la femme professeur, la femme à l'université.

(c) Les emplois importants dans l'industrie.

(d) La loi; les droits du mari et de la femme; contrôle des enfants, des comptes en banque.

(e) La liberté dans le mariage; la possibilité de travailler; les crèches maternelles qui facilitent le travail de la femme.

(f) Les réformes récentes ou projetées de sa condition.

2. Décrivez la presse féminine que vous connaissez, revues et journaux, et discutez le point de vue de cette sous-culture.

3. Parlez de quelques rôles de femmes dans la littérature et au cinéma. Dites si les descriptions sont réalistes, idéalisées ou satiriques et si elles correspondent au point de vue traditionnel sur les rapports entre les sexes.

4. Le mouvement de la libération de la femme, qu'est-ce qu'il vous dit? Qu'a-t-il accompli aux Etats-Unis et dans votre ville?

5. Dans son *Histoire et sociologie du travail féminin* Mme Sullerot discute les fausses raisons qu'on avançait pour empêcher les femmes de devenir médecins. Connaissez-vous des cas analogues, d'autres préjugés traditionnels?

6. Mme Sullerot prend les questions souvent par leur côté historique; ce n'est pas la méthode courante de la sociologie américaine. Comparez les méthodes des deux pays et dites ce que vous savez de l'œuvre de quelques sociologues contemporains.

7. Quel est l'apport de la psychologie, de la biologie, de la génétique aux études sociologiques? Que pensez-vous des exemples de notre texte; quels exemples pouvez-vous y ajouter?

8. Discutez l'importance de la recherche et de la vie intellectuelle pour l'individu. Notez que Mme Sullerot y a trouvé "le bonheur." Et vous, allez-vous vous consacrer à la recherche?

9. Etes-vous féministe? révolutionnaire? Comparez vos positions à celles de Mme Sullerot et dites si elle vous paraît radicale, conservatrice, sensée.

10. Mme Sullerot dit que la deuxième guerre mondiale a donné plus d'importance au rôle de la femme dans la société française. Est-ce là un résultat normal? Est-ce que les guerres ont été utiles à l'avancement de la femme? Quelle est l'attitude traditionnelle de la femme envers la guerre?

11. Comparez les sociétés française et américaine. Donnez vos préférences.

12. Quelles sont, selon vous, les perspectives dans l'évolution du rôle de la femme?

Propos à défendre ou à contester

1. Une pionnière est une femme qui fait pour la première fois une chose qu'un homme a déjà faite.

2. Le grand mouvement des vingt dernières années, c'est le mouvement vers l'équité, le droit égal désormais de la femme.

3. On est arrivé à maîtriser la mortalité enfantile et maintenant la vie menace la vie.

4. Un mouvement féminin qui monte sur les toits, gueule, envoie son soutien-gorge à la poubelle, n'est qu'une bulle de savon, s'il n'est basé sur une étude scientifique des réalités.

5. Il faut étudier la sous-culture féminisée des magazines populaires.

6. Reprendre un travail intellectuel, ce fut une joie comme une lune de miel.

7. Les femmes sont devenues les sous-prolétaires de l'ère industrielle.

8. Il faut des études analogues et parallèles de la législation du travail pour arriver à des comparaisons valables.

9. Les femmes se ruent sur des emplois où elles sont mal payées. Elles fabriquent leur propre infériorité.

10. Nous avons encore une énorme faiblesse, c'est le côté politique.

11. On peut très bien se rééduquer à 40, même à 50 ans, retrouver mémoire, vocabulaire, aptitudes professionnelles.

III

LES LOISIRS

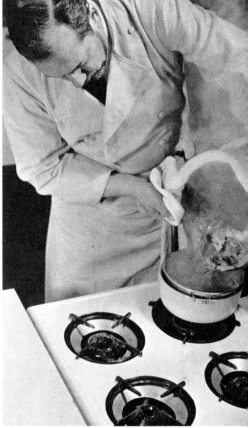

Raymond Oliver préparant une bouillabaisse.
Photo : *La Cuisine* de Raymond Oliver.
Bordas Editeur, Paris.

9

Interview de Raymond OLIVER, propriétaire
et cuisinier en chef du Grand Véfour,
restaurant à trois étoiles[1] à Paris.

La gastronomie

Raymond Oliver est un des plus célèbres des grands chefs de la cuisine française actuelle. Son restaurant, 17 rue de Beaujolais, fait face aux jardins du Palais Royal, mais ce n'est pas le site historique qui l'a rendu si fameux, c'est sa qualité. On y réserve des places des mois à l'avance ; on écrit de l'étranger pour avoir une table lors de son prochain voyage. Des noms célèbres, de Voltaire à Sarah Bernard et à Jean Cocteau, sont inscrits sur les plaques commémoratives. Pourtant, Raymond Oliver n'oublie pas le grand public, pour qui il a écrit de nombreux livres, excellents et utiles. Il fait le tour du monde une fois par an ; il connaît la cuisine de tous les continents et donne des démonstrations un peu partout ; il fait des expériences avec des technologies nouvelles chez lui, où on vient d'installer un nouveau matériel ; il a fait des programmes à la télévision et il nous parle de leur importance. En plus il a, comme il le dit, la plus importante bibliothèque de gastronomie. Il est un peu historien et érudit ; c'est surtout le grand artiste de la cuisine.

1.　*Quelles sont les traditions du Grand Véfour ?*

　　Le restaurant a été créé en 1760 et il a eu des fortunes diverses. Lorsque Philippe Egalité construisit le Palais Royal,[2] il le vendit par séries de trois arcades, et le Grand Véfour en comprit neuf. Il a vu passer une quantité de clients célèbres et en même temps changer la surface du local.　5 Mais ce Grand Véfour, je n'en suis propriétaire que depuis vingt-cinq ans, alors que depuis de siècles nous, les Oliver, sommes restaurateurs et hôteliers dans la région de Langon, Villandrau, Sauternes et Saint-Symphorien.[3]

---

[1] **trois étoiles:** l'indication, dans le guide Michelin, des meilleurs restaurants de France.　[2] **Philippe Egalité:** Louis-Philippe-Joseph, duc d'Orléans (1741–1793), continua la reconstruction du Palais Royal entreprise par son père en 1782 (terminée en 1829!); il vota la mort du roi Louis XVI, mais passa comme lui à la guillotine. Les galeries du Palais sont construites autour d'un jardin sur lequel donne le Grand Véfour. Le jardin est entouré d'arcades. Des restaurations ont transformé le local.　[3] Langon se trouve à 40 km au sud-est de Bordeaux, et les trois petites villes sont aux environs de Langon.

Toute la famille était une famille de maîtres de poste,[4] donc de gens qui obligatoirement avaient des auberges,[5] nourissaient les voyageurs, les logeaient ainsi que leurs chevaux et les chevaux de poste. Quand je raconte à mes petits-enfants, moi qui ne suis tout de même pas un vieillard, qu'avant la guerre de quatorze[6] j'ai conduit une diligence,[7] cela fait sourire. C'est un petit peu comme si on disait à un enfant américain qu'on a fait le coup de feu dans l'Ouest,[8] car il y a peu de témoins[9] de cette époque comme il doit rester peu de témoins de l'époque des diligences.

2.　*Parlez-nous, s'il vous plaît, de vos clients.*

Les clients du Grand Véfour, comme les clients des autres fameuses maisons à trois étoiles qui sont, en tout et pour tout, douze en France, sont une clientèle privilégiée en ce qui concerne la fortune, puisqu'il est à peu près impossible de faire de la très grande cuisine à bon marché, bien que cela ne soit pas exclu. Il ne faut pas penser que seuls les plats chers sont gastronomiques, car contrairement à ce qu'on pense, le clochard,[10] le vagabond, qui sait choisir sa nourriture, fait un acte de gastronomie. Il le fait aussi bien en choisissant un bon fromage qu'un bon morceau de pain et en choisissant, entre plusieurs possibilités de boissons, celle qui lui donnera le meilleur résultat; mais il est évident qu'on ne peut pas aller jusqu'aux truffes, au gibier[11] et au foie gras[12] qui sont réservés à une élite que forment justement nos clients.

Nous essayons de donner satisfaction sur tous les points, c'est-à-dire, aussi bien l'accueil,[13] qui est le tout premier contact que le client a avec nous, que le service, qui doit être vigilant et discret, et enfin la qualité gastronomique, qui ne se discute pas. Il est évident que deux cuisiniers de talent obtiendront des résultats différents avec la même marchandise. C'est comme si on mettait Picasso et Salvador Dali devant une toile blanche avec les mêmes couleurs, les mêmes pinceaux et le même sujet à représenter; il n'en sortira pas deux peintures semblables. Les cuisiniers, eux aussi, ont un style!

Le client qui vient chez nous, qui nous fait confiance,[14] il vient pour une sorte de fête; c'est un plaisir pour lui de venir chez nous. Il est content dès le moment qu'il franchit[15] la porte et il faut que ce contentement ne soit pas freiné[16] jusqu'au moment où il aura passé la porte dans l'autre sens.[17] Brillat-Savarin[18] a dit: "Recevoir, c'est assurer aux convives[19] le

---

[4]**le maître de postes:** appellation ancienne du "receveur" (*postmaster*).　[5]**une auberge:** *inn.*
[6]La première guerre mondiale, 1914–1918.　　[7]**la diligence:** la poste tirée par des chevaux;
stage coach.　　[8]**le coup de feu dans l'Ouest:** un combat entre cowboys et indiens.　[9]**le témoin:**
(*eye*) *witness.*　[10]**le clochard:** *hobo.*　[11]**le gibier:** les animaux que l'on chasse.　[12]**le foie gras:**
goose liver (pas le pâté de foie gras, qui est bien moins cher!).　[13]**un accueil:** l'acte de recevoir
quelqu'un.　[14]**faire confiance à:** *to trust.*　[15]**franchir:** traverser.　[16]**freiner:** arrêter, diminuer.
[17]**le sens:** (ici) la direction.　[18]**Brillat-Savarin** (1755–1826): auteur de *La Physiologie du goût.*
[19]**le convive:** un invité, celui qui mange chez vous.

bonheur pendant tout le temps qu'ils passent sous votre toit" et cela est une vérité absolue.

Il y a des clients américains, anglais, italiens, espagnols, mexicains, qui m'écrivent pour retenir[20] leur table. Ils ont déjà pensé au plaisir qu'ils prendront en venant me voir depuis des semaines, voire[21] des mois. Ce serait un crime de les décevoir,[22] un crime de lèse-majesté,[23] de lèse-gastronomie. Ceci nécessite une constance, un effort journalier,[24] sept cents fois par an!

Le client qui vient chez nous, ne vient pas souvent. Nous n'y tenons[25] pas d'ailleurs qu'ils viennent trop souvent parce que nous avons un style beaucoup trop affermi;[26] la lassitude interviendrait à celui qui serait notre client tous les jours. Un client qui vient une fois par semaine est un client maximum, et nous en avons beaucoup plus qui ne viennent qu'une ou deux fois par an. Comme le volant[27] de la clientèle est énorme, nous n'en souffrons pas du tout; nous souffririons, au contraire, si nous avions des demandes beaucoup plus pressantes.

Ces clients, nous tenons essentiellement à ce qu'ils restent comme s'ils étaient sortis de chez nous la veille. Le client qui n'est pas venu depuis un an, quelquefois plus, nous le connaissons, car nous sommes restés à peu près les mêmes dans la maison depuis vingt-cinq ans, surtout moi et puis mon vieux sommelier[28] qui est mort l'année dernière. Il avait quatre-vingt-neuf ans et était resté vingt-cinq ans avec moi!

3. *Et comment faites-vous pour trouver une nouvelle recette?*[29]

J'ai écrit un livre qui s'appelle, *Recettes pour un ami*; je l'ai écrit pour Jean Cocteau;[30] il explique quel est le processus de la création d'une recette. Je vais prendre une recette, qui s'appelle le pintadeau[31] Jean Cocteau, pour vous en faire la démonstration.

Pourquoi le pintadeau Jean Cocteau? Il ne s'agissait que de lui, de son goût. Il aimait assez la pintade, il n'aimait pas beaucoup le poulet, il aimait beaucoup les soles, il aimait énormément les œufs et il aimait—et c'est là que la composition de la recette va intervenir—il aimait ce qu'on lui interdisait[32] de manger. On lui disait: Il ne faut pas que tu manges de gras-double,[33] il mangeait du gras-double; il n'y avait rien à faire; on lui disait: Il ne faut pas que tu manges du gibier, il demandait une bécasse[34] le soir; c'était plus fort que lui. Or, parmi les interdits qui lui étaient faits, on lui

---

[20]**retenir**: réserver.   [21]**voire**: même.   [22]**décevoir**: désappointer.   [23]**lèse-majesté**: une attaque contre le roi.   [24]**journalier**: de chaque jour.   [25]**tenir à**: avoir très envie de.   [26]**affermi**: établi, fixe, qui ne change pas.   [27]**le volant**: *range*.   [28]**le sommelier**: la personne chargée de choisir, de soigner et de servir le vin; *wine steward*.   [29]**la recette**: *recipe*.   [30]**Jean Cocteau** (1889–1963): auteur de romans, de pièces de théâtre et de films.   [31]**le pintadeau** (la pintade): *guinea hen*.   [32]**interdire**: défendre.   [33]**le gras-double**: les tripes.   [34]**la bécasse**: *woodcock*.

disait qu'il ne fallait pas manger de boudin.[35] Alors, le pintadeau Jean Cocteau comportait la pintade qu'il acceptait—je ne dis pas qu'il en était fou furieux,[36] mais il l'acceptait—et le boudin, qui intervient dans la recette parce que cela lui était interdit, pour lui faire passer[37] la pintade. Et puis, mon Dieu, il fallait donner une note originale. Il n'aimait pas   5 beaucoup les pommes de terre, pas tellement les légumes, il aimait surtout la viande. Alors, pour arriver à lui faire manger un légume, il fallait que ce légume soit original. D'où la présence de pommes en l'air[38] dans la recette. Elle était donc composée d'abord de la pintade, ensuite de croutons garnis avec le foie de la pintade; cela il aimait beaucoup; les deux boudins, le   10 boudin blanc[39] et le boudin noir. Ce n'est pas qu'il les aimait tellement, mais il se serait cru profondément humilié et déshonoré, s'il n'avait pas mangé quelque chose qui lui était interdit. Et puis la présence de la pomme qui était un apport[40] personnel, qui n'ajoute rien à la recette, mais qui fait que c'est joli.   15

Nous avons parlé d'une recette créée pour une seule personne dans un but extrêmement précis, de lui donner satisfaction. Maintenant nous allons voir comment on crée une recette pour un groupe de personnes âgées, les invités du prince Rainier III de Monaco[41] et de son père, le prince Pierre. Le prince Pierre m'a dit: "Ecoutez, ce sont des gens qui ont   20 tous des chasses,[42] qui sont tous invités à la chasse présidentielle."[43] Des perdreaux,[44] ils en mangent toute l'année. Non, il faudra trouver autre chose. Ils sont un peu blasés d'une cuisine classique; ils ont besoin d'un peu de piment,[45] pas sous la forme de poivre de Cayenne[46] mais, au contraire, de piment spirituel.[47] Voyez-vous, dans un dîner au dessus de douze person-   25 nes, le découpage,[48] il ne faut pas en parler, c'est de la folie, tout arrive froid dans les assiettes; ce serait faire du spectacle; c'est idiot! Il faut à chacun *un* élément, qui soit en lui-même entier:[49] un poisson, un gibier, un tournedos,[50] une côtelette, mais pas un rôti.

Le prince Pierre me dit: "Qu'est-ce qu'on peut faire?" On en parlait   30 comme aujourd'hui devant le jardin et les pigeons passaient. Alors je lui ai dit: "Pourquoi on ne prendrait pas un pigeon, mais un pigeon désossé.[51] Puisque ce sont des gens âgés, on ne va pas les faire travailler, et puisqu'ils ont quand même l'occasion de manger aux meilleures tables de France, on

---

[35]**le boudin**: une saucisse noire ou blanche, faite surtout de sang de porc.   [36]**fou-furieux**: *wild about*.   [37]**passer**: (ici) accepter.   [38]**pommes en l'air**: *cooked apples*.   [39]Le boudin blanc est fait avec des viandes blanches.   [40]**un apport**: une contribution, une invention.   [41]**Rainier III**: prince depuis 1949, qui a épousé Grace Kelly.   [42]**la chasse**: (ici) une propriété privée où on chasse.   [43]**la chasse présidentielle**: grand événement organisé par le président de la République, souvent à Rambouillet.   [44]**le perdreau**: *partridge*.   [45]**le piment**: (ici) *spice*.   [46]**le poivre de Cayenne**: *Cayenne pepper*.   [47]**spirituel**: intellectuel, qui stimule l'esprit.   [48]**le découpage**: *slicing (as of a roast)*.   [49]**entier**: complet, pas coupé ni découpé.   [50]**le tournedos**: filet de bœuf en tranches épaisses.   [51]**désosser**: enlever les os; *to bone*.

va farcir[52] le pigeon avec des truffes et du foie gras. Comme cela, ils ne se casseront pas les dents dessus et ils n'auront pas de difficulté à le couper et à le manger." Il m'a dit: "Oui, ce n'est pas bête, faisons-le!" Et puis, quelques années après, il est venu me voir, parce que la recette avait fait fortune. Je les trouve un peu partout dans le monde maintenant, les pigeons Prince Rainier III. Ils sont devenus une recette populaire.

Un jour il est revenu, le prince Pierre. Il m'a dit: "Ecoutez, Raymond, c'est très gentil, il y a bien une recette du Prince Rainier III, mais il n'y a pas de recette du Prince Pierre." Alors je lui ai dit: "Le prochain repas, je vous ferai une recette du Prince Pierre dans la même optique."[53] Alors je lui ai fait le rouget en papillotte[54] Prince Pierre, qui est entièrement désossé; il ne reste plus une seule arête[55] et il est farci avec des fines herbes, de la mie de pain,[56] du beurre. Alors chacun a le sien, on l'ouvre: ce parfum extraordinaire qui s'en dégage,[57] plus cette petite farce[58] très, très simple qui est dedans, cela fait un plat agréable à manger pour des gens qui ont soixante-dix ans ou un peu plus. Eh bien, mon Dieu, cela ne leur en donne pas de mauvais rêves.

Voilà deux théories très différentes. On peut en ajouter une troisième qui est celle de l'utilisation des choses que l'on est obligé de manger; pas qu'on veut mais qu'on est obligé. Dans un pays pauvre il faut tirer partie[59] de tous les éléments qui sont à votre disposition et dans les meilleures conditions possibles. Dans un pays riche cela n'a aucune importance: on a de tout en profusion. Etant donné que la qualité de base est excellente, la méthode, même si elle n'est pas parfaite, ne réussira pas à gâcher[60] la nourriture qui est essentiellement bonne. Alors on ne s'en inquiète pas.[61] Par contre, ce serait un véritable scandale de gâcher quelque chose dans un pays pauvre. C'est ce qui me fait actuellement composer des recettes de cuisine gastronomique diététique, parce que je veux qu'avec les 1500 calories qu'on m'attribuera[62] dans une journée, j'en tire le maximum de qualité gustative.[63]

A la fin de la guerre, j'étais dans l'armée américaine et un jour j'avais demandé à l'officier du ravitaillement[64] de m'envoyer du lait concentré et non sucré. J'étais dans un pays de montagne et de bétail mais on ne pouvait pas arriver à avoir du lait. Les gens faisaient du fromage avec; ils ne voulaient pas en vendre; et puis ils le mélangeaient avec du lait de chèvre; il n'était pas bon. Alors je lui ai dit: "Envoyez-moi du lait concentré, non sucré!" Il me dit: "Combien en voulez-vous?" —"Oh, je

---

[52]**farcir:** *to stuff.*   [53]**une optique:** (ici) un point de vue.   [54]**le rouget en papillotte:** *mullet broiled in a buttered paper bag.*   [55]**une arête:** *fish bone.*   [56]**la mie de pain:** la partie intérieure du pain, sans la croûte.   [57]**se dégager de:** sortir de.   [58]**la farce:** *stuffing.*   [59]**tirer partie de:** utiliser.   [60]**gâcher:** ruiner, faire de la mauvaise cuisine avec.   [61]**s'inquiéter de:** *to worry about.*   [62]**attribuer:** accorder, *to allot.*   [63]**gustatif:** de goût, *tasty.*   [64]**le ravitaillement:** le service qui fournit la nourriture.

ne sais pas, moi, vous n'avez qu'à m'envoyer cinq cents boîtes ou quelque chose comme cela, peut-être deux cents kilos." Il me dit: "Bon, bon, d'accord, je vais vous les envoyer." Et puis, quatre jours plus tard, je vois arriver un camion de lait où il y en avait cinq tonnes! Alors on a dit: "Ils sont là, on va les prendre!"

Les paysans autour de nous essayaient de nous échanger des rations K[65] contre leurs produits. Alors un jour je leur ai dit: "Est-ce que vous voulez du lait? Qu'est-ce que vous pouvez me donner contre[66] du lait?" Alors ils m'ont dit: "Oh, du lait, mais c'est merveilleux; mais oui, on a de l'ail,[67] puis on a des poulets." Des poulets, j'en avais. Alors j'ai changé des boîtes de lait contre de l'ail. C'est donc avec des poulets, de l'ail et du lait condensé que j'ai inventé une recette.

Ce poulet à l'ail, j'en ai fait manger à tous mes officiers américains et j'en fais encore aujourd'hui, trente ans après, et il a toujours le même succès. Et bien, c'est une recette inventée parce que j'avais trop d'ail, trop de lait, trop de poulet, et pas du tout parce que j'avais envie de manger du poulet à l'ail!

4.   *Et comment êtes-vous devenu célèbre?*

Il faut avouer une chose qui est, à mon avis, extrêmement importante, c'est le fait que la télévision m'a rendu populaire. Pendant quatorze années, j'ai eu un programme à la télévision. Peut-être qu'il y a un million de dollars de publicité qui a été faite sur mon nom, peut-être plus. Si on compte les heures que cela représente, c'est fantastique. Alors les télévisions étrangères se sont intéressées à moi. Je parle assez bien anglais; pour un Français je parle même très bien, parce que je suis resté trois ans au collège en Angleterre lorsque j'étais enfant et que mon père était cuisinier à Londres. Alors le gouvernement français m'a expédié à l'étranger.

Les premières missions,[68] je les ai faites pour le compte d'une société qui s'appelle SOPEXA.[69] C'est une émanation[70] du Ministère de l'Agriculture, dont le but est de promouvoir[71] les produits agricoles français les plus connus, les fromages, les vins, aussi le foie gras et les truffes que l'on ne trouve pratiquement qu'en France. Nous avons eu du succès. Je dis nous, parce que je représentais la cuisine française. Ce n'était pas Raymond Oliver ès[72] ses propres qualités, mais Raymond Oliver allant représenter la cuisine française, et lorsque j'ai été reçu dans des pays aussi peu propices[73] à la gastronomie que la Nouvelle-Zélande ou l'Australie, c'était bien la réputation mondiale des cuisiniers français qu'on recevait. En Chine aussi j'ai bénéficié de leur grande popularité et même en Islande où

---

[65]**la ration K:** un paquet contenant une nourriture de base pour un soldat pendant une semaine. [66]**contre:** (ici) *for.*   [67]**l'ail:** *garlic.*   [68]**la mission:** le voyage officiel.   [69]**SOPEXA:** Sociéte pour l'Expansion des Produits Agricoles.   [70]**une émanation:** une section, un organisme (créé par). [71]**promouvoir:** *to promote.*   [72]**ès:** dans les, (ici) représentant.   [73]**propice:** favorable.

la gastronomie est précaire: c'était un peu Escoffier et mes fameux prédécesseurs que l'on recevait.

Les démonstrations culinaires, à la télévision ou devant un public, ne sont pas si faciles à exécuter! Il faut une pratique qui m'a été conférée par des années de télévision, de répétitions.[74] Il ne faut pas croire qu'on exécute une recette en direct, aussi habile[75] que l'on soit, sans que cette recette ait été répétée plusieurs fois, beaucoup plus de fois qu'on ne croit. J'ai beaucoup travaillé; cela a souvent été le cas d'improvisations longuement préparées à l'avance, et j'ai acquis une bibliothèque gastronomique de réputation mondiale. Personne ne me conteste la première place en bibliophilie culinaire, même pas la Nationale[76] qui est loin d'avoir ce que j'ai. Il faut connaître le sujet dont on parle. Cela, je m'y suis toujours beaucoup attaché!

5. *Commentez, s'il vous plaît, votre carrière de voyageur et d'auteur de 24 livres.*

Bientôt 25; il y en a un qui sortira très vite: puis il y en a deux ou trois en préparation. Je ne voudrais pas me comparer à des génies, mais les peintres, les grands peintres ont des périodes, période blanche, bleue, tahitienne, période espagnole, et nous, les cuisiniers, avons aussi des périodes. Moi, je suis toujours influencé par les pays dans lesquels je vais. Il y a un vieux slogan qui dit: "Il y a trois cuisines au monde: la française et la chinoise, qui sont parallèles et qui sont au sommet, et puis la troisième qui est toujours celle du pays où l'on est." Nous avons toujours quelque chose à apprendre.

Je suis influencé par la cuisine du pays dans lequel je vais, c'est indiscutable, mais chaque fois que j'ai essayé de reproduire une recette étrangère, aussi simple que les tortillas, les tacos ou les tamales mexicains, moi, j'en ai sorti quelque chose de français. Cela ne ressemblait plus du tout au plat original. Si j'avais raconté à un Mexicain que c'était des tamales, il m'aurait éclaté[77] au nez. J'ai eu une petite période espagnole, mais ma paella, elle n'avait absolument rien de commun avec la paella de Valence.

Je voyage tous les ans; souvent je fais le tour du monde, et chaque fois que je vais dans un pays—parlons des Nouvelles Hébrides, voyez, un pays perdu, dans le Pacifique du sud—un de mes amis, que je retrouve là, pas par hasard, me dit: "Tu vas me faire le plaisir de faire la cuisine pour des amis." Alors je dis: "Bien sûr, bien sûr; puisque je suis là, on va réunir quelques amis." Il me dit: "Je veux que tu fasses une bouillabaisse."[78]

---

[74]**la répétition:** *rehearsal.*   [75]**habile:** expert, adroit.   [76]La Bibliothèque Nationale à Paris est la plus grande de France; c'est le dépôt officiel de tous les livres qui paraissent.   [77]**éclater:** (ici) rire (fortement).   [78]**la bouillabaisse:** soupe provençale aux poissons.

C'est souvent la bouillabaisse qu'on me demande, et cela n'importe où, au Pérou, à Nouméa ou à Hong Kong. Pour eux, ça devient un petit peu l'air du pays;[79] ça rappelle des souvenirs: "Ah, tu te rappelles combien ma grand-mère faisait ça bien!" On est toujours à la recherche de souvenirs d'enfance qu'on ne retrouve jamais, grâce au ciel! Il faut bien que le rêve ait   5 sa part dans la cuisine comme dans le restant de la vie!

6.   *Quel public atteignez-vous par vos livres?*

On touche toutes les couches[80] de la société. Il m'arrive presque chaque fois que je sors—car j'aime marcher à pied dans Paris—qu'un agent de police, un facteur ou quelqu'un dans la rue me dit: "Ah, j'ai votre   10 livre. Si j'avais su que j'allais vous rencontrer, je vous l'aurais porté pour que vous le signiez." Là, encore ce matin j'ai répondu: "Apportez-le-moi, je vous le signerai; déposez-le au restaurant. Si je suis là, je le fais tout de suite, sans cela vous viendrez le chercher trois jours après."

On touche à toutes les souches,[81] car vous savez, il est probable que   15 les concierges parisiennes sont les vestales de la vieille cuisine mijotée.[82] Ce sont les seules qui restent toute la journée chez elles dans leur cuisine. Elles ont le temps de préparer leur miroton,[83] de faire des printaniers de mouton,[84] des navarins aux primeurs;[85] elles ont le temps d'éplucher[86] des légumes, de faire mijoter des viandes qui demandent de longues cuissons,[87]   20 alors que dans le seizième[88] on mange le plus de margarine. Voyez-vous, le manœuvre[89] de chez Renault[90] mange mieux que le petit bourgeois du seizième qui a trente-six obligations et contraintes, et qui rogne[91] sur sa voiture, sur la nourriture. Il mange de la morue[92] et des pommes de terre plus souvent que les soles et les rougets du prince Pierre de Monaco.   25

7.   *Le résultat chez le lecteur est-il souvent bon?*

Oui, le résultat est bon. J'ai écrit un livre de cuisine qui s'appelle *La Cuisine du bonheur*. Celui-là, par exemple, est une explication des méthodes de cuisson. Il doit donner confiance aux gens qui le lisent. Il ne faut pas que les gens se disent: "Ah, c'est trop difficile, je n'y arriverai   30 jamais."

Moi, je suis peintre du dimanche; il y a aussi les cuisiniers du dimanche. Or ces cuisiniers du dimanche sont délaissés,[93] personne ne

---

[79]**l'air du pays:** le rappel du pays natal.   [80]**la couche:** la classe; (lit.) *layer*.   [81]**la souche:** l'origine (de la famille).   [82]Dans l'antiquité, les vestales (*vestal virgins*) gardaient le temple. Aujourd'hui, les concierges gardent la maison et seules ont le temps de continuer la vieille cuisine mijotée (qui cuit lentement).   [83]**le miroton:** viande cuite avec des oignons; *stew*.   [84]**le printanier de mouton:** *lamb with spring vegetables*.   [85]**le navarin aux primeurs:** ragoût de mouton aux légumes (du printemps).   [86]**éplucher:** enlever la peau.   [87]**la cuisson:** l'action de cuire.   [88]**le seizième:** l'arrondissement le plus riche et snob de Paris.   [89]**le manœuvre:** l'ouvrier.   [90]L'usine de Renault se trouve à Boulogne, près du seizième, dans un quartier qui fait contraste!   [91]**rogner:** (ici) économiser.   [92]**la morue:** *codfish*, un poisson ordinaire et pas cher.   [93]**délaisser:** abandonner.

fait rien pour eux; on ne leur explique pas pourquoi ils ne réussissent pas certaines choses. Alors j'ai écrit *La Cuisine pour les hommes* qui est destiné à éclairer les cuisiniers du dimanche.

8. *La grande cuisine reste-t-elle artisanale?*

Il est indiscutable que la grande cuisine restera toujours artisanale. Il y a la forte participation de la main, du côté manuel. La grande cuisine restera toujours le fait de cuisiniers d'exception, d'artistes; mais la bonne cuisine va se développant.[94] Il ne faut pas croire que c'est l'apanage[95] aujourd'hui d'une classe riche. La gastronomie n'est pas seulement des truffes, du foie gras et du caviar, destinés à une clientèle privilégiée, qui n'en use d'ailleurs pas tous les jours. La cuisine de chaque jour, celle des collectivités,[96] celle du repas quotidien, celle-là s'améliore d'une façon constante. Elle suit la marche ascendante du matériel. Il n'y a plus de très grands problèmes pour faire cuire un poulet, alors que, du temps du tourne-broche,[97] il fallait tout de même savoir conduire le feu. On sait qu'un poulet cuit en 43 minutes s'il est réglé sur le thermostat sur la chaleur convenable;[98] il va sortir doré, juteux,[99] et ce ne sera pas l'œuvre de la cuisinière mais le strict respect des notes de cuisson de votre livre de cuisine.

A l'heure qu'il est, on est en train de livrer chez moi un four électronique ménager.[100] Je vais pouvoir jouer comme d'autres jouent au train électrique, moi avec les outils modernes. Parallèlement on m'a amené cette semaine une batterie de cuisine[101] en acier qui ne colle pas[102] et je peux m'amuser avec cela. La technique, au point de vue modification de la cuisine, est beaucoup plus importante que tous les autres facteurs. La cuisine fait des progrès; nous mangeons beaucoup mieux qu'au siècle dernier, nous mangeons beaucoup plus sain![103]

9. *Un de vos livres parlera de la bouillabaisse comme d'un humanisme; pourquoi?*

La bouillabaisse est un humanisme, pourquoi? D'après le dictionnaire, l'humanisme est toute chose qui peut amener une amélioration des conditions matérielles et du bonheur de l'homme. Or, la cuisine, au départ, est effectivement quelque chose qui amène le bonheur chez l'homme. Il faut manger. Cette nécessité étant établie, il faut savoir ce que l'on peut en tirer. Les animaux ne sont pas cuisiniers. Seul le chimpanzé, apparemment, fait un choix de nourriture. L'homme, au contraire, depuis beaucoup

---

[94]**aller se développant**: se développer constamment.   [95]**un apanage**: une propriété, une qualité caractéristique.   [96]**une collectivité**: un grand groupe de personnes qui vivent et mangent ensemble.   [97]**le tourne-broche**: *turnspit.*   [98]**convenable**: approprié, ce qu'il faut.   [99]**doré, juteux**: *golden, juicy.*   [100]**un four ménager**: *household oven.*   [101]**une batterie de cuisine**: *set of pots and pans.*   [102]**acier qui ne colle pas**: *stickproof steel.*   [103]**sain**: bon pour la santé.

plus longtemps qu'on l'imagine, mange ce qu'il a préparé. A partir du moment où l'on a eu l'écriture, on a eu des recettes de cuisine, et on a eu la recette de la bouillabaisse.

Bien sûr, ce n'était pas la nôtre, c'était la soupe de scorpène, de rascasse ou scorpion de mer.[104] C'est un poisson venimeux. Si on se fait piquer par les épines de la rascasse, on a des abcès, mais si on laisse cette rascasse au soleil pendant deux ou trois heures, ça ne fait plus mal, sauf la douleur de la piqûre.[105] Cette soupe de scorpène, lorqu'elle est faite avec des rascasses toutes fraîches venant d'être pêchées, sortant de l'eau, a un parfum qui va conférer à cette soupe la continuité dans la suite des siècles. Pendant deux mille ans, nous allons retrouver dans le bassin méditerranéen des soupes qui ressemblent à la bouillabaisse. Pline l'Ancien[106] écrit la première recette de la bouillabaisse. Elle ne s'appelait pas ainsi, mais "bouillabaisse," en français, veut dire: "quand ça bout, tu baisses le feu,"[107] et toutes ces soupes partent de ce principe. Pétrarque mangeait une bouillabaisse avec Laure!

Les Maures font la conquête de la France, ou plutôt d'une partie de la Gaule, et à ce moment-là intervient le safran.[108] Il a fallu donc que les Maures viennent jusqu'à la bataille de Poitiers,[109] pour que le safran intervienne dans la bouillabaisse. Ensuite, il a fallu que l'huile d'olive soit diffusée et implantée en France, car au début elle était rare et on ne l'utilisait que dans des conditions très spéciales. Et puis, et surtout, il a fallu que Christophe Colomb découvre l'Amérique pour que la tomate, aujourd'hui un des éléments indispensables de la bouillabaisse, et la pomme de terre, qui est souvent employée, elle aussi, se joignent aux poissons et crustacés[110] de notre soupe moderne. Alors, voyez-vous, il a fallu la bataille de Poitiers, la découverte de l'Amérique; il a fallu que Pline l'Ancien écrive et que les cuisiniers s'y intéressent, pour qu'aujourd'hui ce plat soit devenu international. Il a fallu des vicissitudes, des essais multiples. En bien, c'est pour le bonheur de l'homme qu'on a surmonté ces vicissitudes et que les cuisiniers, dont moi, travaillent. C'est là où intervient l'humanisme!

Questions pour la compréhension du texte

1. Dans quel ensemble de bâtiments se trouve le Grand Véfour? Où est le jardin? Quelle est son architecture?

---

[104]**la scorpène** (la rascasse, le scorpion de mer): poisson de la Méditerrannée qu'on peut manger mais qui est couvert d'épines venimeuses (*poisonous thorns*).   [105]**la piqûre**: *sting*.   [106]**Pline l'Ancien**: auteur latin d'une *Histoire naturelle*.   [107]*"When it boils, lower the flame."*   [108]**le safran**: *saffron*.   [109]**Poitiers**: ville entre Tours et Bordeaux où Charles Martel vainquit les Maures en 732.   [110]**le crustacé**: *shellfish*.

2. Quelle est la tradition de la famille Oliver? De quelle partie de la France vient-elle?

3. Quelle était l'époque des diligences? des combats de l'Ouest? Donnez des dates.

4. Que signifient les trois étoiles?

5. Est-ce qu'on peut faire de la gastronomie à bon marché ou est-elle réservée à une élite? Expliquez.

6. Discutez les trois façons de donner satisfaction au client: l'accueil, le service, la qualité.

7. Quel est le crime de lèse-gastronomie?

8. Pourquoi les clients ne viennent-il pas souvent? Donnez plusieurs raisons. Qui est "le client maximum"?

9. Qu'est-ce qui change peu au Grand Véfour?

10. Qui est Jean Cocteau?

11. Analysez son goût culinaire. Est-il un gourmet? Suit-il les avis du médecin?

12. Est-ce que Raymond Oliver, dans ce qu'il dit de Cocteau, est bon psychologue? Que dit-il de son client?

13. Décrivez les invités au dîner de Monaco.

14. Que ne faut-il pas servir à plus de douze personnes? Pourquoi?

15. Que fait Raymond Oliver pour ses clients âgés?

16. Pourquoi met-il des truffes et du foie gras?

17. Comment savez-vous que les pigeons Prince Rainier III étaient un grand succès?

18. Décrivez le rouget en papillotte.

19. Qui est obligé de manger ce qu'il ne veut pas?

20. Raymond Oliver s'intéresse-t-il aux pays pauvres?

21. Pourquoi un pays de bétail n'avait-il pas de lait?

22. Pourquoi Raymond Oliver a-t-il reçu cinq tonnes de lait en boîtes?

23. Comment a-t-il créé le poulet à l'ail et avec quels résultats?

24. Parlez de Raymond Oliver à la télévision.

25. Comment a-t-il appris l'anglais? Comment est-ce que cela lui a été utile?

26. Quels sont les produits français qu'il devait faire connaître à l'étranger?

27. Pourquoi l'accueil était-il si favorable?

28. Comment fait-on une démonstration à la télévision?

29. Comment sa bibliothèque lui est-elle utile?

30. De quoi parlent ses livres?

31. Quelles sont les deux grandes cuisines du monde et celles qui l'ont influencé?

32. Qu'aurait dit un Mexicain de ses tamales?

33. Pour qui et pourquoi prépare-t-il la bouillabaisse dans les îles du Pacifique?

34. Comment est-ce que Raymond Oliver reste accessible à son public?

35. Quelle est la grande qualité des concierges selon Raymond Oliver?

36. Qui s'intéresse davantage à ce qu'il mange, l'ouvrier ou le bourgeois?

37. Pour qui Raymond Oliver écrit-il les livres dont il parle?

38. Qu'est-ce que c'est qu'un cuisinier du dimanche?

39. Pourquoi la cuisine du Grand Véfour reste-t-elle "artisanale"?

40. Que peut-on dire de la cuisine de tous les jours? Est-elle devenue plus facile?

41. Pourquoi Raymond Oliver aime-t-il la technologie moderne?
42. Pourquoi mangeons-nous mieux que nos ancêtres?
43. Qu'est-ce qui peut amener une amélioration de la condition humaine?
44. Que veut dire "bouillabaisse"?
45. Comment sait-on que la bouillabaisse est ancienne?
46. Quelle est la contribution des Maures à la bouillabaisse? et celle de l'Amérique?

Questions à discuter

1. Y a-t-il une grande cuisine, comme celle du Grand Véfour, aux Etats-Unis? Où sont les meilleurs restaurants? Qui sont leurs clients?

2. Parler d'un repas mémorable qui était une fête pour vous.

3. Les restaurants français ont souvent des clients habituels. Qu'en est-il dans votre ville?

4. Connaissez-vous un restaurant qui a un sommelier? Imaginez un tel restaurant aux Etats-Unis et décrivez-le.

5. Commentez les livres de cuisine que vous connaissez. Comparez-les aux ouvrages dont parle Raymond Oliver.

6. Que pensez-vous de ses trois recettes? Décrivez une recette que vous aimez particulièrement.

7. Y a-t-il un puritanisme américain qui empêche l'amour de la nourriture et la gastronomie? Commentez.

8. La cuisine américaine est-elle plus démocratique que la française? Quel rapport voyez-vous entre la civilisation et la démocratie?

9. Que savez-vous de la cuisine chinoise? Décrivez votre expérience.

10. Il existe beaucoup de plats régionaux en France, comme la bouillabaisse. Quels plats régionaux connaissez-vous aux Etats-Unis? Quelle est leur importance?

11. Le Grand Véfour sert forcément une clientèle très réduite. Expliquez comment Raymond Oliver atteint le grand public. Parlez de personnalités équivalentes aux Etats-Unis.

12. Que pensez-vous de la nourriture saine, des questions de santé, vitamines, cholestérol? Comparez les habitudes américaines et françaises.

13. Discutez le parallèle entre l'art culinaire et la peinture.

14. Qu'est-ce que c'est que l'humanisme en général et celui dont parle Raymond Oliver?

15. Malgré le fait que la France de 1945 ressemblait à un pays pauvre, il existait des différences importantes entre elle et les pays désavantagés. Analysez ces différences et parlez des programmes entrepris pour aider les régions désavantagées.

Propos à défendre ou à contester

1. Le clochard, le vagabond, qui sait choisir sa nourriture, fait acte de gastronomie.

2. Recevoir, c'est assurer aux convives le bonheur pendant tout le temps qu'ils passent sous votre toit.

3. Si les personnes comme Jean Cocteau ne mangeaient pas quelque chose qui leur est interdit, ils se sentiraient profondément humiliés, déshonorés.

4. Ce serait un véritable scandale de gâcher quelque chose dans un pays pauvre.

5. Tout le monde connaît les fromages, les vins, le foie gras et les truffes qui viennent de France.

6. Il y a trois cuisines au monde: la française, la chinoise et celle du pays où l'on est.

7. Il faut bien que le rêve ait sa part dans la cuisine comme dans le restant de la vie.

8. Aujourd'hui, il n'y a plus de grands problèmes pour faire cuire un poulet. S'il est réglé sur son thermostat, il va sortir doré, juteux.

9. Nous mangeons beaucoup mieux qu'au siècle dernier, nous mangeons beaucoup plus sain.

10. La bouillabaisse est un humanisme.

Antigone, Festival d'Avignon.
French Cultural Services.

10

Interview de Robert ABIRACHED, professeur à l'Université de Caen, directeur de l'Institut d'Etudes Théâtrales de la Faculté des Lettres.

Le théâtre d'aujourd'hui

Comme un bon nombre de ses collègues qui enseignent en province,[1] Robert Abirached habite à Paris. Il nous reçoit dans son bureau, entouré de ses livres et nous explique ses projets de nouvelles pièces de théâtre. Ancien élève[2] de l'Ecole Normale Supérieure,[3] il a fait des recherches, des études de toutes sortes, pendant longtemps la critique théâtrale du *Nouvel Observateur*,[4] des éditions comme celle de Casanova (Paris: Gallimard, 1958–1960). Il est aussi l'auteur de romans, comme *L'Emerveillée* (Paris: Grasset, 1963) et de pièces de théâtre, par exemple, *Tu connais la musique* (Paris: Stock, 1971). Récemment il a passé un semestre à l'Université de Montréal.

1. *Comment le théâtre traditionnel a-t-il changé ?*

La situation du théâtre en France aujourd'hui est à peu près semblable à celle qui existe dans tous les pays industrialisés. Nous assistons depuis quelques années à un renversement[5] total des conditions de production et des recherches[6] du théâtre en France. Comment peut-on   5
expliquer ce phénomène ? En y mettant un peu d'ordre, on peut remarquer une première chose: c'est qu'il y a de plus en plus de jeunes troupes qui constituent presque un système autonome dans le théâtre, qui refusent les conditions transmises par la tradition. Elles refusent d'abord, par exemple, de se soumettre[7] à un répertoire,[8] à un héritage culturel, à un théâtre   10
littéraire, destiné à faire penser les gens ou à leur procurer un plaisir purement esthétique.

---

[1] **la province:** toute la France à l'exception de Paris.   [2] **un ancien élève:** *alumnus.*   [3] L'Ecole Normale Supérieure est la Grande Ecole où entrent les meilleurs étudiants de France en lettres et en sciences.   [4] Le *Nouvel Observateur* est un hebdomadaire (*weekly*) culturel.   [5] **le renversement:** la transformation, le changement.   [6] **la recherche:** l'étude.   [7] **se soumettre à:** accepter.   [8] **le répertoire:** (ici) le programme de pièces traditionnelles.

C'est là que se situe la première rupture qui avait été prévue dès avant la guerre[9] par des gens comme Antonin Artaud.[10] Elle consiste à considérer le théâtre comme un spectacle et non pas comme une pièce à interpréter. Comme un spectacle, cela veut dire en privilégiant tous les aspects visuels, sonores, plastiques, en traitant le texte comme un simple support, voire[11] en se passant carrément[12] du texte. Dans une telle perspective, il est évident qu'une place tout à fait nouvelle est dévolue[13] à l'acteur. L'acteur n'est plus considéré comme l'interprète d'un texte qui lui est antérieur,[14] mais comme le pivot principal de la création théâtrale. L'acteur, dans cette perspective, est essentiellement un corps assoupli[15] à toutes les techniques physiques du jeu, de la voix, du geste. Il va de soi[16] qu'à ce niveau-là déjà, la transformation est totale.

Le débat, en 1973, n'est plus entre l'ancien théâtre dit[17] classique et le théâtre moderne, c'est-à-dire entre Racine et Beaumarchais d'une part, et d'autre part Giraudoux et Ionesco,[18] mais bien entre un théâtre littéraire, dû à un écrivain,[19] et un théâtre de création collective, presque anonyme, qui se fait au niveau du comédien et des techniques sonores, visuelles et plastiques.

2. *Comment est-ce que cela se manifeste aux Etats-Unis et en France?*

Il faut dire que ce phénomène s'observe un peu partout et d'abord, bien entendu, aux Etats-Unis. La venue en France de troupes comme le Living Theater ou le Bread and Puppet Theater a fortement marqué les esprits et les sensibilités en Europe. En effet, c'est aux Etats-Unis peut-être qu'est né ce théâtre marginal, qui vise[20] tantôt à la provocation, comme le Living Theater, et tantôt à la recherche de mythes et d'images en harmonie avec le monde contemporain, comme le Bread and Puppet.

Ces expériences américaines ont été assez déterminantes dans la mesure où elles ont rejoint les recherches faites en France. Elles ont paru présenter un certain nombre de solutions possibles. Voilà donc la première idée essentielle. La deuxième idée, c'est qu'un tel type de théâtre remet en cause les structures théâtrales elles-mêmes, comme l'avait vu Antonin Artaud. J'entends[21] par là que les recherches nouvelles excluent de plus en plus la forme de théâtre qu'on appelle "théâtre à l'italienne," c'est-à-dire avec une séparation entre la scène[22] et la salle, et invitent à trouver des

---

[9]La deuxième guerre mondiale (1939–1945).   [10]**Antonin Artaud** (1896–1948): poète, comédien, directeur de théâtre, auteur de *Le Théâtre et son double*.   [11]**voire:** même.   [12]**carrément:** tout simplement.   [13]**dévolu:** attribué.   [14]**antérieur:** qui existe avant (la présentation de la pièce).   [15]**assoupli à:** qui se plie à.   [16]**il va de soi:** il est évident.   [17]**dit:** appelé.   [18]**Racine** (1639–1699): auteur de tragédies, *Andromaque*, *Phèdre*, et d'une comédie, *Les Plaideurs*; **Beaumarchais** (1732–1799): auteur du *Barbier de Séville* et du *Mariage de Figaro*, comédies; **Giraudoux** (1882–1944): auteur d'*Amphitryon* et *La Guerre de Troyes n'aura pas lieu*; **Ionesco** (1912–   ): auteur de *La Leçon*, *Les Chaises*, *Le Rhinocéros*.   [19]**dû à un écrivain:** écrit par lui.   [20]**viser à:** *to aim*.   [21]**entendre:** (ici) vouloir dire, *to mean*.   [22]**la scène:** *stage*, la partie du théâtre réservée à la représentation.

lieux que l'on peut modeler à sa guise,[23] qu'il s'agisse de[24] grands édifices vides (usines, églises désaffectées)[25] où l'on peut créer des aménagements[26] en toute liberté, ou de théâtres à l'architecture nouvelle, qui permettent une scénographie variée et simple.

Cela entraîne aussi que les jeunes troupes de ce genre ne peuvent plus s'insérer[27] dans les circuits de distribution normaux: beaucoup d'entre elles essaient de vivre en communauté et de faire un travail d'équipe de longue haleine,[28] dans lequel le rôle du metteur en scène[29] n'est plus extrêmement distinct de celui des autres créateurs. Parmi ces troupes, rares sont celles qui ont réussi à s'imposer réellement, c'est-à-dire à inventer un style et à trouver un public fidèle. L'une d'entre elles est le fameux Théâtre du Soleil que l'on connaît surtout depuis deux ou trois ans et qui a donné deux spectacles tout à fait remarquables intitulés *1789* et *1793*. On y trouve une image de la Révolution française, élaborée à la lumière des expériences politiques contemporaines; la Révolution y est considérée comme un événement inachevé qui reste à continuer. Beaucoup plus que par le raisonnement, le Théâtre du Soleil essaie d'agir par des images physiques et par des images sonores, pour faire *participer* le spectateur, et l'englober[30] dans l'espace scénique. Nous avons affaire à un montage d'images, de sons, de paroles, qui n'obéit plus à la logique d'une pièce dramatique à différents actes ou à séquences, mais bien à la logique d'un spectacle.

Donc voilà la grande nouveauté, et c'est certainement cela depuis trois ou quatre ans qui a transformé fondamentalement les conditions du théâtre en France. Il y a, cependant, d'autres points importants à souligner.

3.   *Le théâtre d'Etat et le théâtre privé, par exemple?*

Avant 1968, et aujourd'hui encore, le théâtre en France se subdivisait en deux grands secteurs: un secteur privé qui obéit aux lois de l'offre et de la demande, qui produit des spectacles un peu comme des marchandises culturelles, et un secteur subventionné par l'Etat, qui est relativement important puisqu'il englobe une quarantaine de théâtres, tant à Paris que dans les grandes villes de province. Ce secteur de l'Etat, parce qu'il échappe aux lois de la rentabilité,[31] veut essayer de convertir au théâtre des couches[32] nouvelles de la population, surtout les étudiants et les couches populaires. Son modèle est le Théâtre National Populaire fondé par Jean Vilar,[33] qui a été connu dans le monde entier, sous ses initiales de TNP.

La différence entre ces deux secteurs, c'est que le secteur privé,

---

[23]**à sa guise:** comme on veut.   [24]**qu'il s'agisse de . . . ou de:** *whether it be a matter of . . . or of.* [25]**église désaffectée:** où les cultes n'ont plus lieu.   [26]**créer des aménagements:** adopter des techniques, des décors (*scenery*).   [27]**s'insérer:** entrer.   [28]**de longue haleine:** à long terme. [29]**le metteur en scène:** celui qui dirige les acteurs; *director.*   [30]**englober:** comprendre.   [31]**la rentabilité:** ce qui rapporte de l'argent.   [32]**la couche:** le groupe, la classe.   [33]**Jean Vilar** (1912–1971): acteur, directeur, metteur en scène, fondateur du TNP et du festival d'Avignon.

Capitaine Schelle, Capitaine Eçço, pièce de Rezvani.
French Cultural Services.

obéissant à des critères commerciaux, est obligé de se soumettre au goût du
jour—ce qui ne l'empêche pas de faire parfois des spectacles de qualité—
alors que le secteur d'Etat prospecte[34] une clientèle nouvelle, en lui offrant
des places à prix réduit et en présentant des pièces et des spectacles qui ont
un rapport, même s'il s'agit de pièces classiques, avec l'état de la société   5
contemporaine et la sensibilité actuelle. Si vous voulez, très grossièrement,[35] ce théâtre qu'on appelle "populaire," est un théâtre issu d'une
réflexion à partir des idées de Romain Rolland, de Jacques Copeau et
Bertold Brecht;[36] sans être forcément[37] marxiste, il repose sur la conception
que l'activité théâtrale doit être une activité critique, qui met en   10
évidence les contradictions de notre société, et le fonctionnement réel du
monde tel qu'il est régi[38] par les structures économiques, psychologiques et
sociales.

4.   *Quelles sont les perspectives pour l'avenir?*

    Où est-ce que cela peut mener? Voyez-vous, il faut tenir compte de[39]   15
la lenteur et de l'incertitude des évolutions. Il est absurde de faire de la
prophétie. Je ne suis pas du tout de ceux qui croient par exemple que le
théâtre de texte est mort. Ce n'est pas de cela qu'il est question. J'ai essayé
de vous décrire une tendance qui existe depuis quelques années et qui a
déjà ses propres contradictions et ses propres difficultés. Il y a également   20
une partie du jeune théâtre actuel qui persiste à s'intéresser au texte et à
une recherche purement esthétique; il faut apporter une correction à ce
que j'ai semblé dire, tout à l'heure, et préciser que si le théâtre en marge,[40]
le théâtre parallèle, est dans son ensemble très politisé, il ne l'est pas
toujours directement, parce que "politisé" veut dire aussi "rejetant les   25
principes culturels de la société," ce qui implique la possibilité de créer de
nouvelles formes.

    Je vous cite un exemple qui sera clair: toute la musique pop, par
exemple, n'est pas directement politique, mais elle propose une esthétique
musicale conforme à une sensibilité nouvelle, et très souvent le jeune   30
théâtre travaille dans une voie semblable à celle-là et essaie de trouver à
travers des images, des chocs, des sonorités, une esthétique neuve qui soit
totalement dégagée[41] de l'étude psychologique, de l'étude des caractères, de
la vision d'un Homme permanent (comme chez les classiques). Vous avez
beaucoup de spectacles dont le propos[42] n'est pas directement politique,   35
mais qui sont tout de même subversifs par rapport à la culture régnante.[43]

---

[34]**prospecter:** chercher.   [35]**grossièrement:** généralement, *roughly.*   [36]**Romain Rolland** (1866–
1944): auteur du roman *Jean Christophe*; **Jacques Copeau** (1879–1949): critique, metteur en
scène; **Bertold Brecht** (1908–1956): dramaturge allemand, connu surtout pour *l'Opéra de quat'
sous* et *Mère Courage*.   [37]**forcément:** nécessairement.   [38]**régir:** gouverner.   [39]**tenir compte
de:** prendre en considération, considérer.   [40]**en marge:** secondaire, (ici) expérimental.
[41]**dégager:** détacher, séparer.   [42]**le propos:** le motif, le sujet, le but.   [43]**régnant:** dominant,
établi.

La coupure[44] se fait beaucoup plus sur le plan[45] culturel que sur le plan politique! Il y a un refus de la culture régnante comme musée et comme dogme intangible, qui amène à chercher pour notre époque un langage nouveau. C'est en fait là que se situe le débat, et c'est pour cela que le débat est tellement violent. 5

5. *Le théâtre de boulevard existe-t-il comme avant?*

Je voudrais ajouter encore une chose. Pour ne pas tronquer[46] ce panorama que nous essayons de faire, il faut dire que le théâtre traditionnel (qu'il s'agisse du théâtre sérieux, du théâtre de divertissement ou du théâtre populaire) demeure très vivant. Nous sommes dans une période 10 où il y a cohabitation de tendances différentes, et c'est pour ça que l'observateur s'y perd. Si vous allez aujourd'hui à la Comédie Française,[47] qui est la gardienne du répertoire et des anciens styles de jeu, vous trouverez toujours beaucoup de monde. Si vous allez dans les centres dramatiques de province, qui appartiennent au secteur subventionné par 15 l'Etat, vous trouverez également beaucoup de monde. Si vous allez même au théâtre de boulevard qui correspond un peu à ce que donne Broadway aux Etats-Unis, c'est le même phénomène. Les styles les plus différents cohabitent et cette cohabitation ne va pas sans trouble, d'où la difficulté de dresser un panorama complet et juste. Pour être complet, il faudrait 20 tenir compte de toutes ces situations à la fois et de toutes les contradictions qu'elles provoquent. Sur ce point-là, je crois pouvoir dire qu'il en va de même dans tous les pays occidentaux. Si on laissait le théâtre agir à sa guise[48] dans les pays de l'Est, on y verrait paraître la même diversité.

6. *Y a-t-il une censure du théâtre en France?* 25

Non, sauf dans des cas exceptionnels: je n'en connais qu'un seul pour ma part. Une pièce d'Armand Gatti, intitulée *La Passion du Général Franco*, a été interdite au TNP, sur l'intervention des autorités espagnoles, pour des raisons diplomatiques, mais un théâtre privé aurait pu la monter[49] sans aucun problème (je rappelle que le TNP est subventionné par l'Etat). Cela dit, l'audace des auteurs en matière politique n'est pas très grande. Ainsi on peut difficilement imaginer en France des pièces qui mettent en cause[50] le président de la République, comme on en a vu aux Etats-Unis contre le Président Nixon ou sur le meurtre du Président Kennedy. Ce sont plutôt les chansonniers[51] qui traitent de l'actualité 35 politique.

---

[44]**la coupure:** la division. [45]**le plan:** *level*, le niveau. [46]**tronquer:** mutiler; *to truncate.* [47]**la Comédie Française:** théâtre national fondé en 1680. [48]**agir à sa guise:** (ici) se développer comme il veut. [49]**monter:** présenter; *to stage.* [50]**mettre en cause:** accuser, attaquer, incriminer. [51]**le chansonnier:** auteur de chansons souvent satiriques qu'on entend dans des cabarets ou théâtres de chansonniers.

Quant à[52] la censure pour atteinte aux bonnes mœurs,[53] les cas sont fort rares, et il y a eu un grand assouplissement[54] en ce domaine. Jusqu'il y a quelques années, on ne pouvait pas—je ne parle pas seulement du théâtre, mais aussi du cabaret et des strip-tease—montrer des nus intégraux,[55] sans un mini cache-sexe,[56] à la différence de ce qui se passait dans une ville comme Londres, et il y avait aussi une règle[57] qui imposait le nu plus ou moins immobile. Depuis très peu de temps, les choses ont changé, et on a pu voir à Paris sans aucun problème cette pièce qui a eu d'abord beaucoup de succès aux Etats-Unis, puis à Londres, *Oh, Calcutta!*[58]

Il faut ajouter, pour être tout à fait honnête, que les directeurs de théâtre—qu'ils soient d'Etat ou du secteur privé—font eux-mêmes attention. Il y a une sorte d'auto-censure: on évite volontiers tout spectacle qui serait de nature à introduire de graves divisions dans le public et à créer des incidents. Car, du point de vue légal, les seules possibilités d'interdiction sont de deux ordres: d'abord quand un spectacle trouble l'ordre public, c'est-à-dire provoque des bagarres[59] dans une salle; cela s'est produit quelquefois tant pour des pièces d'extrême-droite que pour les pièces de gauche;—puis quand un spectacle est en infraction avec les conditions de la sécurité,[60] ce qui peut apparaître souvent comme une brimade[61] pour les jeunes troupes, puisque beaucoup d'entre elles n'ont pas les moyens ou ne veulent pas jouer dans des salles équipées normalement, et s'installent dans des lieux improvisés (garages, caves, etc.), où les principes de sécurité ne sont pas absolument respectés. La police peut être évidemment plus tatillonne[62] sur les principes et plus pointilleuse[63] sur les problèmes de sécurité dans certains cas que dans d'autres.

7.   *Comment enseignez-vous le théâtre à vos étudiants?*

A part le problème que nous discutons, qui est l'expression actuelle du théâtre contemporain, il y a celui de l'enseignement du théâtre. Je ne peux vous donner là qu'un point de vue personnel qui est le reflet[64] d'une expérience. Je crois qu'il est extrêmement dangereux dans un enseignement du théâtre de ne s'attacher qu'aux dernières modes[65] contemporaines. Un enseignement du théâtre doit donner une information sur les structures théâtrales récentes, bien entendu, mais aussi sur les formes diverses du

---

[52]**quant à:** en ce qui concerne.   [53]**une atteinte aux mœurs:** une offense à la moralité.   [54]**un assouplissement:** une réduction de rigueur.   [55]**le nu intégral:** une personne tout à fait sans vêtements.   [56]**le cache-sexe:** *G-string.*   [57]**la règle:** l'ordonnance.   [58]"Calcutta" est dérivé de "quel cu' t'as" (quel cul tu as, *what a behind you have*).   [59]**la bagarre:** le tumulte causé par des gens qui se battent.   [60]**la sécurité:** (ici) la protection contre le feu.   [61]**la brimade:** la vexation.   [62]**tatillon:** *fussy, finicky.*   [63]**pointilleux:** sévère (sur les détails); *punctilious.*   [64]**le reflet:** la réflexion, le miroir.   [65]**la mode:** l'usage, la manière de faire (du théâtre).

passé. Donc ce serait, à mon avis, une erreur de consacrer l'enseignement
à l'exposé des derniers succès. Pour ma part, dans la méthode que j'ai
essayé d'introduire auprès de mes étudiants, j'ai proposé plusieurs secteurs
de recherche.

Il y a un premier secteur, qui est historique, ce qui ne veut pas dire   5
pour autant[66] traditionnel, car vous savez que les sciences humaines ont
fait suffisamment de progrès aujourd'hui qu'on puisse aborder[67] sous des
biais[68] nouveaux les problèmes anciens. Nous avons étudié, par exemple,
cette année, le couple du maître et du valet dans le théâtre européen du
seizième jusqu'au dix-huitième siècle, et nous avons trouvé une typologie   10
originale, absolument constante, dont nous avons essayé de dégager[69] la
signification. Une telle méthode conduit à examiner des problèmes de
forme et de structure, mais aussi des problèmes de société, de contenu[70]
culturel d'une société donnée.

Un deuxième secteur, qui est théorique, met le théâtre en rapport   15
avec la sensibilité contemporaine, mais cela à travers de grandes théories
qui sont suffisamment riches pour être significatives. C'est ainsi que nous
avons étudié les conceptions théâtrales d'Antonin Artaud et que nous
passerons l'année prochaine à une recherche sur le statut du personnage
dans le "nouveau théâtre."   20

Quant au troisième secteur, qui est pratique, nous y proposons aux
étudiants une initiation à la mise en scène[71] et aux techniques du comédien,[72] à travers des ateliers dirigés d'une part par un metteur en scène
professionnel et d'autre part par un comédien professionnel. Ces travaux
sont complétés par un apprentissage des méthodes de la critique théâtrale.   25
Je dois dire, bien entendu, que tout cela est encore assez nouveau, et
presque à un stade expérimental. J'espère que cet enseignement va se
développer. Il existe déjà, à Paris, un Institut d'Etudes Théâtrales beaucoup
plus important, qui date d'une quinzaine d'années et qui, lui, essaie
d'autres méthodes et fait des recherches beaucoup plus complètes.   30

Pour le moment, dans mon expérience propre, mon souci[73] n'est pas
de former des spécialistes de théâtre, encore moins des comédiens et des
metteurs en scène professionnels—pour cela il faudrait des moyens importants et il y a du reste[74] des écoles spécialisées—mais de faire en sorte
que les futurs enseignants de littérature française ou étrangère aient une   35
connaissance beaucoup plus directe et plus spécifique du phénomène
théâtral.

---

[66]**pour autant:** à cause de cela, pour cette raison.   [67]**aborder:** commencer à discuter.   [68]**le biais:** la perspective, l'angle.   [69]**dégager:** tirer.   [70]**le contenu:** *content*.   [71]**la mise en scène:** la façon de monter la pièce.   [72]**le comédien:** l'acteur.   [73]**le souci:** la préoccupation, le désir.   [74]**du reste:** d'ailleurs, de plus.

Questions pour la compréhension du texte

1. La situation du théâtre en France est-elle unique?
2. Quel est ce "renversement" des dernières années?
3. Comment se distinguent les jeunes troupes?
4. Qu'est-ce un répertoire?
5. Antonin Artaud qu'a-t-il prévu avant la deuxième guerre mondiale?
6. Décrivez la "rupture."
7. Quel est le rôle du texte dans le nouveau théâtre?
8. Quels sont les auteurs de pièces traditionnelles qu'on mentionne?
9. Quelles sont les nouvelles troupes qu'on mentionne?
10. Qu'est-ce que "le théâtre à l'italienne"?
11. Définissez les "structures théâtrales" et le débat les concernant.
12. Quelles salles est-ce que les jeunes troupes choisissent souvent? Pourquoi?
13. Quel est le rôle du metteur en scène dans l'ancien et le nouveau théâtre?
14. Comment s'impose un groupe d'acteurs?
15. Décrivez une troupe qui s'est imposée.
16. Quel est le sujet de *1789* et de *1793*?
17. Quelle est l'orientation politique du Théâtre du Soleil? Comment le savez-vous?
18. Comment cette troupe essaie-t-elle de convaincre?
19. Qu'est-ce que c'est que la logique du spectacle (et non pas de la pièce)?
20. Comparez les deux secteurs du théâtre et leur clientèle.
21. Comparez leurs méthodes.
22. Qui est Jean Vilar?
23. Qui est Berthold Brecht?
24. Pourquoi certains jeunes disent-ils que le théâtre de texte est mort ou mourant?
25. On dit que le théâtre en marge est politisé indirectement. Quel est ce théâtre? Comment peut-on être politisé "indirectement"?
26. Comment une culture peut-elle devenir "musée" et se composer de "dogmes intangibles"? Qui le pense?
27. Qui est "la gardienne du répertoire"? Expliquez.
28. Quels théâtres perdent leur public?
29. Quel est l'équivalent de Broadway?
30. Quelle est la condition du théâtre dans les pays de l'Est?
31. Y a-t-il une censure du théâtre en France?
32. Qu'est-ce que c'est que l'auto-censure?
33. Depuis quand montre-t-on des nus intégraux?
34. Expliquez les deux raisons d'interdire une pièce.
35. Comment agit la police?
36. L'enseignement du théâtre doit-il se concentrer sur ce qui est à la mode?
37. Quel ancien thème du théâtre les étudiants de l'auteur étudient-ils?
38. Qu'est-ce une typologie? Donnez des exemples.

39. Indiquez ce que M. Abirached comprend par le secteur théorique.
40. Décrivez le secteur pratique.
41. Est-ce que cet enseignement veut former des comédiens? Quel est son but?

Questions à discuter

1. Comparez le théâtre traditionnel (de texte) au théâtre nouveau et engagé et dites quel est son but.

2. Quel est le rôle du comédien? On dit qu'il a "une place tout à fait nouvelle," qu'il est créateur. Qu'en pensez-vous? pour le théâtre classique? moderne? français? américain?

3. Qu'est-ce qu'un théâtre "dû à un écrivain"? à une création collective?

4. Comment peut-on ne plus séparer la scène et la salle?

5. Essayez de lier l'évolution du théâtre à la situation politique et culturelle, à la contre-culture des jeunes. Quelle est l'influence de la société sur le théâtre et vice versa?

6. Décrivez la contre-culture dans ses aspects esthétiques, sexuels, etc. Est-elle politisée? à quel point? Qui s'intéresse davantage à la politique, les personnes âgées ou les jeunes?

7. Comparez le secteur d'Etat au secteur privé. Pourquoi dit-on que le secteur privé "parfois" seulement fait "des spectacles de qualité"? Quelle est la situation aux Etats-Unis? dans votre ville?

8. Si le théâtre traditionnel n'est pas mort mais produit encore beaucoup de spectacles et attire un nombreux public, pourquoi nous parle-t-on d'abord et surtout du théâtre marginal, parallèle, de nouveaux groupes? Quelle est, selon vous, leur importance?

9. On dit que différents styles cohabitent. Est-ce dû au régime démocratique en France? et aux Etats-Unis?

10. Quels sont "les pays de l'Est" et pourquoi la situation y est-elle différente?

11. Que pensez-vous de la censure? La vogue pornographique a-t-elle changé vos idées? Acceptez-vous une censure quelconque? l'auto-censure?

12. Une pièce satirique, *MacBird*, a vivement attaqué le Président Johnson; d'autres exemples sont dans le texte. Ces pièces se sont jouées parfois dans des salles subventionnées par des villes américaines. Qu'en pensez-vous? Serait-ce possible en France?

13. Beaucoup de pièces ont une orientation politique. Sont-elles dangereuses? Comment? En connaissez-vous? de gauche? de droite? du centre?

14. Quelles pièces connaissez-vous qui commentent les relations entre le maître et le valet? Quels autres thèmes constants du théâtre vous viennent à l'esprit?

Propos à défendre ou à contester

1. Le théâtre est un spectacle et non pas une pièce à interpréter.

2. Il faut viser à être en harmonie avec le monde contemporain.

3. Il faut entraîner le public par des images physiques et sonores beaucoup plus que par le raisonnement.

4. La Révolution de 1968 a transformé la société et le théâtre mais le théâtre traditionnel, "de texte," n'est pas mort.

5. Le nouveau théâtre comme la musique pop n'est pas directement politique, mais beaucoup de spectacles dont le propos n'est pas directement politique sont tout de même subversifs.

6. Le jeune théâtre essaie de trouver une esthétique neuve totalement dégagée de l'étude psychologique.

7. Une censure au théâtre populaire est justifiable en France comme en Amérique.

8. La police est plus tatillonne et plus pointilleuse dans certains cas que dans d'autres.

9. Il est extrèmement dangereux dans un enseignement du théâtre de ne s'attacher qu'aux dernières modes.

10. Il faut que les futurs enseignants de littérature aient une connaissance beaucoup plus directe du phénomène théâtral.

THE FRENCHIES

Pour l'histoire des Frenchies, ''groupe parti de l'underground du rock français,''
voir *ROCK & FOLK* n° 85 (février 1974). Illustration reproduite avec
l'autorisation de Philippe Kœchlin.

11

Interview de Philippe KŒCHLIN, rédacteur en chef[1]
de la revue mensuelle Rock & Folk, à Paris.

Rock et Folk

Rock & Folk est la plus importante revue française de musique populaire moderne.
Elle traite de tous les aspects de la musique pop, depuis la chanson traditionnelle et le
jazz jusqu'aux rythmes les plus modernes. Son rédacteur, Philippe Kœchlin, a pris le
temps de nous recevoir chez lui, dans son appartement parisien, pour nous parler de son
entreprise non seulement en commentateur des mouvements actuels, mais en critique
et historien qui analyse et qui peut prendre le recul[2] nécessaire pour faire le point[3] des
questions. Il ne pense pas que les Américains connaissent l'évolution de la musique
française, ses artistes et chanteurs actuels. A nous de lui prouver le contraire. Là, il
veut bien nous aider.

1.   *Vous avez lancé[4] la revue* Rock & Folk *en 1966, pour la substituer à*
Jazz Hot; *pourquoi cette transformation?*

Le jazz remportait de moins en moins de succès auprès du public de
l'époque; le jazz classique avait un public vieillissant,[5] donc se raréfiant,
tandis que le jazz d'avant-garde n'avait pas encore conquis[6] le public qu'il   5
a eu ensuite, en France. Par contre,[7] il y avait un mouvement naissant
autour de la musique pop. On appelle ça encore comme ça, mais on dit
plutôt rock, en France, en parlant des Beatles et de Bob Dylan qui
commençaient, à l'époque, à être sérieusement populaires, qu'on entendait
à la radio et qui commençaient à vendre pas mal[8] de disques.   10

Il y avait, d'autre part, un mouvement d'intérêt qui commençait à
naître pour les nouvelles vedettes[9] du rhythm and blues, comme James
Brown ou Otis Redding, et ça, c'était un public qui n'avait rien à voir[10] avec

---

[1]**le rédacteur en chef:** *editor* (Editions du Kiosque, 14 rue Chaptal, Paris IXe).   [2]**prendre le
recul:** voir dans son ensemble, *to see in perspective.*   [3]**faire le point:** donner un jugement, une
explication significative.   [4]**lancer:** *to launch.*   [5]**vieillir:** devenir plus vieux, plus âgé.   [6]**conquérir**
(p.p. **conquis**): *to conquer.*   [7]**par contre:** au contraire, cependant.   [8]**pas mal:** beaucoup.   [9]**la
vedette:** la célébrité, l'artiste en renom; *star.*   [10]**à voir:** à faire.

le public officiel du jazz. C'était un public neuf et différent également du public de la variété française avec Johnny Hallyday, de ce qu'on appelait en France la vogue du yéyé, c'est-à-dire la vogue du twist. Le public du rhythm and blues était quand même[11] plus amateur de variétés étrangères.

Donc nous avons pensé que tout cela devait permettre la création d'un nouveau journal, dans la mesure où[12] le public du jazz ne voulait plus évoluer,[13] ne pouvait plus évoluer et où le public de *Salut les Copains*[14] était quand même très loin de James Brown et des Beatles. Considérez qu'il y avait une volonté de connaissance plus approfondie que, si vous voulez, celle de la couleur de leurs chemises ou de leur goût culinaire.[15]

2.   *Qu'est-ce qu'on écoutait alors à la radio?*

Sim Copans[16] a commencé ses émissions[17] de jazz en février 1947; à l'époque, il était le seul à programmer le jazz régulièrement sur les ondes[18] de l'ORTF[19] et il a converti au jazz toute une génération qui a maintenant la quarantaine, entre 40 et 50 ans. Il leur a tous fait découvrir le jazz. D'autre part, Sim Copans a été, dès le départ, amateur du folklore américain, du folklore noir et du folklore blanc. Il l'a été bien avant tout le monde, et il a programmé des blues noirs et la chanson blanche américaine, folklorique, bien avant que cela ait eu du succès. Les blues ont seulement été découverts[20] par une partie du public en France aux débuts des années '60, et maintenant, au début des années '70, on assiste[21] à la découverte du folklore blanc américain. Il a fait découvrir les bluesmen comme John Lee Hooker ou Lightnin' Hopkins, des chanteurs comme Woody Guthrie ou même Bob Dylan. Il a souvent passé[22] Bob Dylan dans son émission.

3.   *Peut-on rattacher Elvis Presley, Johnny Cash ou Johnny Hallyday à la tradition du folklore qui les précédait? Le public a-t-il vu le lien[23] ou s'agit-il d'un nouveau public?*

Je crois que l'intérêt du public s'est élargi. Maintenant il y a des amateurs de blues, de folk, de rock, et tout se rejoint[24] plus ou moins. Les Beatles ont fait la synthèse des différents courants. Tout se diversifie également: il y a des gens qui n'aiment que le folk song, il y en a d'autres qui n'aiment que le free jazz,[25] mais il y a certainement aussi un rap-

---

[11]**quand même**: après tout.   [12]**dans la mesure où**: *to the extent that*; (ici) parce que.   [13]**évoluer**: changer (d'avis); *to evolve*.   [14]*Salut les Copains* est un hebdomadaire (*weekly*) destiné aux jeunes.   [15]**le goût culinaire**: ce qu'on aime manger.   [16]**Simon Copans**: professeur américain à Paris, aujourd'hui directeur du Centre d'Etudes Américaines de la State University of New York, 1 place de L'Odéon, Paris Ve.   [17]**une émission**: *broadcast*, un programme à la radio (ou télévision).   [18]**une onde**: *wave* (*length*), *frequency*.   [19]**ORTF**: Office de la Radiodiffusion-Télévision Française.   [20]**découvrir** (p.p. **découvert**): *to discover*.   [21]**assister à**: être présent et observer, *to witness*.   [22]**passer**: (ici) présenter, mettre au programme.   [23]**le lien**: *link*.   [24]**se rejoindre**: se réunir.   [25]**free jazz**: voir l'explication de la section 4.

prochement de ces différents courants, ce qui fait que, maintenant, dans *Rock & Folk*, on a un éventail[26] extrêmement large des genres musicaux dont nous traitons.[27]

Johnny Cash correspond à une certaine clientèle[28] en France, mais il plaît beaucoup aux anciens amateurs du rock and roll d'autrefois, celui d'Elvis Presley si vous voulez, et Presley a été celui qui a réveillé une partie de la jeunesse française. Ce sont de jeunes Français comme Johnny Hallyday, qui est une grande vedette maintenant en France, qui ont contribué à bouleverser[29] la variété traditionnelle française, c'est-à-dire le courant latin, qui est un courant de chansonnettes[30] totalement dénuées[31] de rythme.

4. *Est-ce que vous pouvez donner une définition du free jazz dont vous venez de parler en passant.*

Le free jazz est apparu au début des années '60, avec Ornette Coleman. C'était un refus total de l'ancien jazz, des harmonies tradition- nelles, de la rythmique habituelle, par des jeunes musiciens noirs qui voulaient tout bouleverser et, même politiquement, refusaient une in- fluence blanche. C'était donc un jazz de climat[32] par des jeunes noirs politiquement engagés[33] dans une direction assez extrémiste contre le monde blanc. Ce free jazz connaît depuis quelques temps un certain succès en Europe, notamment en France où un certain nombre de musiciens américains noirs viennent jouer. Ils ne sont pas reconnus comme des vedettes, loin de là, mais ils ont quand même un certain public.

5. *Est-ce aussi une réaction contre la nostalgie qu'on trouve non seule- ment dans les blues mais aussi dans le folklore traditionnel?*

De la part des noirs, oui, certainement. Cela traduit[34] une très grande colère contre tout un état de choses, mais on voit d'un autre côté, que le public français, à la suite du public américain et du public anglais, aime à se retrouver[35] dans les festivals. On assiste à un phénomène maintenant d'une certaine quantité de jeunes qui voudraient échapper au cadre traditionnel et sont heureux de se retrouver à l'occasion d'un festival, d'échapper un peu à tous les carcans,[36] à tout ce que la vie leur impose comme cadre rigoureux. Seulement, les festivals, les grandes réunions des jeunes, ont encore plus de mal[37] à réussir en France qu'en Angleterre ou aux Etats-Unis, parce que les Français sont très individualistes et ont du mal à s'autodiscipliner. Très vite, on assiste à des récupérations[38] diverses

---

[26]**un éventail:** *range* (lit. *fan*).   [27]**traiter de:** discuter.   [28]**la clientèle:** (ici) le public.   [29]**boule- verser:** transformer complètement.   [30]**la chansonnette:** la petite chanson, la chanson sans prétention.   [31]**dénué de:** sans.   [32]C'est-à-dire du milieu spécial, de l'atmosphère particulière. [33]**engagé:** *committed.*   [34]**traduire:** *to translate*; (ici) exprimer.   [35]**se retrouver:** se réunir, se rassembler.   [36]**le carcan:** la contrainte qu'exerce la société.   [37]**avoir du mal à:** avoir de la difficulté à.   [38]**la récupération:** (ici) *effort to take over*; **le récupérateur:** *activist.*

d'ordre politique, c'est-à-dire qu'un parti bien défini voudrait englober[39] tous les jeunes sous sa bannière. On assiste aussi à tous les défoulements[40] des jeunes qui profitent du fait qu'on peut se défouler, chahuter,[41] et cela rend très difficile ce genre de réunion. Les seules qui réussissent actuellement en France, ce sont celles qui ne sont pas très importantes, c'est-à-dire justement les réunions de folk, parce que le folk draine[42] un public qui est plus réduit. Il y a eu près de Montpellier un festival avec 10.000 personnes, qui s'est très bien passé, parce qu'il n'y avait pas de vedettes et parce que les récupérateurs ne sont pas venus créer des perturbations.

6.   *Parlez-vous des perturbations créées, par exemple, par l'appel à l'engagement politique de Joan Baez?*

Oui, cela se ressemble. Joan Baez se rattache à ce courant. Elle est d'ailleurs très populaire en France; seulement les chanteurs français cherchent à adapter cette forme de chanson à la France, à des problèmes typiquement français, ce qui n'est pas facile parce qu'il y a un certain feeling dans toute cette musique qui est typiquement anglo-saxon. Les jeunes Français, quand ils essayent d'en faire, ont du mal à s'évader[43] de la copie pure et simple.

7.   *Quels sont les thèmes politiques qui répondraient aux conditions françaises dans les adaptations de ces chansons?*

C'est finalement très compliqué parce qu'il y a, d'un côté, les amateurs de rock, de folk en France, qui aiment surtout cette musique et sont sensibles aux thèmes américains—des thèmes quand même d'une autre envergure,[44] à l'échelle du pays, à l'échelle de sa population, de la bombe atomique, des thèmes qui concernent quand même le monde entier—il y aurait d'autre part à inventer des thèmes à l'échelle française; cela consisterait, disons, à chanter une chanson contre l'emprisonnement d'un groupe de gauchistes[45] et ça, jusqu'à présent, n'existe pas beaucoup en France.

8.   *Et qu'est-ce qui est arrivé au jazz?*

Il a connu une période de faveur en France peu après l'avènement[46] du jazz moderne, dans les années '40, et puis l'arrivée de Sidney Bechet, qui a été une très grande vedette en France dans les années '50, a créé un très grand triomphe et a vraiment popularisé le jazz. Mais depuis la mort de Bechet, depuis la disparition d'un certain nombre de grandes vedettes du jazz—la musique de Count Basie et de Duke Ellington est très bien mais il faut bien reconnaître qu'ils n'ont pas apporté récemment grand'chose de

---

[39]**englober:** (ici) attirer, *to enroll.*   [40]**le défoulement:** *release.*   [41]**chahuter:** faire du bruit, créer du désordre.   [42]**drainer:** rassembler.   [43]**s'évader:** s'échapper.   [44]**une envergure:** une dimension.   [45]**le gauchiste:** l'anarchiste, le maoïste.   [46]**un avènement:** un début, une origine; *advent.*

neuf—depuis quinze ou vingt ans, on a vu le public du jazz se raréfier et le jazz moderne n'a jamais été lui-même très populaire. Ce n'est pas un jazz que les gens peuvent facilement comprendre.

9.   *Cela explique que le titre de votre revue ne comprend pas le mot "jazz."*

Justement, avant de faire une revue comme *Rock & Folk*, nous avons essayé de faire évoluer la revue *Jazz Hot*. Je me souviens très bien que nous avons lancé une fois un numéro en 1966, dans lequel nous avons mis en couverture James Brown, qui venait de passer à Paris, qui venait de remporter un succès triomphal auprès des jeunes de 17, 18 ans, tout un public que nous ne soupçonnions[47] pas du tout, car ni la radio, ni la télévision, ni aucun journal n'avait parlé de la venue de James Brown. On avait mis en couverture: "James Brown, Rock ou Rhythm and Blues?" la différence étant dans l'esprit des amateurs que le rhythm and blues est fait par les noirs, alors que le rock est fait par les blancs. Et bien, on a vendu beaucoup moins de ce numéro de *Jazz Hot*. Nous avons choqué le public du *Jazz* en mettant James Brown en couverture et ayant l'air de penser qu'il faisait partie du jazz, alors qu'il fait partie du jazz populaire; c'est peut-être très loin de Charlie Parker, mais ça fait partie du même monde.

Alors on s'est dit: "Il n'y a rien à faire. Du moment qu'on a une étiquette,[48] on est victime d'un public qui, peut-être sans le savoir, est sclérosé![49] Comment échapper à la sclérose? Eh bien, on est obligé de fonder autre chose, de s'adresser directement à un public neuf." Vous auriez pu me dire: "Bon, d'accord, vous avez perdu les amateurs de jazz mais vous auriez pu gagner les jeunes amateurs de James Brown!" Eh bien, nous n'avons pas pu, parce que le mot de jazz est devenu, avec le temps, un synonyme d'ennui[50] pour toute une partie du jeune public. Au début, le jazz était une forme de musique spontanée, que les gens aimaient spontanément. A force de le disséquer, du fait aussi qu'il s'est compliqué avec son évolution, le jazz était devenu pour les jeunes un truc[51] vieux, un truc embêtant.[52]

10.   *Quel est le rôle de* Rock & Folk *en France?*

Chose curieuse, on s'est aperçu que *Rock & Folk* n'avait pas d'équivalent dans les autres pays, même en Angleterre qui est pourtant le pays le plus pop en Europe. Il y a en Angleterre une presse d'information musicale assez professionnelle, paraissant tout les huit jours avec beaucoup plus de renseignements que de réflexion.[53] En France, au contraire, il y

---

[47]**soupçonner:** *to suspect.*   [48]**une étiquette:** *label.*   [49]**sclérosé:** rigide, inflexible.   [50]**un ennui:** *boredom, annoyance.*   [51]**un truc:** une affaire, une chose.   [52]**embêtant:** ennuyeux.   [53]**la réflexion:** l'interprétation, l'analyse.

a surtout des journaux mensuels qui recherchent la bonne qualité dans la présentation, de belles photos, et qui cherchent aussi une certaine réflexion. *Rock & Folk* a maintenant des concurrents[54] qui suivent un peu la même route. On prend un sujet et puis on l'approfondit. Quand un groupe musical vient à Paris, on ne se contente pas de faire un bref compte-rendu,[55] on parle de l'évolution du groupe, de sa musique par rapport à telle autre tendance; on réfléchit et on dissecte pas mal. Je crois que cela correspond à un certain tempérament français.

11. *Comment prenez-vous contact avec les nouveaux développements?*

Il y a d'abord la presse étrangère. Les spécialistes français lisent beaucoup les journaux américains et anglais, du moins ceux spécialisés dans ce domaine. D'autre part, il y a les prises de contact avec les groupes et les musiciens quand ils passent en France, ce qui n'est pas toujours facile parce qu'ils sont en tournée,[56] ils arrivent à l'aéroport le matin, ils jouent le soir, ils repartent le lendemain matin très tôt. On essaye quand même, on discute avec eux. Et puis il y a pour nous les voyages, je dois dire beaucoup plus souvent en Angleterre qu'aux Etats-Unis, mais les voyages en Angleterre permettent des prises de contact plus approfondies parce que les groupes américains y font des tournées plus importantes qu'en France. En France, tout est centralisé sur Paris, quelques fois à Lyon, à Marseille, mais en Angleterre on passe dans une vingtaine de villes, on passe plus de temps; nous avons plus de chances de prendre contact avec les musiciens.

12. *Et les autres pays, sont-ils moins vivants?*

Absolument. Une partie du public réagit cependant contre cette obsession de l'Angleterre et des Etats-Unis; nos lecteurs nous reprochent quelques fois de ne pas assez parler des groupes français, et la critique a tendance de tomber dans une espèce de racisme consistant à préférer un mauvais musicien anglais ou américain à un bon musicien français.

Il est certain que les artistes français, qui étaient toujours un peu à la traîne,[57] font des progrès. Pendant longtemps il était vrai que cette musique était avant tout américaine et anglaise et les autres pays d'Europe ne pouvaient que plus ou moins copier. Il y a, en France, en ce moment, des groupes qui commencent à faire une musique intéressante. Notamment, il y en a un qui est très original, c'est Magma. Il fait une musique qui ne s'apparente[58] absolument à rien de ce qu'on peut trouver en Angleterre ou en Amérique, et c'est très bon, avec des caractéristiques qui qualifient cette musique de pop.

---

[54]**le concurrent:** *competitor.*   [55]**le compte-rendu:** (ici) le reportage, la description.   [56]**la tournée:** le voyage entrepris pour faire des concerts.   [57]**à la traîne:** en retard.   [58]**s'apparenter:** ressembler.

Il y a des jeunes en France qui veulent jouer dans cette direction. Il y a l'affrontement[59] de la tendance anglo-saxonne et de la tendance latine.[60] Le grand public français, cependant, c'est le public plus âgé, le public qu'attire la télévision. Il continue à aimer la chanson, même si cette chanson se trouve depuis quelques années influencée par la musique anglo-saxonne. Vous avez des chanteurs de variété en France qui sont populaires comme Joe Dassin[61] qui est actuellement le plus populaire et qui vend le plus de disques. Eh bien, Joe Dassin a beaucoup voyagé aux Etats-Unis, il a beaucoup écouté la musique américaine, il est revenu en France et depuis quelques temps, il écrit des chansons qui sont assez insipides, qui sont faciles à fredonner,[62] à comprendre; l'influence américaine se mêle à la chanson traditionnelle française. C'est le phénomène de récupération[63] au niveau du grand public.

Mais alors au niveau des fanatiques qui aiment la musique nouvelle, il est certain que beaucoup de jeunes aiment maintenant la musique pop, seulement il y a les "purs" qui n'aiment que ça et puis il y a le reste du public qui veut bien écouter une guitare électrique parce que c'est à la mode, mais qui aime aussi écouter une petite chanteuse française, parce que les paroles[64] sont faciles à retenir. On revient toujours à la chanson!

13. *Y a-t-il des groupes français qui font des tournées aux Etats-Unis?*

Je ne crois pas qu'on puisse mentionner beaucoup de noms. On m'a toujours dit que chez les Américains la seule vedette de variété connue, c'est Maurice Chevalier, et je crois que cela n'a pas beaucoup changé. Les vedettes françaises qu'on aime en Amérique, c'est ce qui fait penser au béret et au vin rouge. C'est évidemment beaucoup plus le genre chanson Edith Piaf, que justement la copie d'une musique américaine par des jeunes Français, qui ne peut pas intéresser les Américains, évidemment.

14. *Mais alors Georges Brassens et Jacques Brel?*

Sont-ils vraiment connus aux Etats-Unis à part peut-être d'un petit cercle intellectuel? Ils représentent un courant de la chanson intéressant, parce qu'à la fois c'est un courant typiquement français et beaucoup plus moderne.

15. *Pour vos lecteurs ce sont des noms connus?*

Absolument. On cherche à ne pas tomber dans le purisme et dans le sectarisme[65] intransigeant des amateurs de jazz; on parle de tout dans *Rock & Folk*, des chansons, de Georges Brassens.

---

[59]**un affrontement:** une rivalité.   [60]C'est-à-dire la tendance française.   [61]**Joe Dassin:** fils de Jules Dassin, cinéaste américain qui quitta les Etats-Unis à l'époque de McCarthy.   [62]**fredonner:** *to hum.*   [63]**la récupération:** l'intégration de la nouveauté dans le système de ce qui est accepté.   [64]**les paroles:** le texte, les mots.   [65]**le sectarisme:** l'enthousiasme exclusif pour un parti, un genre.

16. *Vous savez qu'on publie déjà des anthologies de ses chansons, qu'elles sont donc devenues littéraires. Restent-elles vivantes?*

Ça reste vivant mais, vous savez, tout va tellement vite. Regardez les festivals pop. Il y avait un mouvement spontané il y a cinq ans, mais maintenant, depuis Monterey,[66] c'est déjà récupéré;[67] tous les gens qui y   5
vont se disent: "On va essayer d'être 500.000," et déjà rien que cette idée gâche[68] l'idée du festival spontané.

Brassens a commencé en France il y a dix-sept ans. Il a commencé par choquer horriblement. Son premier disque, c'était "Gare au gorille."[69] C'était l'histoire d'un gorille qui violait[70] un juge. Il chantait aussi "La   10
mauvaise herbe"; il chantait "Les braves gens" et "Je finirai pendu." Il était aussi mal vu que Bob Dylan. Je dirais que l'équivalent de Brassens en Amérique, c'est Bob Dylan. Il était aussi mal vu que Bob Dylan au début, et puis le temps passe, tout le monde s'habitue.[71] Au bout d'un certain temps, si l'artiste a du talent, on finit par le reconnaître et puis ça   15
y est; la société récupère tout; les mots cochons[72] deviennent "une délicieuse impertinence."

17. *Quels sont les goûts des jeunes aujourd'hui, parmi les étudiants et à l'extérieur des écoles?*

Autrefois, le jazz était apprécié par les jeunes étudiants et par les   20
lycéens. Le rock and roll est apprécié aussi par les jeunes ouvriers, par les jeunes gens des classes populaires. La pop musique a réuni les différentes classes, et c'est pour cela que, politiquement, il y a des groupes qui cherchent à s'en emparer[73] pour pouvoir dire que la pop musique est trotskiste, anarchiste ou maoïste, selon les opinions. Mais il ne faut pas   25
fermer les yeux; la musique pop est moins écoutée par les étudiants que par les jeunes lycéens. Les étudiants français sont moins réceptifs que les étudiants américains parce que, d'abord, en Amérique, c'est tout de même[74] une musique beaucoup plus implantée, et puis les étudiants français ont été marqués pendant assez longtemps par l'idée du yéyé, par   30
l'idée du twist.

Il y avait, en France, de petites vedettes, qui existent encore d'ailleurs, et qui chantaient sur des rythmes un peu faiblards,[75] de petites mélodies insipides. Cela a connu beaucoup de succès. C'était un premier pas vers un rock and roll plus intéressant, mais beaucoup en sont restés là.   35
Quand on parlait de Bob Dylan à un étudiant, il disait: "Ah, oui, une vedette du yéyé!" Par la suite,[76] cela s'est développé en milieu étudiant,

---

[66]**Monterey:** site du festival pop en Californie en 1967.   [67]**récupéré:** entré dans le système social, accepté par le système.   [68]**gâcher:** *to spoil.*   [69]**gare à ...!:** attention à ... !   [70]**violer:** *to rape.*   [71]**s'habituer:** prendre l'habitude, *to get used to.*   [72]**cochon:** (ici) *dirty.*   [73]**s'emparer (de):** contrôler, saisir le contrôle.   [74]**tout de même:** *after all.*   [75]**faiblard:** assez faible.   [76]**par la suite:** ensuite.

mais ça s'est implanté beaucoup plus en milieu lycéen et c'est toujours très populaire chez les jeunes ouvriers. Le rock and roll est beaucoup plus ancré[77] dans les couches[78] populaires que n'a pu être le jazz.

On a donc des publics assez divers qui se côtoient[79] dans le rock and roll et qui se comprennent peut-être un peu mieux. Dans chacun de ces publics il y a aussi ceux qui aiment ça par snobisme, ou parce qu'ils vont aimer ça pendant un an ou deux avant le service militaire et d'autres qui aiment ça plus en profondeur et qui tendent à politiser la chose. C'est très mélangé.

18.   *Pouvez-vous faire le bilan[80] des perspectives actuelles?*

Il est prétentieux d'émettre des opinions sur les perspectives de la musique dans les années à venir. Des courants assez différents continuent à se côtoyer. Les Beatles ont symbolisé une période de synthèse. Maintenant on va peut-être revenir au courant des blues, au courant folk, d'autre part encore au courant du free jazz, mais je crois que les différents publics vont continuer à se côtoyer, à s'accepter.

Le rock and roll connaîtra peut-être une période étale.[81] Il y a eu les Beatles, il y a eu Jimi Hendrix, il y a eu un certain nombre de gens qui sont arrivés pour ouvrir la voie et puis qui ont disparu: les Beatles parce qu'ils se sont séparés, Jimi Hendrix parce qu'il est mort. Il y aura sans doute des gens avec une nouvelle idée de synthèse, parce que la réussite des Beatles a été assez étonnante.

Ce qu'il y a d'intéressant dans la pop musique, c'est son côté bâtard.[82] La pop musique récupère des choses que d'autres artistes ont trouvé déjà il y a un certain temps. On dit par exemple de Pink Floyd ou des Soft Machine, qu'Edgar Varèse[83] avait déjà trouvé tout ça. C'est possible. Seulement ça restait réservé à une élite, tandis que, quand Pink Floyd s'en sert, c'est une manière de mettre à la sauce du jour[84] une cuisine d'esthète, et d'en faire quelque chose apprécié par un public beaucoup plus large.

C'est une idée à laquelle je crois assez; dans les années à venir on aura toujours cette espèce de récupération, de la part de la pop musique, de trouvailles[85] d'auteurs contemporains qui sont restés ignorés[86] d'un public plus large; on aura cette mise à la portée[87] d'un public beaucoup plus large, de musiques finalement nouvelles parce qu'elles sont elles-mêmes assimilées, assaisonnées[88] avec des ingrédients du jour.

---

[77]**ancré:** *anchored.*   [78]**la couche:** la classe.   [79]**se côtoyer:** se rencontrer, être l'un à côté de l'autre.   [80]**le bilan:** *balance sheet.*   [81]**étale:** *slack,* sans grand mouvement.   [82]**bâtard:** d'origine mixte; *hybrid.*   [83]**Edgar Varèse** (1885–1965): compositeur français naturalisé américain, auteur de musique expérimentale.   [84]**mettre à la sauce du jour:** adapter au goût du grand public.   [85]**la trouvaille:** l'innovation, la découverte, le nouveau.   [86]**ignoré:** inconnu.   [87]**à la portée:** *within the reach.*   [88]**assaisonné:** *seasoned.*

19. *Est-ce que la désintégration des Beatles vous a surpris?*

Ça ne m'a pas surpris. Dans le domaine que je connais, dans celui du jazz, la période créatrice des individus est assez courte. Si vous regardez bien, Louis Armstrong a été à son sommet de 1925 à 1930; après, c'était encore bien, mais ça n'a plus jamais connu les mêmes sommets. On peut appliquer ça à d'autres: Charlie Parker a tout dit entre 1940 et 1945; Duke Ellington a été un peu plus long, mais enfin il a tout dit entre 1930 et 1940. Les Beatles ont tout dit entre 1964 et 1969, ça n'a rien d'étonnant. Les Beatles, c'est bien, j'aime beaucoup, mais je ne suis pas certain que ça restera autant que Louis Armstrong . . . 10

20. *Cela montre l'importante tâche de votre revue qui doit s'apercevoir de ce qui est nouveau avant que cela ait passé.*

Oui, mais cela pose des problèmes au niveau journalistique, parce que, si on est trop en avance, c'est mauvais. Il est dangereux de s'exciter trop tôt sur un artiste et puis, comme on en aura parlé, on en reparlera 15 moins facilement; alors, au moment où cet artiste deviendra populaire, il y aura d'autres journaux qui se mettront à en parler, en retard si vous voulez, mais qui parleront au moment où l'artiste vend le mieux. Il faut bien connaître son public!

Questions pour la compréhension du texte

1. Pourquoi a-t-il fallu transformer *Jazz Hot* en *Rock & Folk?*
2. Quels artistes étrangers ont assuré le succès du rock and roll en France?
3. Quelles étaient les vedettes du rhythm and blues populaires vers 1966?
4. Quel mouvement français rejoint leur succès? Qui en était la vedette?
5. Comment les amateurs de la nouvelle musique se distinguaient-ils des lecteurs de *Jazz Hot* et de *Salut les Copains*? Et quelle est cette volonté de connaissance qui importe plus que la couleur de leurs chemises?
6. Comment Sim Copans, professeur américain, a-t-il pu implanter le jazz à l'ORTF?
7. On parle du succès parallèle des blues et de la chanson folklorique américaine. Quelle différence y a-t-il entre les deux?
8. Qui sont les bluesmen que Sim Copans a révélés au public français et que savez-vous d'eux?
9. Quel est le lien entre Johnny Cash, Elvis Presley et Johnny Hallyday?
10. Décrivez la différence fondamentale entre le jazz classique et le free jazz d'Ornette Coleman. Parlez de l'aspect musical et de l'aspect politique.
11. Que pense le grand public du free jazz?
12. Comment est-ce qu'un festival de musique peut devenir une manifestation politique? Qui en est responsable?

13. Comment ces festivals deviennent-ils le moment de se défouler?

14. A quelles conditions (mentionnez-en au moins trois) est-ce qu'un festival peut se passer bien?

15. Pourquoi est-il difficile d'adapter les chansons qui protestent contre les conditions américaines à des problèmes typiquement français, et qu'est-ce qui en sort d'habitude?

16. Quelle est cette différence d'échelle entre les Etats-Unis et la France?

17. Pourquoi n'y a-t-il pas de chansons qui parlent de l'emprisonnement de gauchistes en France?

18. Quel musicien américain a beaucoup fait pour lancer le jazz en France? Que savez-vous de lui?

19. Que dit-on de Count Basie et de Duke Ellington?

20. Quel public français James Brown a-t-il attiré en 1966 et comment, puisqu'aucun journal n'avait parlé de lui?

21. "James Brown, Rock ou Rhythm and Blues?" Quelle est la différence?

22. Quelle espèce de journal aurait pu parler effectivement de la visite de James Brown?

23. Qui pense que le jazz est sclérosé et embêtant, et pourquoi?

24. Comparez la presse d'information musicale en Angleterre et en France.

25. Comparez les tournées de musiciens en Angleterre et en France.

26. Qu'est-ce que les lecteurs de la revue de M. Kœchlin lui reprochent de temps en temps?

27. De quel "racisme" s'agit-il ici et quel mot pourrait-on lui substituer?

28. Quelle est l'originalité de Magma?

29. Quel public, dit-on, regarde la télévision en France? Est-ce le même qu'aux Etats-Unis?

30. Parlez de Joe Dassin et de son public.

31. Pourquoi aime-t-on les chansons simples, les petites chanteuses?

32. Qui sont Maurice Chevalier et Edith Piaf?

33. Comment est-ce que le rock and roll n'est pas sectaire?

34. Pourquoi dit-on que les festivals pop ne sont plus spontanés? Qu'en pensez-vous?

35. Décrivez l'œuvre de Georges Brassens.

36. Comment la société l'a-t-elle récupéré (avec Bob Dylan)?

37. Qui apprécie le rock and roll en France?

38. Qui essaie d'en faire un mouvement politique et pourquoi?

39. Pourquoi les étudiants français sont-ils moins enthousiastes du rock and roll que les étudiants américains?

40. L'étudiant qui pense que Bob Dylan est une vedette du yéyé, qu'est-ce qu'il ne comprend pas?

41. Quelle est la synthèse des Beatles?

42. Qu'est-ce que Pink Floyd a fait pour la musique d'Edgar Varèse?

43. Montrez comment les artistes restent peu de temps au sommet de leur effort créateur.

44. Pourquoi un journal ne doit-il pas être trop en avance sur son public?

Quelques renseignements utiles

1. *Le jazz classique.*

   Louis Armstrong (1900–1971), trompette, chanteur, chef d'orchestre, Dixieland jazz.

   Count Basie (1904–), piano, chef d'orchestre.

   Sidney Bechet (1890–1959), clarinette à New Orleans, ensuite saxophone soprano à Paris à partir des années '40.

   Duke Ellington (1899–1974), piano, compositeur, chef d'orchestre.

   Charlie Parker (1920–1955) "The Bird," saxophone alto.

2. *Folk, free jazz, soul.*

   Woody Guthrie (1912–1967), chanteur folk qui influença les écoles modernes, Bob Dylan, etc.

   James Brown, chanteur soul, devient célèbre par ses concerts de 1966 à Madison Square Garden et à Paris.

   Ornette Coleman (1930–), saxophone alto, free jazz, musique atonale.

   Jimi Hendrix (1942–1970), guitare, chanteur qui triomphe au festival de Monterey en 1967 où il met le feu à son instrument.

   John Lee Hooker (1915–), chanteur de blues depuis les années '40.

   Lightnin' (Sam) Hopkins (1912–), chanteur de blues, style campagnard, années '50.

   Otis Redding (1941–1967), chanteur, participe à Monterey en 1967; tué dans un accident d'avion; grand succès posthume en 1968.

3. *Rock and roll, chanteurs modernes.*

   Joan Baez (1942–), chante depuis 1966; elle a chanté au festival de Cannes en 1971 mais ses commentaires avant la présentation du film *Sacco et Vanzetti* ont été censurés par l'ORTF; le film parle de Vanzetti, exécuté en 1924 sans que sa culpabilité ait été prouvée.

   The Beatles (Paul McCartney, John Lennon, George Harrison, Ringo Starr), grande période dans les années '60, se sont séparés en 1970; leur style, plus rock que folk, est pourtant la synthèse des deux.

   Bob Dylan (1941–) chanteur, guitariste du rock, auteur de chansons de protestation.

   Pink Floyd, chanteur de rock avec un groupe anglais, influencé par la musique électronique.

   Johnny Hallyday (1943–), chanteur français (d'origine belge) du yéyé et du twist.

Magma, groupe français des années '70.

Elvis Presley (1935–   ), chanteur à partir de 1954, initiateur du rock and roll, qui continue.

Soft Machine, ensemble des années '70, associé au style de Miles Davis.

4. *La chanson française et ses continuateurs.*

Edith Piaf (1915–1963), chanteuse très populaire.

Maurice Chevalier (1888–1972), chanteur de variété, auteur de pièces de théâtre, de poésie, acteur de cinéma.

Georges Brassens (1921–   ), chanteur depuis 1954.

Jacques Brel (1929–   ), chanteur de variété d'origine belge.

Joe Dassin (1940–   ), chanteur. Il a fait des études d'anthropologie à l'université de Michigan; c'est le fils du cinéaste Jules Dassin.

Questions à discuter

1. Notre auteur parle des chansonnettes insipides, de la simplicité sans grande originalité de Joe Dassin, du béret et du vin rouge qui attirent le public plus que la musique nouvelle, mais il admet que le public aime la chanson et y revient constamment. Que pensez-vous de ce genre qui continue la tradition du folklore authentique?

2. L'auteur n'aime ni la culture des masses, ni le système, la société qui assimile ce qui est original pour en faire le produit destiné au grand public. Nous le sentons quand il parle de récupération, de récupérateurs, de ce qui est récupéré. Expliquez si vous êtes d'accord avec lui.

3. L'ORTF est un organisme d'Etat. Les programmes de radio et de télévision sont organisés par l'Etat et doivent avoir son approbation. Ainsi il n'était pas facile d'introduire le jazz à la radio et les programmes sont encore, pour la plupart, conservateurs de façon à attirer un public plutôt âgé. Par contre, le spectateur paye une taxe et les programmes ne sont pas interrompus par la publicité. Comparez ce système à celui que vous connaissez.

4. Que pensez-vous des festivals, de leurs problèmes, de leur étendue, de leurs programmes? Si vous avez participé à un festival, donnez des exemples de votre expérience.

5. Que pensez-vous des thèmes classiques assimilés à la musique pop, qui donne au grand public ce que connaissaient seulement les initiés?

6. Parlez de votre expérience musicale. Jouez-vous d'un instrument? Faites-vous partie d'un ensemble? Avez-vous une collection de disques?

7. Avez-vous des préjugés ou des convictions fixes sur la musique classique ou moderne? Quels programmes musicaux organise-t-on dans votre ville? Est-ce que les artistes importants s'y arrêtent? Sinon, où les retrouvez-vous?

8. "De la musique avant toute chose," dit Verlaine dans *L'Art poétique*. Pour beaucoup de personnes la musique est un besoin, même une philosophie. Expliquez et donnez des exemples.

9. Discutez la musique et la contre-culture des jeunes, la musique pour animer la protestation et comme moyen d'une idéologie.

Propos à défendre ou à contester

1. Le jazz classique a un public vieillissant; il est ennuyeux et embêtant pour les jeunes.

2. Les fanatiques du jazz ne peuvent et ne veulent pas évoluer.

3. L'intérêt du public s'est élargi; il est moins exclusif qu'il ne l'était au temps des fanatiques du jazz.

4. Il y a un jazz de climat de jeunes noirs politiquement engagés dans une direction extrémiste contre le monde blanc; il y a une grande colère contre l'état des choses, contre l'ancienne nostalgie des blues.

5. Le free jazz n'a jamais été populaire; ce n'est pas un jazz que les gens peuvent facilement comprendre.

6. Les festivals pop manifestent le désir des jeunes de se retrouver, d'échapper au cadre traditionnel et rigoureux de la société, d'échapper à tous les carcans que la vie impose.

7. Les Français sont très individualistes et ont du mal à s'autodiscipliner.

8. L'appel à l'engagement politique est important. Joan Baez se rattache à ce courant.

9. On ne se contente pas de faire un bref compte-rendu, on parle de l'évolution du groupe, de sa musique par rapport à telle autre tendance; on réfléchit et on dissecte pas mal. Je crois que cela correspond à un certain tempérament français.

10. Parfois on préfère un mauvais musicien anglais ou américain à un bon musicien français.

11. Chez les Américains, la seule vedette de variété connue, c'est Maurice Chevalier.

12. Les courants assez différents continuent à se côtoyer. On a tendance à s'accepter.

13. On verra toujours cette récupération de trouvailles d'auteurs restés ignorés qui, ainsi, trouvent un public beaucoup plus large.

14. La fin des Beatles n'a pas surpris. Dans ce domaine, la période créatrice est assez courte.

Une démonstration du Para-Club devant la Maison des
Jeunes de l'Harteloire à Brest.

12

Interview de Frédéric BRADOL, animateur[1]
à la Maison des Jeunes de l'Harteloire, à Brest.[2]

Une Maison des Jeunes

Le Secrétariat au Sport et à la Jeunesse fonctionne au niveau ministériel, à Paris. Il encourage les municipalités à fonder des Maisons des Jeunes; il les aide; il organise des stages[3] où on forme le personnel spécialisé de ces maisons. C'est à un de ces stages, à l'Institut National d'Education Populaire à Marly-le-Roi, près de Paris, que nous avons retrouvé M. Bradol pour lui poser des questions concernant son expérience à Brest. Il discutait avec d'autres animateurs, venus d'un peu partout en France. Il est encourageant de voir comment il a pu créer un centre d'activités pour les jeunes et organiser leurs loisirs.[4] Depuis cette époque, le nombre des Maisons des Jeunes a augmenté; il y en a cinq aujourd'hui à Brest et, comme elles ne s'adressent qu'aux jeunes de 15 à 25 ans, on a organisé des centres sociaux pour les enfants et les adultes de plus de 25 ans. Il y a donc des centres d'activité culturelle pour tous!

1. *Quel est le rôle du directeur de la Maison des Jeunes et quel est votre rôle d'animateur?*

Le directeur est surtout chargé de la gestion[5] et administration de la maison. En tant qu'animateur, je suis chargé de tout ce qui est contact avec les jeunes, de tous les programmes. Nous sommes deux à diriger la maison mais pour l'animation, je suis seul.

2. *Quelles sont donc les activités de la maison que vous avez organisées?*

Il faut situer d'abord que son programme n'a qu'un an d'existence, qu'avant elle a marché trois ans sans directeur, ni animateur, ni personne pour s'en occuper. Ce qui fait que, lorsqu'on est arrivé, il y avait un tas d'habitudes qui étaient prises dans la maison et qui étaient regrettables. Ils étaient à peu près trois cents à fréquenter la maison à cette époque-là,

5

10

---

[1]**un animateur:** *program director.* [2]**Brest:** port commercial et militaire en Bretagne avec 160.000 habitants. [3]**le stage:** *workshop,* un cours pratique. [4]**le loisir:** *leisure* (*time activity*). [5]**la gestion:** *management.*

trois cents qui venaient pour boire pas cher, et aussi pour flirter . . . , tout
ce qui n'a rien à voir avec une Maison des Jeunes.

A notre arrivée, un directeur et un animateur, on a tout bouleversé[6]
cet état de fait, ce qui était très mal vu des adhérents.[7] On a tenté de leur
expliquer que ce n'était pas souhaitable dans la maison. Ils ne l'ont pas   5
compris. Alors on a dû faire une rentrée un peu comme une rentrée
scolaire,[8] basée sur la discipline. C'est-à-dire qu'il était interdit de venir à
la maison uniquement pour rencontrer sa petite amie ou pour boire, mais
qu'il fallait un autre but.[9] C'est pourquoi on a fait des activités bien pré-
cises. Les activités, et j'insiste là-dessus, n'étaient qu'un moyen de prendre   10
contact avec les jeunes. Alors, au bout d'une année, on peut faire un
bilan[10] qui serait celui-ci: nous avons actuellement 260 jeunes à la
maison qui participent à nos activités.

3.   *Et quelles sont-elles?*

Ce sont d'une part des activités d'ordre sportif. Nous avons un club   15
d'équitation[11] avec des prix assez intéressants,[12] puisque l'heure de cheval
est à 5 francs, ce qui est une chose pas courante; nous avons de la voile,[13]
qui est aussi à un prix très intéressant, 2 francs l'après-midi complète de
voile; nous avons du tennis qui est pratiqué à 2 francs l'heure, mais alors
là avec des problèmes de locaux.[14] Puis on a des activités d'ordre artistique: 20
la poterie, les émaux,[15] la sérigraphie,[16] la sculpture sur bois. Enfin, des
activités d'ordre plus général: un atelier de photo, qui marche très bien,
qui fonctionne actuellement avec 60 jeunes; une discothèque qui réunit une
trentaine de jeunes, tenue par eux, comme d'ailleurs toutes les activités de
la maison. On tend[17] à ce qu'elles soient toutes gérées[18] par les adhérents.   25

Il y a un budget global[19] de la maison qui, lors des réunions du
Conseil d'Animation, un conseil formé de jeunes, est réparti[20] par
activité. Par exemple, la discothèque prend une partie du budget mais doit
faire bien attention que cette partie qu'elle prend ne greffe[21] pas la partie
des émaux; il y a un équilibre qui est respecté dans toute la maison. Pour   30
les activités d'ordre artistique, les émaux et la poterie, nous demandons la
participation[22] uniquement pour les matériaux: le jeune qui fait de la
poterie, paie la terre, celui qui fait des émaux, paie le cuivre, et tout le
reste est à la charge du budget annuel. Au sein[23] de la discothèque, il y a six
responsables[24] jeunes qui achètent des disques, qui en font le choix, qui   35

---

[6]**bouleverser:** changer complètement.   [7]**un adhérent:** un membre, celui qui fréquente la maison.
[8]**la rentrée scolaire:** le commencement de l'école après les vacances.   [9]**le but:** l'objectif.   [10]**le
bilan:** *balance sheet,* (ici) la conclusion.   [11]**l'équitation:** *riding,* l'art de monter à cheval.
[12]**intéressant:** (ici) bas, favorable.   [13]**la voile:** *sailing.*   [14]**le local:** le lieu, (ici) le court de
tennis.   [15]**un émail:** *enamel.*   [16]**la sérigraphie:** *silk screen.*   [17]**tendre à ce que:** essayer de faire
en sorte que.   [18]**gérer:** diriger.   [19]**global:** total (annuel).   [20]**répartir:** diviser, distribuer.
[21]**greffer:** (ici) absorber; *to infringe upon, take up.*   [22]**la participation:** (ici) la contribution
financière (aux frais), de l'argent.   [23]**au sein de:** à l'intérieur de.   [24]**le responsable:** celui qui
est chargé de diriger l'activité.

s'occupent de l'achat des bandes magnétiques[25] et qui décident du programme culturel de la discothèque. Avec un laboratoire de photo, ils ont fait un montage audio-visuel sur la Maison des Jeunes.

4.   *D'où vient ce budget?*

La plus grande partie des fonds nous vient de la municipalité. Le Secrétariat aux Sports et à la Jeunesse nous donne environ un dixième des fonds sur lesquels la maison tourne. Nous avons de la Jeunesse et des Sports un encouragement moral à continuer notre action mais c'est au niveau de la municipalité que se place la formation du budget.

5.   *Est-ce que le Secrétariat aux Sports et à la Jeunesse vous aide à établir votre programme?*

Oui, de ce côté il y a une chose très intéressante. Les jeunes ont la possibilité, par l'intermédiaire de la maison, lorsqu'ils sont inscrits dans une de ses activités, de participer à un stage organisé par Jeunesse et Sports, et payé en grande partie par l'Etat; la partie qui reste est payée par la maison, ce qui fait que le jeune peut partir en stage photo gratuitement. A la suite de ce stage, il prend une responsabilité effective[26] dans l'activité. Un jeune qui revient d'un stage d'initiation à la photographie, par exemple, initie d'autres jeunes. Sur les 260 adhérents, l'année dernière, environ 18 jeunes sont partis en stage dans différents ordres: un stage photo, un stage d'émaux, un stage de poterie, etc.

6.   *Supposons que le jeune spécialiste revient chez vous. Comment vous prenez-vous pour organiser son activité?*

Le problème est comment engager un groupe à se servir d'un atelier, par exemple, à acheter le matériel et à faire de la peinture. Après tout, il s'agit[27] d'engager à cette activité des personnes qui restent entièrement volontaires et qu'on ne peut pas forcer à participer ou à agir.

Là, je parlerai surtout de la discothèque, pour illustrer ce procédé que nous avons pour amener un groupe à faire quelque chose. Au début de l'année, j'ai demandé aux jeunes—il y avait dans la cafétéria un tourne-disque de très mauvaise qualité—s'ils ne souhaitaient pas écouter de la musique dans de meilleures conditions. La réponse a été, bien sûr, positive. Alors j'ai présenté ce qu'était un matériel de qualité, c'est-à-dire une chaîne stéréophonique.[28] Je me suis aperçu, et ça m'a fait énormément plaisir, que très peu des jeunes connaissaient ce qu'était une chaîne. Pour eux, les termes de *tuner*, d'*amplificateur*, de *baffle*, étaient des termes inconnus. Donc, déjà là, nous avions un impact pédagogique. On apprenait aux jeunes quelque chose de nouveau qu'ils ne connaissaient pas. Il y a eu un emballement[29] immédiat.

---

[25]**la bande magnétique:** *recording tape.*   [26]**effectif:** *real, actual.*   [27]**il s'agit de:** il est question de.   [28]**une chaîne stéréophonique:** *stereo system.*   [29]**un emballement:** un grand enthousiasme.

Alors je leur ai demandé: "Qui veut prendre la responsabilité de monter[30] cette discothèque?" Le jeune agit spontanément quand on lui présente une nouvelle chose; il a envie d'aller au delà.[31] Ils ont donc été d'accord pour étudier le matériel. Nous avons donc été avec les jeunes dans le magasin choisir le matériel; nous avons discuté, puisque j'avais des connaissances dans ce domaine; nous en avons proposé le budget; il a été accepté. Donc, nous avons un magnétophone,[32] une chaîne de haute fidélité. Ce matériel nous a permis de lancer[33] une discothèque.

A l'issue[34] cinq jeunes se sont présentés pour être responsables; cela veut dire qu'ils étaient disponibles[35] aux autres jeunes de la maison pour passer[36] les disques demandés à la discothèque. Ça n'a pas été sans poser énormément de problèmes et au cours de l'année, cette discothèque a été souvent remise en question, et surtout le rôle des responsables. Nous avons organisé pour eux un stage par les élèves-ingénieurs de la ville de Brest. Des élèves qui sont en dernière année de l'Ecole des Ingénieurs sont venus faire un stage d'initiation technique et théorique du matériel acheté. Ils ont expliqué ce qu'était un amplificateur, en essayant de faire que cette théorie soit accessible à tous les jeunes de la maison. C'est à l'issue de cette réunion, où il y avait vingt jeunes, que cinq se sont engagés pour être responsables du matériel.

Les disques restaient à la discothèque. On n'avait pas le droit de les sortir. Nous avons proposé aux groupes, nous leur avons demandé: "Qu'est-ce que nous allons faire de tout ce matériel, de tous ces disques?" et nous les avons tout doucement orientés sur le montage de soirées. Alors ils ont organisé une soirée de chansons françaises, avec des chanteurs assez connus, sur disques; une autre soirée, ils ont fait des enregistrements sur magnétophone et ils ont fait eux-mêmes les commentaires; ils ont organisé des soirées "pop-music," des soirées de musique classique, etc.

7.   *Est-ce que vous attirez aussi un public plus large?*

Nous avons toute une série de spectacles au cours de l'année, et à ces spectacles sont invités non seulement les adhérents de la maison, mais aussi les gens de la ville. Ils sont ouverts à tout public. Lors de[37] la présentation, en général à l'entracte,[38] nous présentons la Maison des Jeunes et toutes ses activités. Il se trouve que, très souvent, des parents ou des jeunes viennent nous trouver après ces réunions pour nous dire: "Ah, je ne connaissais pas la Maison des Jeunes sous cet angle-là; j'aimerais savoir ce que je peux faire, où je peux m'inscrire, comment, et quel est le prix de l'adhésion à la maison?" Je n'ai pas encore parlé du prix d'adhésion: la carte d'adhérent est de 10 francs par an, 4 francs de cotisation[39] effective

---

[30]**monter:** (ici) organiser.   [31]**au delà:** plus loin.   [32]**le magnétophone:** *tape recorder.*   [33]**lancer:** *to launch.*   [34]**à l'issue:** à la fin (de ceci).   [35]**disponible:** *available.*   [36]**passer:** jouer, présenter. [37]**lors de:** à l'occasion de.   [38]**un entracte:** *intermission.*   [39]**la cotisation:** *membership fee.*

et 6 francs d'assurances. Si un jeune tombe d'un escalier, par exemple, ou s'il se casse le bras, l'assurance rembourse les frais d'hôpital.

8. *Vous avez dit que toutes ces activités ne sont qu'une façon d'établir le rapport avec les jeunes. Comment arrivez-vous à les toucher?*

Par le contact purement humain, par le dialogue, surtout dans ce lieu qu'on appelle la cafétéria où les gens se réunissent autour d'un pot.[40] Il y a là énormément de jeunes qui n'ont pas d'activité précise. Alors nous discutons sur les besoins qu'ils ont, ce qu'ils veulent voir réaliser dans la maison, et alors nous essayons de mettre en place une activité qui puisse réunir plusieurs jeunes. Si c'est le vœu d'une seule personne, on ne peut évidemment pas le satisfaire, mais si c'est le vœu d'un groupe qui demande une activité précise, on peut l'aider à la réaliser. C'est d'ailleurs là le rôle de l'animateur, d'aider un groupe de jeunes à réaliser quelque chose.

Mais cette activité n'est que le moyen de parvenir à une meilleure connaissance de l'individu, et à ce que cet individu se place mieux dans la société actuelle. Nous nous sommes aperçus que certains jeunes ont beaucoup changé de point de vue psychologique. Leur comportement s'est transformé au sein de la maison. Du fait d'avoir pris, par exemple, la responsabilité de la discothèque, le jeune acquiert[41] de l'assurance et se place différemment dans son milieu de vie.

9. *Même s'il vient pour échanger des timbres?*

Le fait d'échanger des timbres peut aboutir à des échanges avec l'étranger, à avoir des correspondants étrangers, mais bien sûr le fait d'échanger des timbres en lui-même n'a pas grande valeur. Il y a, cependant, plusieurs temps dans l'évolution vers la responsabilité dans une Maison des Jeunes. Il y a un temps qui est d'observation, surtout pour les gens timides, et ensuite il y a un temps où l'on prend un pinceau,[42] par exemple, pour peindre, et c'est quand même important, car c'est de là que naît l'échange. Cela veut dire qu'on ne fait pas que prendre un pinceau, mais on peint avec une collectivité, et le fait de peindre à côté de quelqu'un fait mieux découvrir ce quelqu'un. Je crois énormément au pouvoir[43] de la matière pour réunir les gens. Autour d'une poterie on déborde[44] l'importance de la terre elle-même et on aboutit aux échanges humains.

Questions pour la compréhension du texte

1. Qu'est-ce que c'est qu'un animateur et que fait le directeur d'une Maison des Jeunes?

---

[40]**le pot:** (mot populaire), le verre (de vin, de bière).   [41]**acquérir:** *to acquire.*   [42]**le pinceau:** l'outil du peintre; *paint brush.*   [43]**le pouvoir:** la capacité, *power.*   [44]**déborder:** dépasser, aller au delà de.

2. Comment marchait la maison avant l'arrivée de M. Bradol? Pourquoi?

3. Quand il a proposé des réformes, comment et pourquoi les adhérents se sont-ils mis d'accord?

4. Comment a-t-il imposé une nouvelle discipline?

5. Quel est le but de toute activité de la maison?

6. A l'époque de l'interview (1971), le franc valait environ 20 cents. Que pensez-vous des prix de la maison?

7. Faites la liste de toutes les activités de la maison.

8. Qui fait partie du Conseil d'Administration?

9. Qui répartit le budget? Qui décide comment il faut dépenser l'argent de chaque catégorie?

10. Que fait la discothèque avec son argent?

11. Définissez le rôle des "responsables."

12. D'où vient l'argent de la maison?

13. Qu'est-ce que c'est que le Sécrétariat aux Sports et à la Jeunesse? Que fait-il pour la maison?

14. Qu'est-ce que c'est qu'un stage? Qui en organise?

15. Combien de jeunes de Brest sont partis dans des stages d'initiation?

16. Est-ce que les responsables sont payés?

17. Comment a-t-on trouvé les responsables de la discothèque?

18. Comment est-ce qu'on les a formés?

19. Combien de jeunes ont assisté au stage d'initiation et combien sont devenus des responsables?

20. Comment les responsables ont-ils rendu la discothèque plus utile?

21. Qui assiste aux spectacles de la Maison des Jeunes?

22. Qu'est-ce qu'on fait pendant les entractes?

23. Quel est le résultat de ces annonces?

24. Qu'est-ce qui coûte davantage, les assurances ou la cotisation? Pourquoi les assurances sont-elles si importantes?

25. Que fait-on dans la cafétéria?

26. Comment se forment les nouvelles activités?

27. Quel est le rôle essentiel de l'animateur?

28. Comment la maison peut-elle changer le comportement de ses adhérents?

29. Quels sont les deux "temps" dans l'évolution vers la responsabilité?

30. Que peut produire une activité comme la peinture ou la poterie?

Questions à discuter

1. Il s'agit ici de jeunes adultes qui ne sont pas universitaires. Quelles activités organise-t-on chez vous pour mieux utiliser les loisirs de ce genre de groupe?

2. Quelles parallèles voyez-vous entre les activités de la Maison des Jeunes et le grand problème de l'éducation permanente (*continuing education*)?

3. Comment justifiez-vous l'emploi de fonds publics, municipaux et autres, pour (a) former des animateurs, (b) former des responsables de différentes activités, (c) payer une partie des frais, ou tous les frais du programme?

4. Pourquoi une Maison des Jeunes est-elle plus utile aujourd'hui qu'elle n'aurait été il y a cent ans? Répondez en mettant en valeur les besoins de notre société urbaine et industrielle.

5. Décrivez les centres culturels de votre ville.

6. Décrivez les activités sportives et artistiques de votre ville.

7. Y a-t-il des centres pour les jeunes qui ne sont pas universitaires? Pourquoi des jeunes non-universitaires ont-ils besoin qu'on organise des activités? Etes-vous prêt à travailler avec eux?

8. Si vous organisiez un tel centre dans votre ville, dites (a) qui devrait en soutenir les frais, (b) quel programme il faudrait, (c) que ferait l'animateur et qui il serait, (d) ce que vous y feriez vous-même.

9. Ce que dit M. Bradol du besoin de communication et de travail en communauté, comment est-ce que cela s'applique à votre situation actuelle? à vos travaux? à vos cours?

Propos à défendre ou à contester

1. Il est essentiel de mieux remplir les loisirs.

2. Les activités ne sont qu'un moyen de prendre contact.

3. Il faut organiser des stages pour former les responsables qui initieront leurs camarades.

4. Même si on dispose de fonds publics, il faut des volontaires pour organiser les activités.

5. Il faut convaincre le grand public de l'importance des programmes culturels, du théâtre par exemple.

6. On touche les jeunes par le contact purement humain.

7. L'animateur n'organise pas lui-même les activités, il aide les groupes de jeunes à réaliser quelque chose.

8. La responsabilité transforme le comportement.

9. Je crois énormément au pouvoir de la matière pour réunir les gens.

IV

LES RÉGIONS

La récolte du blé. French Embassy Press & Information Division.

13

Interview d'Ephraïm GRENADOU, propriétaire d'une
grande ferme à Saint-Loup, près de Chartres,
en Beauce.[1]

Une campagne se transforme

Ephraïm Grenadou connaît son monde ; il comprend ses voisins, ses ouvriers. Les transformations de la vie rurale ne l'ont jamais arrêté. Il a connu deux guerres ; il a su s'adapter, recommencer quand il le fallait. Il est devenu célèbre par l'excellent reportage d'Alain Prévost, *Grenadou, paysan français* (Paris : Le Seuil, 1966), un de ces Parisiens qui, comme Grenadou nous le dit, ont acheté et rénové d'anciennes maisons qui ne servaient plus. Le livre d'Alain Prévost raconte l'histoire du personnage ; nous lui posons des questions sur l'actualité ; les deux aspects se complémentent. On vient souvent le voir. Le *National Geographic* (décembre 1969) lui a parlé et a pris de belles photos. Il ne s'est donc pas étonné de notre visite. Il nous a reçus volontiers, venant nous chercher en gare de Chartres ; il nous a montré sa maison traditionnelle et simple, sa ferme moderne. Le progrès ne lui a rien fait perdre de son humanité.

1. *Fils d'un simple ouvrier agricole et né en 1897, comment êtes-vous arrivé à créer cette grande ferme ?*

J'ai débuté avec 9 hectares ;[2] des amis, qui quittaient la culture[3] parce qu'ils étaient vieux, me louaient leurs petites fermes, en 1919, et par la suite j'ai acheté une dizaine de fermes et de champs. Je suis arrivé à 170   5
hectares, mais vous savez, c'est venu naturellement, des terres qui appartenaient à des amis . . .

2. *Et ça a bien changé, n'est-ce pas ?*

Je n'étais pas encore cultivateur, car j'étais gamin[4] en 1910 ; dans la commune il y avait 2.000 moutons comme dans toutes les communes de   10
Beauce, puis 200 ou 300 vaches. En ce qui concerne l'élevage[5] des poules, chaque ferme avait une ou deux centaines de poules. Tout ça a disparu

---

[1]**la Beauce:** les plaines fertiles à l'ouest et au sud-ouest de Paris, au delà de Rambouillet, entre Etampes, Chartres et Chateaudun, s'étendant jusqu'à la forêt d'Orléans.   [2]Un hectare = 2.47 *acres.*   [3]**la culture:** l'agriculture, l'exploitation des champs par le cultivateur.   [4]**le gamin:** le petit garçon.   [5]**l'élevage:** *raising (of animals).*

parce que, après la dernière guerre, la main-d'œuvre a manqué, parce
qu'il y a pas mal de gars[6] qui ont tourné dans l'industrie. La culture, ça
payait à peine.[7] Alors on avait du mal à trouver du personnel. Et puis
après, la politique a trouvé qu'il y avait trop de lait, qu'en Ile de France[8] il
y avait des montagnes de beurre, et on a excité tout le monde à abandonner   5
les animaux. Comme la Beauce était un pays céréalier et que l'élevage ne
payait pas, c'était vite abandonné. Maintenant, sur les fermes de 200
hectares, il n'y a plus que deux animaux, un chien pour la chasse du
patron et un chat pour que la patronne le chérisse, le caresse, c'est tout.
Dans ces fermes, vous ne trouverez pas un œuf, pas un lapin, rien, rien.   10

3.   *Et alors qu'est-ce que vous allez chasser?*

Le perdreau, le lièvre.[9] Bien sûr, il y en a moins qu'il y en avait,
parce que les grandes surfaces[10] les gênent, les grands outils les détruisent.
Avant, on arrivait à avoir du beau gibier,[11] même quelques faisans.[12] Pour
avoir du gibier maintenant, il faut l'aider à se propager. Tout seul il aura du   15
mal, parce que ce n'est plus les mêmes cultures, que maintenant on fait des
céréales. On ne fait plus de fourrages[13] et, avant, le perdreau se faisait des
nids dans le fourrage, dans la luzerne.[14] Maintenant, dans le maïs, le blé et
l'orge[15] il ne trouve rien. Alors on l'élève, et pour les faisans, il y a un champ
à part, couvert et entouré de filets. On les met là-dedans et après, en hiver,   20
on les lâche[16] et on les chasse. Autrement il n'y en a pas assez.

4.   *Votre maïs, c'est une culture toute nouvelle!*

C'est après la guerre qu'on a débuté à faire du maïs qui est venu
d'Amérique et qu'on vend surtout aux fabricants de matières plastiques.
Sur 100 hectares, il y en a 30 de maïs, 30 de blé, 30 d'orge, presque rien   25
pour les bêtes, et les bêtes de la ferme faisaient du fumier,[17] tandis que,
maintenant, on est forcé de mettre de l'engrais[18] industriel. On industria-
lise tout.

5.   *Et cela change la condition de vos ouvriers?*

Oui, je travaille toujours avec mes gars, mais avec les chevaux—je   30
parle de 1930, de 1940—j'avais une quinzaine d'ouvriers: j'avais un berger,[19] un vacher, une dizaine de chevaux parce qu'il n'y avait pas de trac-

---

[6]**pas mal de gars:** *quite a few fellows.*   [7]**à peine:** *hardly.*   [8]**Ile de France:** la région autour de
Paris.   [9]**le perdreau:** *partridge*; **le lièvre:** *hare.*   [10]**la grande surface:** le centre commercial ou
industriel.   [11]**le gibier:** les animaux qu'on chasse.   [12]**le faisan:** *pheasant.*   [13]**le fourrage:** la
nourriture des animaux; *fodder, forage.*   [14]**la luzerne:** *lucerne grass, alfalfa (grown for hay).*
[15]**l'orge:** *barley.*   [16]**lâcher:** mettre en liberté.   [17]**le fumier:** *manure.*   [18]**un engrais:** *fertilizer.*
[19]**le berger:** celui qui garde les moutons.

teurs, ou très peu. Mon premier tracteur, je l'avais acheté en 1926, un Forson qui m'a coûté 6.000 balles[20] et deux cautions,[21] mais c'était pour aider mes chevaux, parce que, vous savez, c'était dur; on ne pouvait pas travailler comme on voulait, comme maintenant avec la mécanique. Maintenant, les tracteurs ont supprimé[22] les chevaux, et la plupart de mes gars sont partis. Les trois qui restent montent sur les tracteurs, mais il ne veulent plus s'occuper de chevaux.

6. *Leur semaine de travail dure combien?*

La semaine de l'ouvrier, ça dure 5 jours par semaine. Dans le temps, quand j'étais jeune, on travaillait jusqu'à dimanche à midi. On avait donc une demi-journée libre; après, on a eu la journée complète et puis, maintenant, samedi et dimanche; et puis ils ont un mois de vacances. En attendant la moisson il n'y a plus rien à faire, alors ils vont à la mer, et puis, en hiver, ils vont faire du ski. Ils ont plus d'avantages que les jeunes qui travaillent en usine et ils sont mieux payés qu'à l'usine.

7. *Qu'à l'usine?*

Oui monsieur, parce que, vous voyez, j'engage les gens à 500 francs de l'heure;[23] je paie les heures supplémentaires; je les loge. L'ouvrier a une maison avec une cuisine, un garage, un vestibule et une salle à manger, une salle d'eau,[24] puis un jardin, tout ce qu'il faut, et je la loue 4.000 francs anciens par mois; ce n'est pas beaucoup.

Non, vous voyez, ce qui nous a fait avoir moins d'ouvriers et les payer plus cher, c'est le matériel; c'est le matériel qui paie pour nous, les tracteurs; il y en a deux qui sont italiens [Someca] et un allemand [Deutz]; la chenille[25] [Fiat 160 CV] c'est pour quand le terrain est humide et les roues s'enfoncent.[26] Alors songez,[27] en hiver, quand le temps est humide, ça tourne et ça sème en même temps. Il y a une machine pour ramasser la paille qui fait des ballots[28] de 25 kg avec de la ficelle, une machine New Holland, anglaise, qui presse la paille et l'emballe et une grande machine Someca à quatre roues, qui la charge[29] avec un débit[30] de 60 à 80 quintaux[31] à l'heure; c'est 100 kg environ, ça dépend du grain qu'on coupe, qui tombent dans la voiture. Un autre appareil souffle de l'air sous le blé entassé[32] dans la grange. Il change l'air sans y toucher pour

---

[20]**balles:** *smackers*, c'est-à-dire francs.   [21]**la caution:** la garantie.   [22]**supprimer:** éliminer. [23]Cent (anciens) francs égalent un nouveau franc, qui vaut 20 *cents* en 1971; l'ouvrier agricole travaille huit heures pour louer sa maison un mois.   [24]**la salle d'eau:** la salle de bains mais sans baignoire, avec douche.   [25]**la chenille:** *caterpillar tractor.*   [26]**s'enfoncer:** *to sink in, get stuck.*   [27]**songer:** penser.   [28]**faire des ballots:** *to bale*, emballer.   [29]**charger:** *to load.*   [30]**le débit:** *output, rate.*   [31]**le quintal:** *quintal, hundredweight.*   [32]**entasser:** mettre dans un tas.

l'empêcher de prendre un mauvais goût. Et puis il y a la batteuse[33] pour battre le maïs à la mi-juin. Le maïs, il passe tout l'hiver dans les cribs[34] où il arrive tout mouillé, mais au mois de mai, juin, il a pris de l'air dans les cribs, il est tombé de 30 à 12 pour cent d'humidité, et on le bat alors avec la batteuse, 300 à 400 quintaux par jour; ça aboutit dans la remorque,[35] une grande remorque à deux roues. Enfin il y a tous les outils pour creuser[36] et retourner la terre, qui marchent aussi avec un tracteur. Il y en a un qui travaille la terre à 40 cm de profondeur... Quand on a fini le boulot,[37] il faut se faire mécanicien pour réparer le matériel.

8.   *Et qui sont vos ouvriers?*

Il y a Marius, un beau-frère, qui a commencé à travailler ici à 6 ans et qui a maintenant 56 ans, et puis il y a Jojo, un Parisien. C'était un petit-cousin de loin. Son père l'avait mis boulanger; ça ne lui a pas plu et il est venu à Saint-Loup et il est toujours là; maintenant il a 33 ans... En cette saison, au mois de juillet, les champs sont ensemencés,[38] il n'y a plus qu'à attendre la moisson. C'est pour ça que le personnel est en vacances, mais le patron, il est là tout le temps.

9.   *Qui continuera votre travail?*

Il y a mon petit-fils qui a fait l'Ecole d'Agriculture, mais là, on ne leur montre pas la pratique; il a appris chez son père. Ma deuxième fille a épousé un cultivateur; les autres enfants ont quitté la ferme; une de mes filles est professeur à Dreux[39] de sciences économiques. Alors c'est au petit-fils que j'ai donné 50 hectares pour le lancer.[40] Il faut que je vous explique. Quand il sortait de l'Ecole d'Agriculture, il n'avait pas d'argent, et pour acheter une ferme, il faut 500.000 francs l'hectare, et alors il ne voulait pas emprunter trop d'argent parce que, pour emprunter ça va, mais pour le rendre? C'est plus dur! Alors, puisque l'argent va le gêner, je lui ai donné 50 hectares gratuitement et avec l'argent qu'il va gagner, il va me payer les autres hectares, parce que j'ai d'autres petits-enfants. Je ne peux pas donner tout au même. Il va donc acheter ces 170 hectares qui sont à moi, car son père, qui en a 150, il a 43 ans, il est trop jeune pour donner des terrains à son fils.

Les terrains, ça vaut cher. Un jeune qui sort de l'école, il peut devenir directeur d'une coopérative, mais si son père n'a pas de ferme ou de terrains héréditaires, il ne pourra jamais se tirer d'affaire[41] parce qu'il faut trop de capitaux; et puis il faut un père qui lui montre la pratique. Voyez-vous, si un patron ne peut pas faire le travail, il ne peut pas com-

---

[33]**la batteuse:** *threshing machine.*   [34]**le crib:** *drying rack.*   [35]**la remorque:** *trailer.*   [36]**creuser:** faire des trous, *to dig.*   [37]**le boulot:** le travail.   [38]**ensemencé:** semé, quand on a semé.   [39]**Dreux:** ville à 40 km au nord de Chartres.   [40]**lancer:** (ici) faire commencer sa carrière.   [41]**se tirer d'affaire:** sortir d'une difficulté, progresser.

mander aux autres, parce qu'il faut qu'il montre à son ouvrier comment faire.

10.   *Mais est-ce qu'on trouve des ouvriers?*

Ah si, on peut en trouver, des conducteurs de tracteur, par exemple, mais vous ne trouverez pas un berger, pas un vacher.   5

11.   *Et les enfants du fermier, que font-ils?*

Dans une famille où il y a trois ou quatre enfants, ils ne peuvent pas rester. Il faut se mettre fonctionnaire,[42] ou quelque chose de pareil. Pour mettre tous les quatre dans une ferme, il faut trouver d'autres terrains à des prix catastrophiques. Il faut que les enfants deviennent commerçants,   10
bouchers, charcutiers,[43] ou qu'ils aillent enseigner comme ma fille aînée.[44]

12.   *Quand vous étiez jeune, un terrain nourrissait beaucoup plus de personnes, c'est certain.*

Et oui, c'est-à-dire nous, on était moins exigeants. On n'avait pas d'automobiles, on vivait chez les parents, il y avait des légumes qu'on   15
mangeait. S'il y avait des cochons, on mangeait les cochons, ou les poulets. Nous, on n'avait pas besoin de beaucoup d'argent, juste pour s'habiller, et on ne s'habillait pas comme maintenant. Avec une petite ferme on était même riche; il n'y avait pas le train de vie[45] comme il y a maintenant.

Lorsqu'il y avait des pommiers,[46] on récoltait la boisson[47] en plus.   20
On récoltait le pain, parce qu'on faisait du pain et le four[48] était là, dans toutes les maisons. Il n'y en a plus maintenant. On n'avait pas besoin de beaucoup d'argent comme aujourd'hui. Si on a trois ou quatre enfants, on ne peut pas les garder, il faut qu'ils soient commerçants ou fonctionnaires. Ce n'était pas mal, le commerce, dans le temps,[49] les bouchers, les   25
charcutiers. C'est moins bien maintenant, le grand marché a détruit le petit. Dans la commune de Saint-Loup, il y avait 300 vaches; maintenant il n'y a plus assez de lait pour les Parisiens qui viennent s'installer dans le pays.

13.   *Que pensez-vous de ces Parisiens?*   30

Ecoutez, les Parisiens ont été utiles, parce qu'ils ont restauré les vieilles maisons qui tombaient en ruine parce que personne ne pouvait les acheter. Moi, quand j'ai loué et acheté des terres, la maison ne m'intéressait pas; les propriétaires l'ont gardée, puis ils l'ont vendue à des particuliers,[50] à des Parisiens.   35

---

[42]**le fonctionnaire:** l'employé de l'Etat, *civil servant.*   [43]**le charcutier:** *pork butcher.*   [44]**aîné:** le plus âgé.   [45]**le train de vie:** la façon de vivre.   [46]**le pommier:** l'arbre qui porte des pommes.   [47]**la boisson:** ce qu'on boit.   [48]**le four:** *oven.*   [49]**dans le temps:** il y a longtemps, autrefois.   [50]**le particulier:** le propriétaire (individuel).

Les Parisiens sont tous un peu nomades. Ils viennent passer la fin de semaine. Ils arrivent avec tout ce dont ils ont besoin. Ils ont apporté ça de Paris, des grands magasins;[51] ils ne font pas de commerce ici dans le pays. Ils arrivent le vendredi soir et le samedi ils restent avec des amis; le dimanche ils rentrent chez eux. Ils sont séparés, pas liés.[52] C'est très amusant, ce sont de bonnes gens, mais on n'était pas à l'école ensemble.   5

14. *C'est dire qu'il vous reste peu d'amis autour de vous?*

Depuis ma jeunesse, le pays a changé cent pour cent. Dans le temps, on n'avait pas encore de moyens de locomotion, on restait chez soi, on causait[53] à la porte, on jouait aux cartes à la maison ou au bistrot,[54] on se   10
parlait entre amis. Aujourd'hui on s'intéresse moins aux voisins, on va se promener plus loin; chacun a sa voiture. On prend sa voiture tous les dimanches et on va voir ses enfants, on va voir ses amis. Cela fait qu'on ne se cause pas beaucoup à Saint-Loup, et puis il y a encore la télévision. Avant, il n'y en avait qu'un ou deux appareils. Cela faisait encore un lieu de   15
rassemblement, mais maintenant c'est tout le monde, c'est-à-dire que tout le monde a la télévision chez soi.

Quand j'étais jeune, en plus, il y avait quatre bistrots, et puis ça a diminué tout doucement. Il y en a eu deux, puis un, et puis il n'y en a plus. Dans ce temps-là, on y passait entre amis, on se voyait, on se causait. Ce   20
n'était pas histoire de dames. On causait de politique; ça faisait un féroce argument, de petites discussions syndicales.[55] Maintenant on ne peut plus se rassembler. Pour jouer aux cartes, je prends la voiture, je vais à Chartres!

Voyez, on arrive à un pays où on apprend la mort des gens sans   25
savoir qu'ils étaient malades. On voit passer le médecin; on ne sait pas où il va. Quand j'étais jeune, vous voyez, tout le monde allait à l'eau, avec un seau;[56] toutes les femmes allaient à la fontaine. Alors, en tirant l'eau, elles causaient. Entre les filles, il y avait une camaraderie. Maintenant, l'eau étant à la maison, tout cela a disparu, et puis on ne va pas beaucoup à la   30
messe.[57] En Bretagne, si, cela fait encore un petit rassemblement, après, au bistrot, mais en Beauce, la messe, c'est toujours la même. On a perdu cent pour cent l'amitié de son voisin!

Dans le temps, je passais avec mes chevaux dans toutes les maisons, j'avais des amis dans toutes les maisons. Maintenant il n'y a plus personne;   35
chez les Parisiens, on ne peut pas aller. Je vous dis que c'est de bonnes gens, mais on ne peut pas engager la même conversation. Alors, vous voyez, je

---

[51]**le grand magasin:** *department store.*   [52]**lier:** attacher, former une liaison d'amitié.   [53]**causer:** parler, bavarder.   [54]**le bistrot:** le petit café où on va pour prendre un verre.   [55]**syndical:** *pertaining to unions.*   [56]**le seau:** *pail.*   [57]**la messe:** la cérémonie du culte catholique.

garde la maison. Après la guerre de '14, on était je ne sais pas combien, maintenant on n'est plus que deux qui ont fait la guerre ensemble. Tout le monde devient moins lié. Dans le temps, on était des amis parce qu'on avait besoin de l'un de l'autre, tandis que maintenant, on n'a plus besoin de personne. On ne se voit plus.   5

15. *Est-ce qu'il y a encore une école à Saint-Loup?*

Eh non, les gosses,[58] on les prend pour les emmener je ne sais pas combien de kilomètres. Quand j'étais à l'école, on était 40 gosses. Maintenant il faut ramasser les enfants dans plusieurs communes, parce qu'ici, il n'y a des enfants que dans deux ou trois maisons. Les campagnes meurent   10 parce que tout le monde doit s'en aller. D'ici dix ou quinze ans, il n'y aura à Saint-Loup que deux ou trois fermes, c'est tout. Les petits propriétaires sont absorbés par les gros.

16. *Et que font les filles?*

Elles vont travailler en ville. Elles tendent à ce qui est naturel. Sur une   15 ferme de cent hectares, elles ne travaillent pas. La femme, elle a sa voiture, non parce qu'elle est vieille! Au contraire, chez les jeunes il y a deux ou trois autos. Elle va se promener, elle est heureuse, elle n'est pas dans les champs, et si elle a un gosse ou deux, elle les amène à l'école et elle se promène dans sa voiture. Il y en a qui travaillent en ville, dans les magasins.   20 Ma fille est devenue institutrice; elle est mariée à un instituteur. Ils enseignent tous les deux à la même école. Elle est partie comme tant d'autres . . .

17. *Mais le gouvernement aide les paysans?*

Il donne des primes[59] pour modifier les cultures, pour arracher[60] des pommiers parce que, soi-disant,[61] il y avait trop de pommes. On a payé—   25 mais cela n'est pas chez nous—des primes pour arracher la vigne, parce que, soi-disant, il y avait trop de vin. Et puis on paie des primes, 100.000 francs, environ, pour faire abattre[62] les bêtes, à condition de les faire abattre toutes. Le gouvernement donne beaucoup de subventions, pour construire une porcherie,[63] par exemple, mais quand elle est faite, on ne met   30 pas de cochons dedans. Un camarade du pays a touché une subvention pour faire des étables et pour engraisser[64] les bœufs. Il a fait un contrat pour dix ans mais, vous voyez, le contrat est fini et il n'y a plus de bœufs.

Les subventions, cela ne sert à rien. Le gouvernement donne des conseils, mais pour donner des conseils, il faut savoir, et ce sont des gens qui   35 n'ont jamais été cultivateurs. Les ministres, ils ne savent pas tout, et puis

---

[58]**le gosse:** l'enfant.   [59]**la prime:** *bonus.*   [60]**arracher:** enlever, détruire, *to tear out.*   [61]**soi-disant:** comme on dit.   [62]**abattre:** tuer.   [63]**la porcherie:** *pigpen.*   [64]**engraisser:** rendre gras, bien nourrir.

ils changent de poste. Pour diriger l'agriculture, il faudrait des cultivateurs, mais on n'en met pas, on manque de pratique. Le mieux, ce serait d'augmenter le niveau de vie en bas et de nous donner satisfaction en haut.[65]

Tout de même, les paysans sont utiles. Il faudrait les aider, mais non pas par les primes. Il vaudrait mieux prêter de l'argent aux gens et les laisser responsables. Si on laisse faire, ils vont s'en aller. Il faudrait les maintenir sur leurs terres, leur donner une petite paye pour entretenir[66] le pays. Il faudrait mettre plus de paysans sur les terres et les encourager à rester. Les paysans déracinés[67] dans les villes, ils sont comme des lions, mais sur leurs terres, ils sont comme des agneaux. Ils entretiennent. Un jour, quand ils ne seront plus là, on sera perdu dans la brousse.[68]

Questions pour la compréhension du texte

1. Situez la Beauce sur une carte de France, avec ses villes.
2. Comment Grenadou est-il arrivé à 170 hectares?
3. Comment la main-d'œuvre est-elle venue à manquer?
4. Qu'est-ce qu'on a presque abandonné en Beauce?
5. Que produit un pays céréalier comme la Beauce?
6. Quels sont les trois animaux qu'on chasse, et que fait-on pour les favoriser?
7. Quelle est l'importance et le but de la culture la plus récente?
8. Qu'est-ce qui a remplacé le fumier et pourquoi?
9. Comment et pourquoi le nombre des ouvriers a-t-il diminué?
10. Pourquoi est-ce que les ouvriers modernes ne veulent pas s'occuper des cheveaux, des animaux?
11. Que font les ouvriers pendant leurs fins de semaine et leurs vacances?
12. Quel est le salaire de ces ouvriers? Sont-ils favorisés par rapport aux ouvriers dans les usines?
13. Qu'est-ce qui permet de mieux payer les ouvriers?
14. Décrivez les différents appareils et comparez-les à ceux que vous connaissez.
15. Que fait le maïs tout l'hiver? Quand le bat-on?
16. Que font les ouvriers quand ils ont fini leur travail?
17. Qui sont les deux ouvriers de M. Grenadou et depuis combien de temps sont-ils à Saint-Loup?
18. Que pense M. Grenadou de l'école d'agriculture?
19. Comment M. Grenadou a-t-il aidé son petit-fils?
20. Que peut faire un jeune sans terrains héréditaires, ayant fait l'école d'agriculture?

---

[65]**en haut**: c'est-à-dire au niveau du ministère, du gouvernement.   [66]**entretenir**: tenir en bon état, maintenir.   [67]**déraciné**: *uprooted*.   [68]**la brousse**: la campagne sauvage et abandonnée; *brush*.

21. Pourquoi le patron doit-il connaître le travail de ses ouvriers?
22. Pourquoi ne trouve-t-on plus de bergers, de vachers?
23. Pourquoi beaucoup de jeunes quittent-ils les fermes?
24. Pourquoi n'avait-on pas besoin de beaucoup d'argent quand M. Grenadou était jeune?
25. Comment pouvait-on "récolter" le pain? et la boisson?
26. Pourquoi est-ce que le commerce offre des carrières moins attrayantes aujourd'hui?
27. Qui habitait les maisons avant l'arrivée des Parisiens?
28. Que veut dire M. Grenadou quand il appelle les Parisiens "un peu nomades"?
29. Qu'est-ce qu'ils ont fait de bien? Et pourtant, pourquoi restent-ils si "séparés"?
30. Grenadou leur parle-t-il facilement? Expliquez comment vous arrivez à votre réponse.
31. Où jouait-on aux cartes dans le temps? Où joue-t-on maintenant?
32. Où étaient les amis dans le temps? Où sont-ils maintenant?
33. Décrivez les "progrès" de la télévision.
34. Retracez la décadence des bistrots.
35. Pourquoi apprend-on la mort des gens sans savoir qu'ils étaient malades?
36. Comment, dans le temps, avait-on "besoin l'un de l'autre"?
37. Comment les écoles ont-elles changé et pourquoi?
38. Que font les femmes dans la ferme et ailleurs?
39. Décrivez et résumez la critique que fait Grenadou du gouvernement.
40. Expliquez comment les paysans sont "utiles."

Questions à discuter

1. Comparez les petites et les grandes fermes, en France et aux Etats-Unis.

2. Comment et pourquoi est-ce qu'une ferme se modernise? Parlez d'exemples et d'expériences que vous connaissez.

3. Comment la révolution industrielle est-elle intervenue dans les fortunes de votre famille et de vos amis?

4. Décrivez la méfiance qui existe entre les habitants de la campagne et ceux de la ville. Quelle société est plus stable? Laquelle est favorisée du point de vue économique ou culturel?

5. Expliquez l'importance du maïs. Notez qu'on ne le mange presque pas en France et que M. Grenadou le destine à l'industrie.

6. L'élevage du bétail, où le trouve-t-on? Pourquoi n'existe-t-il plus en Beauce? Quelles sont les conditions de votre pays?

7. Discutez l'importance du cheval dans l'agriculture et ailleurs.

8. M. Grenadou dit qu'au temps de sa jeunesse le paysan était à peu près indépendant du point de vue économique. Parlez d'un pays que vous connaissez et dites comment cela a changé. Quel a été l'effet de la spécialisation des cultures?

9. On dit souvent que le paysan profite en temps de guerre ou pendant les crises économiques. Est-ce que cela s'applique à M. Grenadou? Que se passe-t-il aujourd'hui aux Etats-Unis et ailleurs?

10. La jeunesse de M. Grenadou date d'il y a trois générations. Les conditions qu'il décrit sont inimaginables de nos jours dans un pays développé. Analysez ces conditions et comparez-les à d'autres que vous connaissez chez vous, en France ou dans les pays sous-développés.

11. Y a-t-il aux Etats-Unis des phénomènes analogues à la disparition des bistrots dont parle M. Grenadou?

12. Le rôle de la femme a beaucoup changé à la campagne. Discutez les exemples de notre texte ainsi que d'autres. Mettez en valeur l'évolution de la culture paysanne comparée à celle de la ville.

13. Discutez le système des primes que le gouvernement verse aux cultivateurs. Notez les grandes différences entre les systèmes français et américain.

Propos à défendre ou à contester

1. La main-d'œuvre manque à la campagne parce que la culture, ça payait à peine.

2. Dans un pays céréalier, l'élevage a été vite abandonné. On ne veut plus le bétail, les chevaux, qui demandent des soins toute la semaine;—mais on se dévoue tout de même au chien, au chat, au perdreau et au faisan.

3. L'ouvrier moderne demande beaucoup: deux jours libres par semaine, un mois de vacances, la maison, l'auto . . .

4. Ce qui nous a fait avoir moins d'ouvriers et les payer plus cher, c'est le matériel.

5. A l'école, on n'apprend pas l'essentiel qui est la pratique.

6. Si un patron ne peut pas faire le travail, il ne peut pas commander aux autres.

7. Avec une petite ferme on était riche; il n'y avait pas le train de vie comme il y a maintenant.

8. Dans le temps, on était des amis parce qu'on avait besoin l'un de l'autre, tandis que maintenant, on n'a plus besoin de personne.

9. Le gouvernement donne beaucoup de subventions, mais quand la porcherie est faite, on ne met pas les cochons dedans.

10. Les campagnes meurent parce que tout le monde doit s'en aller, mais
quand les paysans ne seront plus là, on sera perdu dans la brousse.

Une usine sidérurgique dans l'est de la France.
French Embassy Press & Information Division.

14

Interview de Hubert SYLVESTRE, chargé d'études au Comité Régional pour l'Aménagement[1] de l'Equipement et de la Productivité de Lorraine, à Nancy.

La Lorraine

Hubert Sylvestre nous reçoit dans une ancienne résidence privée dorénavant[2] aménagée comme local du Comité Régional, l'organisme qui analyse les progrès économiques et démographiques de la Lorraine, l'une des 22 régions économiques de France. Ce comité étudie les statistiques ; il publie des comptes-rendus[3] ainsi que des bulletins périodiques pour que les secteurs public et privé, l'Etat et l'industrie, puissent collaborer dans cette entreprise qui est de diversifier et de moderniser la région. On a pu prévenir[4] des périodes de chômage[5] ou remplacer une industrie en déclin par une autre. Hubert Sylvestre fait l'analyse de cette évolution. Il a su choisir une carrière qui n'existait guère[6] avant notre époque et qui semble passionnante.

1. *Quelle est la situation économique de la Lorraine ?*

La Lorraine est une des 22 régions économiques créées en France (y compris la Corse) pour l'aménagement du territoire. Elle compte 2.353.000 habitants, soit[7] 4,5 % de la population française. Située dans le nord-est du pays, c'est une région frontalière au contact de la Sarre, du Luxembourg et de la Belgique. Son économie a été basée principalement, depuis un siècle, sur l'industrie du textile et la combinaison du charbon et du minérai de fer, dont l'extraction a créé une industrie puissante[8] de la sidérurgie.[9] La Lorraine représente 95 % de l'extraction du minerai de fer en France, donc la quasi totalité, et environ un tiers de l'extraction du charbon et de la fabrication de textiles.

Depuis 1954, la Lorraine a amorcé[10] sa reconversion économique. Elle a perdu ses débouchés[11] cotonniers dans les anciennes colonies, en

---

[1] **l'aménagement** (du territoire): *regional planning*; l'organisation des activités économiques en fonction des ressources naturelles et humaines. [2] **dorénavant**: à partir de maintenant. [3] **le compte-rendu**: l'analyse, le résumé, *report*. [4] **prévenir**: empêcher. [5] **le chômage**: *unemployment*. [6] **ne ... guère**: *hardly*. [7] **soit**: c'est-à-dire. [8] **puissant**: grand, important, fort. [9] **la sidérurgie**: la production du fer et tous ses aspects. [10] **amorcer**: commencer, entreprendre. [11] **le débouché**: (ici) *market*, les possibilités de vente.

particulier en Indochine; l'industrie du coton a été obligée de trouver d'autres débouchés, et le volume de la main-d'œuvre[12] diminue. Ensuite est intervenue la crise du charbon, puisque les sources d'énergie tradition-nelles ont déclinées au profit du fuel,[13] du gaz et peut-être dans quelques années de l'énergie nucléaire. La première source d'énergie au départ était la houille[14] et maintenant on substitue d'autres sources comme le ma-zout,[15] enfin le pétrole et le gaz et l'électricité produite à partir de centrales hydrauliques. Puis est intervenu un phénomène encore nouveau, c'est la faible compétivité du minérai de fer lorrain par rapport à des minérais importés de Mauritanie ou du Brésil qui sont beaucoup plus riches en fer et dont le coût de transport est moindre, car les investissements les plus importants, en sidérurgie sont faits à Dunkerque ou à Fos[16] et dans d'au-tres ports, pas en Lorraine. Un problème analogue, c'est l'importation du charbon de Pennsylvania et d'autres endroits à l'étranger. Le charbon américain concurrence[17] le charbon français et la sidérurgie s'installe le long de la côte pour pouvoir employer le charbon qui arrive par mer.

Tous ces phénomènes ont fait que depuis bientôt vingt ans la Lorraine est en permanente reconversion, dans le nord pour la sidérurgie liée[18] à la houille, dans le sud pour le coton. J'entends[19] que pour le fer et le coton, la production est stable ou en légère hausse;[20] ce sont des industries décli-nantes en emploi seulement. Quant à la houille, la production diminue régulièrement puisque justement les débouchés de la houille sont devenus beaucoup moins importants. En 1958, quand la Sarre est redevenue al-lemande,[21] un accord d'importation du charbon a été conclu: jusqu'en 1982, la France est obligée d'importer une certaine quantité de charbon sarrois, assurant ainsi les débouchés du bassin sarrois qui prolonge celui de la Lorraine. L'électricité est un grand consommateur de houille en Lor-raine et cela se développe bien, mais la production de houille diminue quand même.

Entre 1962 et 1968, la Lorraine a perdu 60.000 personnes par émigra-tion, ce qui ne s'était jamais vu auparavant, puisque la Lorraine avait toujours manqué de main-d'œuvre. Il fallait agir!

2.   *Il fallait évidemment trouver d'autres industries pour prendre la place des industries déclinantes; pourquoi est-ce que cela n'avait pas commencé bien plus tôt? Pourquoi si peu de diversification?*

Etant donné la position frontalière de la Lorraine, les industries ont toujours hésité à venir s'installer. La proximité de la frontière allemande a

---

[12]**la main-d'œuvre:** les salariés, les ouvriers qui y travaillent.   [13]**le fuel:** *fuel oil.*   [14]**la houille:** *hard coal, anthracite.*   [15]**le mazout:** le fuel.   [16]**Dunkerque:** port sur la Manche; **Fos:** nouveau port près de Marseille.   [17]**concurrencer:** *to compete.*   [18]**lier:** rattacher, *to link.*   [19]**entendre:** (ici) comprendre, vouloir dire.   [20]**la hausse:** *rise,* l'augmentation.   [21]La Sarre a été occupée par les Français à la fin de la deuxième guerre mondiale et rattachée économiquement à la France de 1947 à 1957.

beaucoup gêné le développement lorrain; jusqu'en 1945, l'ennemi c'était l'Allemagne. On a, par exemple, en France, toutes les industries aéronautiques dans le sud-ouest. On a voulu éviter que l'industrie aéronautique tombe aux mains des Allemands. La Lorraine étant un lieu de passage naturel d'invasion, on a même délaissé les voies de communication[22] pour   5
empêcher une invasion trop facile des Allemands. La position frontalière de la Lorraine a joué un grand rôle dans son développement. On a installé les industries dépendant des ressources naturelles, minérai de fer, houille, mais la diversification a été insuffisante. Elle a commencé quand les industries de base ont décliné.   10

3. *Quelles industries nouvelles ont pu s'établir?*

Des industries de chimie, d'abord. La houille a permis d'installer la carbo-chimie, c'est-à-dire, la chimie de produits élaborés à partir du charbon, ensuite une pétro-chimie; par exemple, la fabrication d'éthylène à Carling, près de la frontière allemande, est faite en partie en collaboration   15
avec les Sarrois. L'éthylène est un produit de base pour la chimie des plastiques. Il y a aussi de grandes usines de sel qui se prêtent à l'industrie de la soude[23] et des produits dérivés. On a tout fait, également, pour installer des industries mécaniques ou électriques, comme Grundig à Creutzwald et Michelin, qui fait des carcasses de pneu[24] à Epinal, puis   20
diverses entreprises comme Jaeger-le-Coultre qui fabrique de la mécanique de précision ici, à Nancy. Donc, le mouvement de diversification est bien amorcé.

4. *Et la main-d'œuvre est occupée?*

Comme je vous disais tout à l'heure, la main-d'œuvre avait été occu-   25
pée par les industries de base qui en étaient de grosses consommatrices, mais maintenant les industries de base deviennent des industries de capital, comme on dit en économie, c'est-à-dire demandant beaucoup de machines et relativement peu de main-d'œuvre. Il n'y a pas encore assez d'emplois créés en Lorraine. Cela n'est pas particulier à la Lorraine, c'est   30
vrai dans de nombreuses régions en France, particulièrement en Bretagne et dans le sud-ouest où l'industrie est très peu développée.

En Lorraine, il y a seulement 6% d'agriculteurs; en Bretagne, où il y en a 30%, la situation est pire parce que l'agriculture offre de moins en moins d'emplois.   35

5. *Pourquoi l'agriculture est-elle si limitée en Lorraine?*

Le climat lorrain est instable et relativement pluvieux.[25] Cela oblige les cultivateurs à pratiquer la polyculture,[26] c'est-à-dire qu'ils exploitent le

---

[22]On a négligé (laissé à l'abandon) toutes les lignes de transport.   [23]**la soude:** *soda (sodium carbonate).*   [24]**la carcasse de pneu:** *tire casing.*   [25]**pluvieux:** où il pleut beaucoup, avec beaucoup de pluie.   [26]**la polyculture:** *diversified agriculture,* le contraire de la monoculture; **le cultivateur:** *farmer.*

blé, l'orge, l'avoine, les betteraves[27] dans des fermes dont la surface
moyenne est entre 10 et 50 hectares.[28] Dans les pays où le climat régulier
permet de dire que la récolte de telles ou telles céréales sera automatiquement bonne, la monoculture est possible et le cultivateur est plus riche.

D'autre part, la Lorraine est une région d'élevage[29] qui produit   5
énormément de lait. Il est transformé en poudre, en fromage, etc. Et puis
il y a les forêts. La Lorraine est la troisième région pour le taux de boisement.[30]

6.   *Quelles sont les deux autres?*

C'est d'abord l'Aquitaine, la région de Bordeaux avec la forêt des   10
Landes, et la Franche-Comté, qui se trouve à côté de la Lorraine. La Lorraine est donc la troisième avec un peu plus d'un tiers de sa surface occupée
par des forêts très diversifiées: des feuillus, des résineux,[31] ceux-là principalement dans les Vosges.

7.   *Ça doit être une source de revenus considérables. En France, il n'y a*   15
pas tellement de forêts.

Si, en France, il y a pas mal de forêts. Un quart du territoire est fores-
tier. On a défriché[32] énormément mais maintenant on a tendance à reboiser. Ça a commencé avec Colbert[33] qui voulait avoir du bois pour
la marine. Aujourd'hui on recommence à reboiser parce que le bois a   20
comme débouché important la fabrication de pâte à papier, domaine
dans lequel la France est très déficitaire.

8.   *Et il y a des fabriques de papier?*

Il y a des papeteries, en Lorraine particulièrement. Il y en a qui sont
très anciennes à cause de la pureté de l'eau. L'eau des Vosges, coulant sur   25
du grès[34] et du granit, est pure. C'est très important pour la fabrication de
la pâte, mais peu de papeteries fabriquent leur papier à partir de la pâte.
Les pâtes fabriquées en Lorraine sont plutôt spécialisées pour des papiers
de qualité, ou bien du papier de monnaie. La production est assez constante, mais limitée. En France on voudrait bien augmenter la production   30
du papier, seulement ce n'est pas comme au Canada ou en Suède où
on peut couper 400 ou 500 hectares d'un seul coup avec des moyens très
mécanisés. Le relief est très accidenté[35] en Lorraine, la propriété très mor-
celée[36] sauf pour les forêts d'Etat, les forêts domaniales. Donc, l'exploitation forestière coûte cher!   35

---

[27]*Wheat, barley, oats, beets.*   [28]*About 25 to 125 acres.*   [29]**l'élevage:** *cattle raising.*   [30]**le taux
de boisement:** la proportion de la surface en forêts.   [31]**feuillu, résineux:** *foliate, resinous trees.*
[32]**défricher:** couper les arbres pour cultiver la terre.   [33]**Colbert** (1679–1683): ministre des
finances sous Louis XIV.   [34]**le grès:** *sandstone.*   [35]**le relief ... accidenté:** le terrain est inégal,
irrégulier.   [36]**morceler:** diviser en petits morceaux.

9. *Donc ce n'est pas là la solution du problème de la main-d'œuvre.*

Non; il y a insuffisamment d'emplois créés et puis, comme les industries absorbaient toute la main-d'œuvre disponible,[37] les services, ce qu'on appelle le secteur tertiaire,[38] ont été insuffisamment développés. On veut non seulement attirer de nouvelles industries, mais accroître[39] le nombre d'emplois dans les services publics, dans les transports, dans les universités. Le Comité Régional étudie le problème non seulement en termes quantitatifs, mais au point de vue qualitatif: on examine l'adaptation de la main-d'œuvre aux emplois qui sont offerts, les besoins particuliers en main-d'œuvre. C'est moi qui suis chargé de ces études.

10. *Pouvez-vous nous donner un exemple, un sujet de vos études.*

On entreprend une étude de ce qu'on appelle l'armature urbaine.[40] Nous analysons le réseau[41] des villes et agglomérations.[42] Beaucoup de ces villes ont été créées autour d'une usine. C'est ce qu'on appelle des cités ouvrières; ce sont des alignements de maisons identiques sur plusieurs centaines de mètres, voire[43] des kilomètres, et au milieu vous avez l'usine. Ces logements établis par les industriels à l'endroit où les industries (la sidérurgie surtout) ont été créées, forment un tissu urbain relativement lâche.[44] Il n'y a de grosses concentrations en Lorraine qu'à Metz et à Nancy.

On peut mesurer ce tissu, l'armature urbaine, par le flux des communications téléphoniques, et voir que telle ville est sous la dépendance de telle autre, ou y envoie ses enfants faire leurs études supérieures. On s'aperçoit que la plupart des Lorrains vont à Nancy faire leurs études supérieures; c'est la principale ville universitaire.

Or on essaye de rénover l'urbanisme des cités ouvrières, des cités industrielles qui sont sales et qui sont vieilles. Le parc immobilier[45] de certaines zones est ancien et date de 1880 ou 1900. Ensuite on étudie la "métropole d'équilibre" de Nancy-Metz-Thionville conçue pour faire contrepoids[46] à la région parisienne. Beaucoup de gens en Lorraine craignent que cette métropole d'équilibre qui s'étend sur 100 kms du nord au sud et sur 40 kms d'est en ouest, avec un peu plus d'un million d'habitants sur les 2.354.000 de la Lorraine, ne joue en Lorraine le rôle qu'a joué Paris en France, c'est-à-dire, que la métropole ne se développe aux dépens[47] des villes qui se trouvent en dehors de la métropole. Alors les études qu'on mène en ce moment, proposent des solutions pour que le développement

---

[37]**disponible:** *available.*   [38]**le secteur tertiaire:** les commerces, les banques, les transports, l'enseignement, les services publics, le secrétariat. Le secteur primaire extrait les matières premières (*raw materials*), le secondaire les transforme (*manufacturing*).   [39]**accroître:** augmenter.   [40]**l'armature urbaine:** *urban core.*   [41]**le réseau:** *network.*   [42]**une agglomération:** une ville avec ses faubourgs.   [43]**voire:** ou.   [44]**lâche:** peu solide, (ici) *loose, spread out.*   [45]**le parc immobilier:** l'ensemble des maisons.   [46]*conceived as counterweight.*   [47]**aux dépens de:** *at the expense of.*

urbain en Lorraine soit harmonisé, pour que Nancy ne se développe pas aux dépens d'Epinal ou aux dépens de Forbach, ou que Metz ne prenne pas les habitants de Longwy.

11. *Que pouvez-vous faire si l'évolution d'une certaine région est trop lente? Comment y remédier?*

Les possibilités sont à la fois nombreuses et limitées parce que, d'une part, les régions, comme la Lorraine, ne sont pas autonomes, mais, d'autre part, la planification française est faite en relation avec les autorités régionales, que ce soit le préfet[48] qui représente le gouvernement, ou les principales forces économiques de la région. Donc on demande quand même l'avis des gens du lieu avant de faire un plan.

12. *De quel plan s'agit-il?*

Le sixième est en cours; on va commencer l'élaboration du septième plan dans les grandes lignes. C'est la planification à moyen terme, pour cinq ans chaque fois. Le sixième plan dure de 1971 à 1975, et le septième ira de 1976 à 1980. Le sixième plan a mis comme priorité la formation,[49] l'éducation, la culture, et puis les moyens de communication. Là, la Lorraine a toujours été défavorisée. Le relief, assez rude,[50] se prête mal à faire des voies de communication aisées,[51] peu chères et rapides. Donc ça coûte cher. Les routes sont malmenées[52] l'hiver, les voies ferrées[53] ne suffisent pas pour évacuer tout le trafic; donc, les camions abîment les routes. Tout cela demande des investissements importants. On a mis l'accent sur la formation et les voies de communication.

Le sixième plan prévoit que le budget annuel des investissements de l'Etat sera réparti[54] entre les 22 régions, en gros selon leur programme regional, mais le budget de l'Etat dépend des conditions économiques générales. Il est rarement sûr qu'un plan sera réalisé. Par exemple, le cinquième plan, qui a duré de 1966 à 1970, a été réalisé en Lorraine à 58% en valeur. Si on tient compte de la hausse des prix, qui était de 20% pendant cinq ans pour le prix de la construction, par exemple, on s'aperçoit que le taux[55] de réalisation réel a été encore inférieur.

13. *Est-ce que cela veut dire que le sixième plan reprend automatiquement ce qui n'a pas été fait pendant le cinquième?*

Non, pas obligatoirement, mais les grands axes de communication, par exemple, sont repris. En matière d'infrastructure[56] scolaire, c'est un peu la même chose. Ce qui n'a pas été fait est repris dans le plan suivant,

---

[48]**le préfet:** l'administrateur d'un département; il y en a quatre en Lorraine. [49]**la formation:** l'instruction (pour former les ouvriers et les préparer à d'autres emplois). [50]**rude:** accidenté, *rough.* [51]**aisé:** commode, facile, *easy.* [52]**malmener:** abuser, maltraiter. [53]**les voies ferrées:** les lignes du chemin de fer. [54]**répartir:** distribuer. [55]**le taux:** *rate.* [56]**l'infrastructure:** l'organisation, la structure.

mais on ajoute des précisions.[57] Le plan n'est pas un contrat; ce n'est pas un engagement[58] ferme de l'Etat de financer les constructions, les équipements prévus.[59] Ajoutons que les collectivités locales, c'est-à-dire les départements et les communes, financent en partie certains équipements.

14.   *Est-ce que ces plans régionaux que vous entreprenez ici ont des équivalents dans d'autres pays?*   5

Je ne pense pas que ce soit spécial à la France. Chaque pays européen, de la Suède à l'Espagne, de la France à la Grèce, a ses plans régionaux. Il y a, d'ailleurs, à Bruxelles, à la Commission Economique Européenne, une section qui s'occupe de la politique régionale dans la Communauté Euro-   10
péenne et l'Allemagne, par exemple, s'est trouvée confrontée aux mêmes problèmes que les Lorrains, en Sarre. Les Italiens sont ennuyés parce que le nord est surdéveloppé par rapport au sud. En Angleterre, c'est un peu la même chose avec les mines de charbon, avec la houille de Manchester, et avec d'autres zones comme Londres.   15

En France, la planification a ceci de particulier: il y a une tradition de centralisation qui remonte à plusieurs siècles. Paris a eu la prédominance sur n'importe quelle autre région en France à cause du pouvoir central. C'est la royauté[60] qui a fait ça pour des raisons d'unité nationale. Alors, depuis la guerre de 1939, on s'est aperçu qu'il fallait éviter le sur-   20
développement de la région parisienne par rapport aux autres régions. Si vous voulez, la politique régionale se pose avec un peu plus d'acuité[61] en France et peut-être en Italie que dans d'autres pays d'Europe, mais ce n'est pas un problème spécifique à la France.

Questions pour la compréhension du texte

1. Décrivez la situation géographique de la Lorraine et ses frontières.
2. Quelle est l'importance de sa population comparée au reste de la France?
3. Citez trois anciennes industries lorraines?
4. Comment est-ce que chacune des trois a connu sa crise et quel est leur rôle actuel?
5. De quels pays la France importe-t-elle du charbon?
6. Où se trouve la Sarre et quelle est son histoire récente?
7. Décrivez l'émigration que la Lorraine a connue.
8. Pourquoi la situation frontalière de la Lorraine était-elle un désavantage? L'est-elle encore?
9. Quels rapports y a-t-il entre les nouvelles industries de la Lorraine et les anciennes?

---

[57]**la précision:** le détail précis, *specification.*   [58]**un engagement:** *commitment.*   [59]**prévu:** *planned,* anticipé.   [60]**la royauté:** les rois (surtout à partir de Louis XIV).   [61]**une acuité:** une intensité.

10. Qu'est-ce qu'on fabrique chez Michelin? (Quels guides connus publie la société Michelin?)
11. Qu'est-ce que c'est qu'une industrie de capital?
12. Quelle différence y a-t-il entre l'agriculture de Lorraine et celle de Bretagne?
13. Que produit la "polyculture" lorraine?
14. A quoi sert le lait lorrain qu'on ne boit pas?
15. Quelles sont les trois régions qui ont le plus de forêts en France? Décrivez leur situation géographique.
16. Parlez du rôle important de Colbert sous Louis XIV.
17. Pourquoi reboise-t-on aujourd'hui?
18. Pourquoi l'eau des Vosges est-elle si pure?
19. Pourquoi la France ne peut-elle pas augmenter la production du papier?
20. Que font 500 hectares en *acres* américains?
21. Pourquoi n'y a-t-il pas assez d'emplois en Lorraine?
22. Définissez les trois secteurs de l'économie.
23. Décrivez une cité ouvrière.
24. Qu'est-ce qu'on peut mesurer par le flux des communications téléphoniques?
25. Comment peut-on "rénover" les cités ouvrières?
26. Qui a inventé l'idée de la "métropole d'équilibre" et pourquoi?
27. Dans quel but faut-il harmoniser le développement des grandes villes?
28. Quelles sont les autorités régionales qui s'intéressent aux plans économiques de la région et qui les consulte?
29. Donnez les dates du cinquième, sixième et septième plan.
30. Qu'est-ce qui abîme les routes en Lorraine?
31. Pourquoi y aurait-il besoin d'investissements importants?
32. Dans quelle mesure les plans économiques sont-ils réalisés?
33. Dans quelle mesure est-ce qu'un plan reprend le programme du précédent?
34. Que financent les collectivités locales?
35. En donnant autant d'exemples que possible, expliquez comment les pays européens pratiquent la planification.
36. Dans quel pays se trouve la Commission Economique Européenne?
37. Pourquoi la France pratique-t-elle la planification depuis si longtemps? Quel était le but de ses rois?
38. Qu'est-ce qui a changé après la deuxième guerre mondiale?

Questions à discuter

1. Comparez la Lorraine à votre région. Parlez de l'industrie, de l'agriculture, du commerce, etc., et dites quelle région est plus avancée.

2. L'Europe a changé depuis 1945; notre texte en donne de nombreux exemples. Dites comment l'Europe concurrence les Etats-Unis. Y voyez-vous un danger?

3. Expliquez comment le développement de la Lorraine est caractéristique d'une région en plein essor (*progress*).

4. Décrivez une industrie que vous connaissez et parlez de ses problèmes, de son évolution.

5. Voudriez-vous suivre une carrière comme celle de M. Sylvestre? Pourquoi?

6. La planification est une forme de socialisme. Etes-vous d'accord avec ce point de vue? Etes-vous pour ou contre les plans économiques?

Propos à défendre ou à contester

1. Les sources traditionnelles d'énergie ont décliné au profit du fuel, du gaz et de l'énergie nucléaire.

2. Le charbon américain peut être meilleur marché en France que le charbon français.

3. Dans les pays où la monoculture est possible, le cultivateur est plus riche.

4. Il faut diversifier son industrie pour se protéger contre les crises économiques.

5. Les camions abîment les routes.

6. Seule l'industrie moderne et mécanisée peut être concurrentielle.

7. Il faut rénover l'urbanisme des villes qui sont sales et vieilles.

8. Il faut harmoniser le développement urbain et empêcher que les métropoles se développent aux dépens du reste du pays.

9. Il faut que chaque région soit consultée quand on décide des plans économiques pour l'avenir.

10. Chaque pays a ses plans régionaux.

V

LA SOCIÉTÉ

Où trouver la drogue. Photo Jack Garofalo.
PARIS-MATCH.

15

Interview du docteur Pierre BENSOUSSAN, médecin psychiatre, Expert National près les Cours d'Appel.

Les stupéfiants[1]

On ne pénètre pas facilement dans le cabinet insonorisé[2] du docteur Bensoussan, non pas parce qu'il est inaccessible, mais pour que ses clients puissent lui parler en toute confiance.[3] Préoccupé par l'aliénation de la société actuelle, il voudrait aider l'individu à y faire face. Il voit les problèmes, particulièrement celui de la drogue, à l'échelle nationale. Il a aidé Pierre Mazeaud,[4] député à l'Assemblée Nationale, à élaborer son projet de loi selon lequel le drogué qui se présente pour un traitement, n'est plus un criminel. Ce projet a été adopté. Le docteur, qui habite au 74 rue Raynouard, 75016 Paris, s'intéresse aux problèmes des jeunes. Il nous écrit : "Je serais heureux de répondre aux questions complémentaires ou plus détaillées que vos étudiants pourraient désirer me poser à propos de tel ou tel point."

1. *Cher Docteur, pourriez-vous nous décrire les contacts avec vos clients ?*

Je ne pense pas qu'on puisse faire de règle absolument générale, mais je peux dire, en ce qui me concerne, que les contacts sont excellents ; excellents parce que les sujets qui font des abus de toxiques—moi-même je n'aime pas beaucoup le mot "drogue," j'aime mieux le mot "modifica- 5 teur de conscience"—savent que je suis d'abord au courant du problème et qu'ensuite—et c'est là le point important—que je ne m'érige[5] pas du tout en juge. Je ne prononce pas du tout une opinion de valeur en bien ou en mal.[6] Je suis médecin, je suis aussi de plus en plus sociologue. Les opinions de bien et de mal ne me concernent pas, tout au moins à ce 10 niveau-là. Il ne s'agit pas d'étiqueter[7] ces clients, de leur mettre au revers de leur veston[8] un bouton noir s'ils sont méchants ou un bouton blanc

---

[1]**le stupéfiant :** la drogue, toute substance qui produit une modification de conscience. [2]**insonorisé :** *sound-proofed.* [3]**la confiance :** *trust, confidence.* [4]**Pierre Mazeaud :** actuellement secrétaire d'Etat chargé de la Jeunesse et des Sports. [5]**s'ériger en :** se donner le droit d'être, se poser en. [6]**le bien et le mal :** *good and evil.* [7]**étiqueter :** mettre une étiquette, *label.* [8]**le revers du veston :** *jacket lapel.*

s'ils sont gentils! Ils viennent pour être aidés et c'est ce que je fais avec l'équipe[9] de collaborateurs qui travaillent avec moi. Ils viennent aussi très en confiance parce qu'ils savent que la règle professionnelle et légale absolue, c'est celle du secret. Je dois dire que depuis les années que je travaille sur ce problème, jamais aucun organisme officiel, jamais aucun fonctionnaire de ce qu'on pourrait appeler des "pouvoirs publics"[10] ou du service specialisé ne m'ont demandé de manquer au secret professionnel. Ils savaient que je ne l'aurais pas fait et ils ne se seraient pas permis une chose semblable. Il y a là une sorte de "gentleman's agreement" qui est très, très respecté.

Cela facilite beaucoup les contacts avec les sujets qui font des abus, parce qu'il est indéniable qu'une de leurs grandes craintes quand ils s'adressent à un service public, que ce soit un hôpital ou une clinique, c'est qu'ils redoutent[11] toutes les formalités d'identification qui sont nécessaires: c'est-à-dire produire une carte d'identité, de Sécurité Sociale, une adresse. Ils ont peur qu'ensuite les services de répression ne puissent—par une voie ou par une autre—avoir connaissance de ces renseignements et donc être ainsi exposés à l'action légale. Je ne connais aucun hôpital, aucun dispensaire, qui ne respecteraient pas le secret professionnel, mais la crainte est là. Ils préfèrent de beaucoup s'adresser à quelqu'un dont ils savent qu'il connaît le problème, non seulement celui de la drogue mais, d'une manière beaucoup plus générale, le problème des civilisations actuelles où il existe une différence de plus en plus marquée entre les formes classiques de la vie qui sont représentées par la société majoritaire et tout ce qu'elle incarne[12] et puis, au contraire, d'autres formes qui s'érigent comme des sociétés parallèles, des cultures de protestation ou de contestation avec leur existence propre,[13] leur mode de vie, leurs moyens de reconnaissance,[14] leurs moyens de communication, leur langage—ce qui est très important—un langage destiné à ne pas être compris par ceux qui ne font pas partie de ces cultures parallèles. Je crois qu'il y a dans tout cela une structure sociologique beaucoup plus large qui va bien au-delà de la toxicomanie,[15] une "Gestalt"[16] qui va au delà du simple phénomène d'usage, d'abus dans certains cas et d'accidents (hélas), dans d'autres cas, de toxiques ou de substances modificatrices de conscience.

2.   *Quelle est l'envergure[17] du problème à l'époque actuelle?*

Est-ce que vous voulez que je vous réponde honnêtement? Si vous voulez des statistiques, ce n'est pas à moi qu'il faut les demander, d'abord parce que je ne suis pas un homme de chiffres, ensuite parce que je crois que tous les chiffres qui peuvent être donnés actuellement sont absolument

---

[9]**une équipe:** *team.*   [10]**les pouvoirs publics:** l'Etat, les organismes officiels.   [11]**redouter:** craindre, avoir peur (de).   [12]**incarner:** représenter, signifier.   [13]**propre:** individuel, à eux.   [14]**la reconnaissance:** *recognition.*   [15]**la toxicomanie:** *drug addiction.*   [16]**Gestalt:** l'ensemble de la personnalité, la structure totale.   [17]**une envergure:** une importance, ampleur, grandeur.

faux. C'est comme si vous vouliez juger la circulation automobile en comp-
tabilisant[18] seulement le nombre d'accidents. Tous les automobilistes ne
sont pas accidentés et les utilisateurs qui font l'expérience des toxiques ne
deviennent pas forcément des toxicomanes habituels. Nous nageons dans
la confusion: le Ministère de l'Intérieur, il y a peu d'années, parlait de   5
5.000 toxicomanes habituels et d'autres chiffres, eux aussi officiels, de
150.000, ce qui représente trente fois plus que l'autre chiffre. Donc, l'envergure, personne n'en sait rien mais il est certain qu'il y a une augmentation,
et une augmentation considérable. Il y a dix ans, je voyais très peu d'abus
de toxiques. Aujourd'hui nous voyons une augmentation constante du   10
nombre de cas, et cela également dans la pyramide des âges plus jeunes:
pour le début de fumer de la marijuana, disons à 12, 13 ou 14 ans, alors
que nous ne le constatons qu'à 16, 17 ou 18 ans pour le début de l'expérience. C'est la même chose pour les drogues dites "fortes." Je dis bien:
"dites fortes" parce qu'il y a beaucoup de restrictions à faire à ce sujet. Je   15
pense surtout à l'héroïne d'une part, aux amphétamines et aux barbituri-
ques d'autre part. Nous voyons maintenant des sujets qui s'injectent ces
produits vers l'âge de 15 ou de 16 ans; avant c'était plutôt des sujets de
20, 22 ou 23 ans. Il y a un rajeunissement considérable dans un temps
extrêmement court au point de vue d'observation médicale, car deux ans   20
ou trois ans, c'est un temps qui peut sembler long mais qui est en réalité
extrêmement court.

3.   *Comme aux Etats-Unis?*

   Evidemment, et je suis souvent tenté d'employer des mots que
j'appellerai du "franglais," c'est-à-dire de l'américain francisé, parce que   25
beaucoup de ces phénomènes ont été très fortement influencés par ce qui
se passait aux Etats-Unis. Ainsi, dans la langue du milieu toxicomane, on
ne parle pas de voyage, on parle de *trip*. Se piquer, pour s'injecter un
liquide, se dit *shooter*. Une seringue est devenue une *shooteuse*. Je pourrais
vous citer des douzaines de termes. On ne parle pas d'héroïne, on parle   30
de *horse* ou de *cheval*.

   Il est totalement artificiel de parler du problème français ou américain. Nous sommes dans une période où l'information circule à une vitesse
à laquelle elle n'avait jamais circulé auparavant et où les gens voyagent
avec une facilité avec laquelle ils n'avaient jamais voyagé, d'où une iden-   35
tité d'idées mais également des échanges constants et des feed-back.

4.   *Les jeunes disent que la marijuana est beaucoup moins dangereuse que
l'alcool et qu'il n'y a aucune raison de supposer que le sujet passera à
des drogues fortes. Etes-vous d'accord?*

   Voilà ce que j'appellerai une question-piège.[19] Ne croyez pas que je   40
ne l'attendais pas; elle m'est souvent posée. Je parlais tout à l'heure de la

---

[18]**comptabiliser:** compter pour la statistique.   [19]**la question-piège:** *loaded question.*

distinction entre drogues dites fortes et d'autres qui seraient moins fortes. Il est incontestable qu'au point de vue physio-pathologique, certains produits chimiques ont des effets plus fulgurants,[20] plus rapides que d'autres et produisent des assuétudes des accoutumances[21]—c'est le terme officiel— des états de besoin plus rapidement que d'autres. Là nous sommes d'accord, mais si on considère seulement ce côté-là, je crois qu'on commet une erreur monumentale, car la nocivité[22] du produit lui-même importe[23] beaucoup moins que le "terrain," la structure de l'individu qui se livre à l'expérience.

Nous voyons par exemple des garçons ou des filles faire quelques expériences de marijuana, faire même quelques expériences de produits réputés plus forts, et une fois qu'ils ont fait ces expériences, ils ont assouvi[24] leur curiosité: ils ont manifesté leur position par rapport à certains conflits de générations ou à certaines revendications qu'ils peuvent avoir, et puis ensuite ils ne refument pas, ils ne reprennent pas de l'hallucinogène, de "speed."

Mais nous voyons, au contraire, d'autres garçons, d'autres filles qui dès les premiers contacts ont un véritable coup de foudre[25] toxicomaniaque, et à ce moment-là, la nature et les dangers des produits ne les inquiètent pas. Ils ont certes quelques préférences mais s'ils ne peuvent pas se procurer leur produit préféré, un autre fait l'affaire.[26] L'important c'est d'arriver à une espèce de relation psychologiquement très profonde, très émotionnelle, avec le modificateur de conscience, avec la drogue qu'ils prennent. C'est alors que le danger réel apparaît parce que, quand ils n'ont plus leur produit habituel, ils en prennent d'autres, parfois extrêmement dangereux, qui sont des poisons. Ces poisons provoquent pas mal d'accidents. La plupart des produits qui sont sur le marché sont des produits préparés artisanalement,[27] mal raffinés, très impurs au point de vue chimique, avec un dosage extrêmement aléatoire,[28] et nous voyons beaucoup d'accidents.

5.   *Est-ce qu'il y a des drogues vraiment "douces" et pas "fortes"?*

Ce que je vois tout le temps, ce sont des sujets prédisposés qui, avec des doses qui laisseraient absolument indifférents d'autres sujets, font des accidents psychiatriques aigus: un épisode délirant, "pseudo-schizophré-nique" ou "pseudo-paranoïaque"; des réactions d'angoisse telles qu'elles amènent des conduites de suicide, malheureusement parfois un suicide réussi; des conduites agressives parce que l'individu se croit persécuté et

---

[20]**fulgurant:** violent, soudain, très rapide.   [21]**l'assuétude des accoutumances:** la dépendance de la drogue (qui n'est pas tolérée).   [22]**la nocivité:** le danger.   [23]**importer:** être important. [24]**assouvir:** satisfaire.   [25]**avor un coup de foudre:** *to be smitten (as by lightning)*.   [26]**un autre fait l'affaire:** *a substitute will do*.   [27]**artisanalement:** *without standards or quality control.* [28]**aléatoire:** qui dépend du hasard, *subject to chance.*

est en proie[29] à une attaque et se défend contre une attaque totalement imaginaire! Cela nous le voyons tout le temps et parfois avec des doses extrêmement faibles de produit réputé faible.

Donc, je crois que la distinction qui se justifie au point de vue pharmacologique ne se justifie pas sur le plan pratique. Il y a des sujets plus ou   5
moins résistants comme sur le plan de l'alcoolisme. Il y en a qui pourront boire largement, dans les milieux vignerons[30] du centre de la France, par exemple. Le nombre de litres de vin qu'ils peuvent boire par jour vous impressionnerait. Il y a d'autres sujets qui sont absolument ivre-morts avec deux verres de bordeaux. Nous sommes inégaux devant l'alcool et devant   10
les poisons en général, et tous les modificateurs de conscience se conduisent comme des poisons du système nerveux central.

6.   *Mais le méthadone, ne fournit-il pas une solution? Ne donne-t-il pas des résultats souhaitables, une chance de réhabilitation?*

Le méthadone est assez employé aux Etats-Unis; des crédits impor-   15
tants viennent d'être votés pour que cet usage soit étendu. Le méthadone peut remplacer une drogue illicite, l'héroïne, mais le sujet accoutumé à son héroïne sera aussi accoutumé au méthadone. C'est réputé être une bonne drogue puisqu'elle est permise par le médecin et est donnée, prescrite par lui. Cela est intéressant sur le plan psychologique et des rapports entre le   20
médecin et son patient, mais ces rapports deviennent extrêmement paternalistes.

7.   *Mais est-ce que le méthadone ne ramène pas le malade à une vie normale? à la société?*

Je serais tenté de vous poser la question: "Qu'est-ce que vous appelez   25
une vie normale en société?" Les gens qui usent de modificateurs de conscience ne se jugent pas anormaux; ils pensent que le reste de la société est anormal. Le fou c'est l'autre! L'intoxiqué c'est l'autre! Si vous demandez à celui qui fait un usage de la marijuana ou du haschisch, quel est le portrait-type de l'intoxiqué, il vous dira: "C'est la femme de 45 ans qui, le   30
matin, prend sa pillule d'amphétamines pour maigrir, pour ne pas prendre trop de calories, qui à midi prend deux martinis ou trois bières, ou qui en France boit un demi litre de vin à son repas, qui prend plusieurs cachets[31] pendant la journée, qui, le soir, après avoir bu deux autres martinis, boira du vin à son repas suivant qu'elle sera en France ou aux Etats-Unis, pren-   35
dra deux ou trois *sleeping pills*, et ceci pendant toute sa vie durant! Est-ce qu'elle est plus ou moins intoxiquée que nous?"

On pourrait alors se demander: "Pourquoi telle ou telle société admet certaines formes d'intoxication, par l'alcool par exemple ou par le

---

[29]**la proie:** *prey*; **être en proie à:** être sujet à.   [30]**vigneron:** où on cultive le vin.   [31]**le cachet:** un médicament sous forme de capsule.

tabac, et rejette au contraire comme un péché[32] d'autres substances sous prétexte que ces substances n'ont pas recueilli[33] l'approbation de la société."

En France nous sommes les champions du monde de la consommation d'alcool par tête d'habitant par an. C'est un des seuls championnats du monde que nous détenons,[34] mais nous le gardons soigneusement et nous sommes de très loin en tête devant le second. C'est une médaille d'or qui coûte à notre pays des sommes considérables et puis les conséquences indirectes: le sens de la famille dissocié, enfants inadaptés, pris en charge par la société, accidents de la route dus à une conduite en état d'ivresse. Il y a un lobby de l'alcool qui fait qu'on ne peut pas agir de façon efficace, mais on menace de prison le moindre[35] fumeur d'une seule cigarette de marijuana. Si on nous avait mis en prison pendant quatre ou cinq ans pour nous passer[36] l'envie du tabac, je ne sais si nous ne serions pas restés des fumeurs de tabac, mais je sais seulement une chose, qu'en tous les cas nous serions devenus des délinquants chroniques, des asociaux chroniques! Je ne pense pas qu'il y ait une meilleure école de délinquance que le système carcéral.[37]

Le méthadone fait que l'individu dépend de cette substance plutôt que d'une autre. Est-ce que cela vaut mieux? Je crois que le problème du méthadone est un faux problème. Quand on a découvert l'héroïne, on lui a donné ce nom parce que c'était considéré comme le remède "héroïque" qui était réputé avoir toutes les vertus; on a cru pendant des années que l'héroïne permettait de désintoxiquer de la morphine, de même de la cocaïne.

Le thérapeute est toujours à la recherche du remède magique; il est prisonnier devant l'intoxiqué, de son impuissance[38] à le guérir. Pour le thérapeute, le méthadone est magique; il renforce la confiance en soi; mais pour l'intoxiqué, c'est simplement substituer une intoxication à une autre intoxication. Le but que nous poursuivons, est-ce la réassurance de l'angoisse[39] du médecin, du thérapeute, ou l'accession à l'indépendance de l'intoxiqué?

Je vous rappelle aussi que le méthadone connaît déjà son marché noir aux Etats-Unis, car les gens qui sont sous méthadone continuent aussi l'héroïne et stockent le méthadone pour s'en servir le jour où il y a une rupture de fourniture d'héroïne. Si vous regardez les statistiques officielles, par exemple de Washington, vous verrez le nombre de morts par sur-dosage de méthadone qui ne cède en rien[40] au nombre des morts par

---

[32]**le péché:** *sin.*   [33]**recueillir:** obtenir.   [34]**détenir:** avoir.   [35]**le moindre:** le moins grand, *least.*   [36]**passer:** (ici) enlever, supprimer.   [37]**carcéral:** d'incarcération, de prison.   [38]**l'impuissance:** l'incapacité.   [39]**l'angoisse:** *anguish.*   [40]**ne cède en rien:** n'est pas inférieur.

héroïne. Il reste un énorme point d'interrogation. Il ne faut pas le résoudre[41] trop hâtivement. Nous sommes encore dans la période d'essai.
Bien sûr, nous serions enchantés d'avoir un remède magique; cela nous
simplifierait la vie et le travail, mais il faut accepter d'être simplement des
hommes, et non pas des magiciens!   5

8.   *Comment donc détruire la dépendance de l'intoxiqué, le réveiller à des
activités jugées utiles?*

Je suis persuadé d'une chose: il est absolument possible à la fois
physiquement et aussi psychologiquement, qu'un individu ayant même fait
un usage assez prolongé de modificateurs de conscience arrive à s'en pas-   10
ser[42] et à s'en passer d'une manière définitive. Je ne dis pas que ce soit
facile à réaliser; cela prend du temps, de longs efforts. On ne peut pas
s'attaquer aux seuls symptômes. Ce qui est toujours en cause, ce sont les
structures profondes de la personnalité, l'absence ou la présence d'angoisse, la capacité du sujet à absorber sans trop d'anxiété la réalité quoti-   15
dienne, et Dieu sait que la réalité quotidienne n'est pas toujours amusante.
Il y a de bons moments et de bons jours, et puis d'autres qui le sont
moins.

Je crois que la pierre de touche[43] c'est la possibilité de l'individu de
digérer sa part chaque jour de réalités. Or nous savons qu'il y a des indi-   20
vidus qui digèrent bien, d'autres qui digèrent mal. Il y a des individus qui
chuteront[44] sur le moindre petit obstacle de leur vie qui ne semblerait pas
une préoccupation à la plupart d'entre nous. Pour eux cela prend les proportions d'un drame, cela déclenche[45] des états d'insécurité tels qu'il faut
les fuir[46] et s'enfermer dans un monde imaginaire. Il y a là un facteur de   25
fragilité ou, à l'inverse, de résistance individuelle. Voilà le problème-clef
de tout ce qui touche aux modificateurs de conscience. Il faut que le sujet
arrive à un stade où il n'a plus besoin d'aucun modificateur de conscience.
Il lui faut une discipline qui est longue à acquérir, une maîtrise de lui-
même.   30
L'ennui[47] de l'époque actuelle, de l'époque "jet": il faut que tout
aille vite! Les gens veulent arriver à la connaissance suprême, "Nirvana"
dans la tradition hindoue, en avalant[48] une pilule. On pourrait sourire si,
malheureusement, il n'y avait pas des accidents de parcours[49] et si ce
n'était pas un sujet qui est plus tragique qu'amusant.   35

---

[41]**résoudre:** trouver une solution.   [42]**se passer de:** *to get along without.*   [43]**la pierre de touche:**
touchstone, le point critique.   [44]**chuter:** tomber.   [45]**déclencher:** précipiter, *to unleash.*   [46]**fuir:**
to flee, escape.   [47]**l'ennui:** *trouble.*   [48]**avaler:** *to swallow.*   [49]**un accident de parcours:** un
accident qui arrive en route.

9.   *Comment faire s'il faut tant de temps alors que la gravité de la si-*
tuation augmente sans cesse?

A un colloque[50] récent nous, médecins, sociologues, économistes,
sommes arrivés à cette constatation[51] assez atroce que la réalité quotidienne devenait tellement dure, tellement difficile en milieu urbain, qu'il   5
fallait entre l'individu et la réalité un amortisseur.[52] Cet amortisseur peut
être la foi,[53] le dévouement[54] à une cause du groupe ou à une cause sociale,
ça peut être l'amour que l'individu a pour une autre personne, ça peut
être également la maîtrise qu'il a de soi. Chez Huxley, chacun prend sa
petite pilule de tranquillisant "Soma" pour mieux affronter la réalité exté-   10
rieure.[55] Quelles sont alors ces sociétés qui peuvent nous proposer des
solutions, à mon sens,[56] dramatiques?

10.   *Que fait ici le médecin? Est-ce que vous sentez que vous faites face à*
un déluge, qu'il faudrait une armée de médecins pour y résister? Est-ce
que vous vous sentez la capacité de remédier à tous ces maux?[57] Avez-   15
vous tout de même un espoir?

Je crois qu'on n'a pas besoin d'espoir pour être heureux. Relisez les
dernières pages du *Mythe de Sisyphe* de Camus.[58] Il faut imaginer Sisyphe
heureux! Et cependant, chaque fois qu'il arrive au sommet de la montagne, il regarde descendre son rocher et il le rejoint à pas lourds. Le rôle   20
du médecin est un peu analogue! S'il lui fallait le succès pour être heureux,
il ferait mieux de changer de profession. Qu'il aille vendre des fraises ou
des cerises! La pénurie[59] de psychiatres est atroce; il nous manque 20.000
psychiatres. Nous n'avons plus le temps de soigner chaque individu; nous
devrions aussi soigner les collectivités. Le psychiatre, en relation étroite   25
avec le législateur, devrait étudier les formes de civilisation acceptables
par l'être humain, faire, si vous voulez, de la psychiatrie d'ensemble,
comme un urbaniste essaie de prévoir le plan d'une ville et s'intéresse plus
au tracé[60] des grands axes de circulation qu'au plan détaillé des cabinets.[61]
Il faut savoir ce que l'on veut construire: quel monde et pour qui!   30

Questions pour la compréhension du texte

1.   Pourquoi est-ce que les clients du docteur ont confiance en lui? Donnez
au moins trois raisons.

---

[50]**le colloque:** le congrès.   [51]**la constatation:** l'observation.   [52]**un amortisseur:** *shock absorber*.
[53]**la foi:** *faith*.   [54]**le dévouement:** *devotion*.   [55]Aldous Huxley, *Brave New World*, chap. 15.
[56]**à mon sens:** à mon avis.   [57]**les maux:** (pluriel de **mal**) les mauvaises conditions.   [58]Sisyphe,
le héros de Camus, doit, pour toujours, pousser un rocher qui, chaque fois, retombe du sommet
de la montagne.   [59]**la pénurie:** le manque, *scarcity*.   [60]**le tracé:** le dessin.   [61]**le cabinet:** (ici)
le détail des habitations.

2. Quelle expression préfère-t-il au mot "drogue"? Pourquoi? Il donne encore un autre synonyme; lequel?

3. Qu'apporte la sociologie à son travail?

4. Qu'est-ce que personne ne lui a jamais demandé?

5. Quelle est la grande crainte de ses clients? Ont-ils raison d'aller le consulter, lui, plutôt que d'aller à un hôpital ou à une clinique publique?

6. Comment le docteur appelle-t-il la police?

7. Comment définit-il la manière de vivre de la société majoritaire? Pourquoi l'appelle-t-il "classique"?

8. Que sont les sociétés parallèles? Qui en fait partie?

9. Pourquoi ont-elles un langage spécial?

10. Qu'est-ce que c'est que la toxicomanie? Est-elle le côté essentiel de la société parallèle?

11. Que pense le docteur des statistiques? Pourquoi?

12. Décrivez l'évolution récente du problème.

13. Que dit-il du franglais? Trouvez-vous d'autres expressions anglaises dans le texte du docteur? Lesquelles?

14. Comment le docteur distingue-t-il entre les drogues fortes et les autres?

15. Qu'est-ce qui est plus important que les qualités chimiques des drogues?

16. Il distingue surtout deux types d'expérience avec la drogue. Décrivez les deux cas parallèles.

17. D'où vient le danger des poisons?

18. Pourquoi la distinction entre les drogues fortes et douces n'est-elle pas essentielle au niveau pratique?

19. Pour qui les drogues sont-elles les plus dangereuses? Qui sont ces "sujets prédisposés"?

20. Est-ce que l'alcool produit des cas analogues? Qu'est-ce qui arrive parfois après deux verres de vin?

21. Pourquoi le méthadone est-il réputé être une bonne drogue? Pourquoi est-ce la seule drogue qui n'est pas illicite aux Etats-Unis?

22. Quels sont les rapports du médecin qui prescrit le méthadone avec son client?

23. Qu'est-ce que le docteur pense de l'expression, "la vie normale en société"?

24. Est-ce que la femme de 45 ans, que décrit un client, est elle aussi droguée? et comment?

25. Quelles formes d'intoxications sont légales?

26. Que pense le docteur du danger de l'alcool?

27. Est-il utile de mettre les drogués en prison?

28. Quel est l'effet du méthadone?

29. Comment l'expérience du méthadone ressemble-t-elle à celle de l'héroïne?

30. Quels sont les deux personnages du drame de la désintoxication? Quel est leur but respectif?

31. Décrivez les abus du méthadone.

32. Le docteur croit-il à un remède magique?

33. Peut-on guérir un drogué? Qu'en dit le docteur?

34. Quel est le problème clef?

35. Comment doit-on apprendre à accepter la réalité? Quels sont les dangers du toxicomane?

36. Quel est le grand ennui de notre époque? Pourquoi est-il "plus tragique qu'amusant"?

37. Faites la liste des "amortisseurs" possibles qui rendent l'homme capable de vivre en société.

38. Quel est le mythe de Sisyphe? Quelle est l'analogie entre Sisyphe et le médecin?

39. Quelles sont les solutions que propose le docteur en vue du fait qu'il n'y a pas assez de psychiatres?

40. Quelle société veut-il créer? Comment? Avec l'aide de qui?

Questions à discuter

1. Comparez les stupéfiants dits "forts" et "doux."

2. Y a-t-il une nécessité de secret professionnel absolu? Dans quels cas? Où? Pourquoi le psychiatre y a-t-il droit?

3. Pourquoi est-ce que le docteur Bensoussan a de la sympathie pour les sociétés parallèles? Notez ce qu'il dit de la police, des prisons, du besoin d'une société nouvelle. Quelles sont vos opinions à ce sujet?

4. Parlez des langues spéciales de certaines sociétés, celle des snobs, celle du peuple, celle des criminels, des toxicomanes, et autres. Donnez des exemples de votre connaissance.

5. Comment la possibilité de voyager et la facilité des communication influencent-elles la vie des jeunes gens?

6. Le docteur parle du danger des "poisons" dans les drogues impures et semble indiquer que des drogues pures produites sous des conditions de contrôle seraient moins dangereuses. Suggère-t-il la légalisation de la drogue? Le suggérez-vous? Qu'en pensez-vous?

7. Discutez le rôle de la constitution individuelle dans l'acquisition d'habitudes toxicomanes.

8. Discutez la question des drogues fortes et douces ainsi que la marijuana et le méthadone. Etes-vous d'accord avec le docteur Bensoussan? Il semble contredire l'attitude courante aux Etats-Unis. Qu'en pensez-vous?

9. Discutez les "sociétés parallèles."

10. Comment peut-on être libéré des "dépendances" qui font le toxicomane? Sont-elles responsables d'autres maladies et infirmités? Dans quelles conditions est-ce que la réalité est acceptée facilement?

11. Est-ce que la solution du problème se présente sur le plan individuel ou collectif? Qu'en pense le docteur? Est-il attaché surtout à guérir l'individu? Et vous, où voyez-vous la solution?

Propos à défendre ou à contester

1. Le problème du bien et du mal ne se pose pas pour le sociologue.

2. Nous voyons une augmentation constante du problème de la drogue.

3. La France a été fortement influencée par ce qui se passait aux Etats-Unis.

4. Le méthadone est une fausse solution et est responsable d'un grand nombre de morts.

5. Le fou, c'est l'autre; le drogué, c'est l'autre.

6. En France, nous sommes les champions du monde de la consommation de l'alcool.

7. Il n'y a pas de meilleure école de délinquance que le système carcéral.

8. La réalité devient si dure qu'il faut entre elle et l'individu un amortisseur.

9. Je crois qu'on n'a pas besoin d'espoir pour être heureux.

10. Il faut savoir ce qu'on veut construire: quel monde et pour qui.

Une rivière pollué. Photo Bibal-UNESCO.
Documentation Française.

16

La pollution

Le docteur Ledoux nous reçoit dans son bureau à l'hôpital de Besançon, qui est au service de l'université, de la ville et de la région. Une ville de 100.000 habitants ne connaît pas la pollution d'une métropole, mais même ici, les problèmes deviennent inquiétants. Besançon, avec son centre ancien remarquablement préservé, entouré de quartiers nouveaux situés sur des collines, a une industrie moderne, souvent non-polluante, utilisant des technologies avancées, et pourtant elle doit faire face au danger qui menace toutes les villes de notre époque. Le docteur Ledoux s'est engagé à l'aider dans cette tâche importante.

1.   *Comment vous êtes-vous engagé à vous occuper de la pollution?*

Il y a huit ans, exactement, dans notre bonne ville de Besançon, j'ai commencé à m'occuper de la pollution de l'air. Comme dans tous les services[2] du monde entier, on pouvait observer dans mon service, à l'hôpital, la montée extrêmement inquiétante du nombre des cancers   5 bronchiques. J'ai vu, malheureusement, beaucoup de monde se confier à moi,[3] même plusieurs de mes amis très chers, que j'ai dû aider à mourir dans des conditions assez tristes. Bien entendu, le cancer primitif des bronches est, ici comme ailleurs, provoqué par le tabagisme,[4] mais avec la sommation[5] d'une pollution atmosphérique particulièrement néfaste[6] dans   10 la boucle[7] de la rivière, le Doubs, qui enserre[8] la ville de Besançon.

2.   *Quelles en sont les causes à Besançon?*

Besançon est entourée de sept collines. L'entrée et la sortie de la rivière se fait dans de véritables écluses,[9] relativement étroites. Ce qui fait

---

[1]**Besançon:** ville située dans le Jura, près de la frontière suisse.   [2]**le service:** section, qui a sa propre spécialité.   [3]**se confier à moi:** devenir mes patients.   [4]**le tabagisme:** l'effet du tabac, de la nicotine.   [5]**avec la sommation de:** à quoi il faut ajouter.   [6]**néfaste:** mauvais, dangereux.   [7]**la boucle:** le cercle, *loop*.   [8]**enserrer:** entourer.   [9]**une écluse:** *flood-gate*, (ici) passage étroit.

le charme de la ville, au milieu des sept collines, ce sont les toits parsemés[10] de milliers de cheminées. La vieille ville est d'origine gallo-romaine mais la plupart des beaux bâtiments actuels sont du dix-huitième siècle. A cette époque, la mode était d'avoir un foyer[11] par chambre et une cheminée par foyer. Cela fait une véritable forêt de cheminées dont aucune n'est pareille et dont beaucoup sont encore très anciennes.   5

Il y a dix ans, alors que le chauffage était encore presque partout au bois et au charbon, toutes les cheminées fumaient et la ville était dominée[12] par un plafond chaud, à base de suie[13] de fumée, dont la limite se situe à 80 mètres au dessus de la ville, au village de More[14] très exactement. Ce   10 phénomène se produit encore avec une particulière fréquence de février à mai et d'octobre à décembre.

Nous avons un climat continental; il est très fréquent que le vent du sud nous amène un air chargé d'humidité et de chaleur et qu'ensuite, brutalement, le vent tourne, passe au vent du nord (nous l'appelons "la   15 bise"), ce qui entraîne une différence de 20 degrés entre le midi et le soir.[15] A ce moment-là, tous les foyers sont mis en action afin de rechauffer les appartements. Ce fait entraîne une pollution atmosphérique intense. On dit alors qu'on a le brouillard piquant qui entraîne une rougeur des yeux, qui fait se moucher et quelquefois pleurer. Ce phénomène tout à fait com-   20 parable au smog de Londres, n'en a pas la gravité, car on sait que cette pollution atmosphérique, pour être dangereuse, doit durer. Or, chez nous, elle ne dure jamais plus que quelques heures.

Depuis dix ans, les faits ont changé, à savoir que le chauffage au charbon ou au bois a pratiquement disparu, pour être remplacé par le   25 chauffage au fuel[16] et au gaz. Nous avons ici le gaz de Lacq,[17] qui a l'heureuse qualité de ne pas contenir d'oxyde de carbone; par contre, il est riche en anhydride carbonique.

3.   *Que fait la circulation automobile?*

Elle est intense et soulève des quantités de problèmes. La seule solu-   30 tion est la suppression de la circulation dans les grandes rues de la ville. Il y a, à ce sujet, un long conflit entre les commerçants et les hygiénistes de la ville. Les commerçants assurent que leur chiffre d'affaires[18] chutera[19] verticalement si on supprime le stationnement[20] dans toutes les rues de la ville, alors que les hygiénistes et urbanistes sont absolument persuadés du   35 contraire: si, comme on l'a observé dans beaucoup de villes, on suppri- mait la circulation en ouvrant des parkings dans la périphérie, on verrait

---

[10]**parsemé**: *strewn, sprinkled.*   [11]**le foyer**: *fireplace.*   [12]**dominée**: couverte.   [13]**la suie**: matière noire déposée par la fumée, *soot.*   [14]**More**: le premier petit village sur la route de Lausanne. [15]Un degré centigrade = 9/5 + 32 degrés Farenheit; 20°C = 68°F.   [16]**le fuel**: *fuel oil.* [17]**Lacq**: source du gaz de France, dans les Pyrénées.   [18]**le chiffre d'affaires**: le total des opéra- tions commerciales.   [19]**chuter**: tomber rapidement.   [20]**le stationnement**: *parking.*

pour les commerçants une chute du chiffre d'affaires pendant peut-être le premier mois, suivi d'une remontée verticale et d'une valorisation[21] des commerces situés dans les rues piétonnières.[22]

4.   *Est-ce qu'une modification des automobiles pourrait remédier à ce problème?*

Il faut tout d'abord un réglage[23] constant du fonctionnement du moteur. Régulièrement, tenant à[24] donner l'exemple, je vais faire régler les gaz d'échappement[25] de mes voitures et ce réglage arrive à diminuer d'à peu près trois quarts la toxité des neuf dixièmes des moteurs d'automobiles et cela avant toute modification mécanique coûteuse et lourde! Lorsqu'on aura un système qui réabsorbera l'anhydride sulfureux et l'oxide de carbone—ce qui chimiquement est un jeu d'enfant mais mécaniquement est compliqué—la pollution de la rue des grandes villes à circulation automobile intense sera complètement modifiée.

5.   *Comment mesurez-vous la pollution atmosphérique?*

Avec le bureau d'hygiène de la ville, avec les Facultés de Science et de Médecine, nous avons lentement mis en place le matériel nécessaire, à savoir des appareils S-F, c'est-à-dire, Soufre[26]-Fumée, qui recueillent les retombées[27] en soufre et fumée. Celles-ci sont analysées à la Faculté des Sciences. Cela fonctionne pour la septième année consécutive. Nous sommes, à Besançon, la cinquième ville de France, après Paris, Lyon, Marseille et peut-être Nantes, à faire des analyses systématiques. Actuellement il y a une dizaine de villes françaises qui font le recueil et l'analyse de nuisances.[28]

Nous avons également quadrillé[29] toute la ville avec des appareils qui prélèvent[30] l'oxyde de carbone et nous nous sommes aperçus que la pollution de Besançon était, par certains points, tout à fait comparable à celle des grandes villes comme Paris et Lyon, étant entendu[31] que nous parlons exclusivement de la boucle du Doubs, c'est-à-dire de la vieille ville, qui a des rues extrêmement étroites et sinueuses, ne favorisant pas le balayage[32] par le vent comme les villes très aérées.

Nous nous sommes aperçus que les chiffres de retombée en soufre et fumée étaient relativement importantes, comparables à Lyon en particulier. Cependant, nous avions installé les machines S-F lorsque notre ligne de chemin de fer marchait encore à la vapeur et au charbon; maintenant que le chemin de fer fonctionne à l'électricité, la chute de pollution dans

---

[21]**la valorisation:** l'augmentation de valeur, de prospérité.   [22]**piétonnier:** réservé aux piétons (ceux qui vont à pied).   [23]**le réglage:** le contrôle, *adjustment*.   [24]**tenir à:** avoir envie de, vouloir.   [25]**l'échappement:** *exhaust*.   [26]**le soufre:** *sulphur*.   [27]**la retombée:** *deposit*.   [28]**la nuisance:** une matière qui nuit, qui est dangereuse.   [29]**quadriller:** semer partout, *to checker*.   [30]**prélever:** recueillir, *to gather*.   [31]**étant entendu:** *it being understood*.   [32]**le balayage:** l'action de balayer, nettoyer, enlever l'air mauvais.

Vue aérienne de Besançon. Photo Marlin.

cette zone (car les machines fonctionnent toujours aux mêmes endroits de la ville) est considérable.

Pour ce qui est de l'oxyde de carbone, nous avons étudié les carrefours[33] de la ville et nous nous sommes aperçus qu'il y en avait qui dépassaient largement les 400 p.p.m., c'est-à-dire parties pour un million, qui constitue le seuil[34] dangereux. Heureusement ce phénomène ne dure pas. Les 400 p.p.m. signalent l'embouteillage[35] des heures de pointe[36] et ne durent que quelques minutes. Tout de même, un Bisontin[37] immobile au bord d'un trottoir au niveau d'un carrefour risquerait un état syncopal.[38]

Nous avons encore les jauges[39] Owen qui recueillent les retombées atmosphériques. Elles reçoivent l'eau de pluie et toutes les poussières qui virevoltent[40] dans l'air, une bonne quarantaine de produits organiques, minéraux ou chimiques. Une camionette fait le ramassage trimestriel de ces jauges, ce qui représente un gros effort, possible dans la ville de Besançon, mais pas dans la périphérie. Les jauges trimestrielles desservent[41] les régions qui ne peuvent pas s'offrir[42] des prélèvements quotidiens.

Enfin, nous avons d'autres appareils, en particulier les appareils dits[43] teflons, montés sur des camionnettes qui parcourent la ville lorsqu'un quartier est particulièrement poussiéreux[44] pour une cause transitoire.

6.   *Est-ce que la recherche scientifique se poursuit en même temps?*

Cette recherche se fait surtout à la Faculté de Medecine. Nous avons créé une chaîne actographique, c'est-à-dire, des animaux d'expérience[45] munis de petits contacts[46] qui permettent de vérifier leur comportement. Ils se trouvent dans des cages où ils sont soumis à différents gaz d'échappement selon des densités variables et selon des durées variables. Le comportement de ces animaux est enregistré électroniquement sur des bandes qui permettent de l'étudier pour une quantité d'animaux.

Nous avons reçu et étudié également toutes les plaintes[47] qui sont faites au bureau d'hygiène de la ville, et qui révèlent des nuisances intéressantes dans l'atmosphère. Cependant nous n'avons pas d'usines polluant l'air de notre ville.

7.   *N'y a-t-il aucun danger pour l'avenir?*

Nous avons deux usines d'un type très polluant qui se construisent malheureusement sous le vent dominant. Ce sont une usine d'incinération d'ordures ménagères[48] et l'usine centrale thermique qui chauffera une

---

[33]**le carrefour:** le croisement, l'intersection de rues.   [34]**le seuil:** *threshold.*   [35]**un embouteillage:** *traffic jam,* l'excès de circulation.   [36]**l'heure de pointe:** *rush hour.*   [37]**le Bisontin:** l'habitant de Besançon.   [38]**l'état syncopal:** l'état où on perd conscience.   [39]**la jauge:** *gauge.*   [40]**virevolter:** voler dans tous les sens.   [41]**desservir:** faire le service (dans).   [42]**s'offrir:** avoir le luxe, *to afford.*   [43]**dit:** qu'on appelle.   [44]**poussiéreux:** (ici) pollué.   [45]**une expérience:** *experiment.*   [46]**munis de contacts:** avec des contacts électriques.   [47]**la plainte:** *complaint.*   [48]**les ordures ménagères:** *household waste.*

ville nouvelle.[49] Notre action constante a été d'obtenir de la ville de Besançon un budget tel que le système d'épuration soit le plus actif possible. Ainsi nous avons pu faire installer trois systèmes d'épuration successifs qui font que la pollution sera minime. Nous contrôlons et comparons la pollution de ces usines qui correspond à ce qu'on pouvait attendre. La pollution est minime et compatible avec la vie tout à fait normale. Néanmoins,[50] nos appareils restent en place pour la mise en train[51] de la centrale thermique qui vient de renoncer à fonctionner au charbon pour fonctionner uniquement au fuel et au gaz.

Nos recherches se font systématiquement et en accord avec le centre de transfusion. Il se présente des centaines de donneurs de sang; on recueille leur sang et étudie leur taux[52] de carboxyhémoglobine[53] dans le sang. Pour une consommation de tabac égale ou nulle, on peut pratiquement dire où habite le donneur de sang: on sait que l'habitant de la boucle a un taux de carboxyhémoglobine qui est notablement plus élevé que celui qui habite la périphérie.

8. *C'est dire qu'une nouvelle usine doit prévenir la pollution?*

En effet. Je vous cite l'exemple des cimenteries.[54] Il existe à Champagnole[55] une cimenterie qui fonctionne selon l'ancien système et elle est polluante. Les toits sont blancs dans un certain rayon[56] autour de l'usine.

Par contre, une nouvelle cimenterie s'est construite dans la banlieue[57] de Dôle.[58] C'est une usine ultra-moderne. Elle n'utilise que 350 personnes pour une usine qui paraît immense. De sa cheminée ne s'échappent que quelques toutes petites volutes[59] de vapeur blanche et il n'y aura aucun dépôt aux alentours[60] de l'usine. Le système d'épuration a coûté un prix qui correspond à une bonne partie du budget total de l'usine.

9. *Vous contrôlez la pollution de l'air; et celle de l'eau?*

Il n'en est pas de même. En particulier, une papeterie[51] qui se trouve en amont[62] de la ville de Besançon à 5 ou 6 kilomètres[63] et qui a amené des pollutions de la rivière considérables. Cela a changé. La modification est faite. Elle coûte extraordinairement cher. Le problème se pose pour toutes les papéteries dans le monde entier. Les produits qui ne sont pas utilisés pour la fabrication de la pâte à papier sont rejetés dans l'eau. Ils

---

[49]**la ville nouvelle:** un nouveau centre urbain, *satellite city.* [50]**néanmoins:** *nevertheless.* [51]**la mise en train:** le commencement du fonctionnement. [52]**le taux:** la proportion. [53]**le carboxyhémoglobine:** combinaison de l'oxyde de carbone avec l'hémoglobine. [54]**la cimenterie:** l'usine de ciment (*cement*). [55]**Champagnole:** petite ville entre Besançon et Genève. [56]**le rayon:** (ici) la circonférence, la distance. [57]**la banlieue:** les environs de la ville, *suburbs.* [58]**Dôle:** ville entre Besançon et Dijon. [59]**la volute:** la spirale. [60]**aux alentours:** autour, près de. [61]**la papeterie:** (ici) l'usine qui fabrique du papier. [62]**en amont:** en montant la rivière. [63]à peu près 3 à 4 milles; 1 km = 5/8 mille.

constituent un sucre qui favorise la production d'algues. Ces algues mangent l'oxygène de l'eau et les poissons ne peuvent plus y vivre. L'eau prend, en même temps, un aspect noirâtre,[64] car ces algues prolifèrent en grand nombre. Le problème se produit en période de basses eaux. C'est alors que l'usine met en fonctionnement son système d'épuration afin que les sociétés de pêche ne lui fassent plus de procès[65] ainsi qu'il en a été.[66] L'installation d'épuration de ces eaux de papeterie est tellement coûteuse que la société a dû faire un emprunt.[67] Il existe dans le cadre du budget de l'Etat français, une caisse de prêt spéciale pour favoriser l'industrialisation non-polluante. Elle fonctionne pour avancer à l'entreprise les sommes nécessaires.

10. *Est-ce que cette papeterie n'émettait pas d'odeurs?*

Non, cela ne se produit pas ici. C'est uniquement une pollution de l'eau qui est à corriger. L'usine n'émet pas de fumée.

11. *Vous avez parlé de la pollution de l'air et de l'eau. Y a-t-il d'autres formes encore?*

Il y a la pollution du bruit. Notre ville a une petite industrie mécanique. Elle est la capitale de l'horlogerie et il y a une quantité considérable de presses. Les montres, les petites mécaniques, les compteurs d'eau, des quantités de petites pièces sont faits à base de presse, et il y a encore dans la boucle du Doubs et dans la périphérie des presses particulièrement bruyantes[68] qui entraînent des plaintes.

12. *Donc ici encore il y a du progrès. Est ce que toute la pollution diminue à Besançon?*

Généralement oui. La nuisance en soufre et fumée n'a pas cessé de diminuer. Elle a eu une petite remontée en 1970. Ce fait est explicable par ce climat tout à fait exceptionnel de cette année où il n'y a eu pratiquement ni pluie, ni vent, ce qui a contribué à augmenter la pollution. Mais dans l'ensemble la courbe est descendante.

Pour ce qui est de l'oxyde de carbone, au contraire, il y a une augmentation; pour ce qui est de l'anhydride sulfureux, il y a aussi une augmentation. Ceci est encore dans les chiffres acceptables, mais la courbe des cancers des bronches est sans cesse ascendante! Elle est exactement parallèle à la consommation tabagique. C'est un problème national, mondial. Dans le service des voies respiratoires, de 90 lits, le nombre de cancers des bronches est au moins de 40% de la capacité.

---

[64]**noirâtre:** *blackish.*   [65]**faire un procès à:** *to sue, take legal action against.*   [66]**ainsi qu'il en a été:** comme il est arrivé déjà.   [67]**un emprunt:** *loan*; une somme d'argent prêté par une banque ou autre agence.   [68]**bruyant:** qui fait du bruit.

13. *Vous avez pourtant pris de l'avance sur d'autres villes. Vos progrès*
       sont constants. Comment avez-vous organisé vos efforts?

Nous avons été aidés au départ parce que nous nous sommes affiliés
à l'APPA, l'Association pour la Prévention de la Pollution Atmosphérique, organisme semi-étatique[69] siégeant[70] à Paris. Au départ, il nous a   5
prêté trois appareils à prélèvement. Nous avons été aidés par le Conseil
Général[71] qui nous offre tous les ans une subvention importante, par
l'Action Sanitaire et Sociale, qui est un organisme de Sécurité Sociale qui
nous donne une subvention également. Enfin nous avons un certain nombre de cotisants,[72] en particulier les industriels qui peuvent profiter de nos   10
services.

Toute une série de conférences et de films sont faits tous les ans avec
des actions qui veulent être spectaculaires, par exemple des concours[73] que
nous organisons dans les écoles sur les méfaits[74] de la pollution et du
tabagisme. Les écoles qui ont particulièrement participé, reçoivent de   15
petits cadeaux sous forme de montres, ou bien elles reçoivent des arbres;
c'est-à-dire que de jeunes arbres sont plantés en grande cérémonie. Evidemment, l'action de la verdure[75] contre la pollution fait partie de l'enseignement des enfants. Tous les ans, nous faisons plusieurs émissions de
télévision. Nous participons aux nouvelles initiatives de l'Etat comme la   20
semaine de l'air pur, la semaine anti-nuisance. Nous nous accordons
même avec des instances[76] internationales.

Tout le monde s'y met. C'est ainsi que dans le Jura,[77] qui a un sol
truffé de grottes,[78] les visiteurs abandonnent toutes les saletés[79] qu'ils
peuvent déposer en y allant pique-niquer. Les paysans y déversent[80] tout   25
ce qui est volumineux: vieilles voitures et bétail mort: ils tentent de ne
pas passer par le système de l'équarrisseur[81] officiel qui coûte cher. Toutes
ces saletés s'accumulent dans les fonds des gouffres[82] et des grottes; elles
amènent une pollution considérable des eaux. Il n'y a pratiquement plus
de sources qui soient indemnes.[83]   30

Alors nos spéléologues[84] agissent et approprient[85] grotte par grotte
pour les nettoyer. Ils ont visité dernièrement une grotte qui est sans danger
et où on emmène le monde qui veut voir une grotte sauvage. Ils en ont
retiré 60 sacs d'ordures de la première salle, et ils sont prêts à en retirer

---

[69]**semi-étatique:** subventionné en partie par l'Etat.   [70]**siégeant:** situé, organisé.   [71]**le Conseil
Général:** l'assemblée départementale, (ici) du Doubs.   [72]**le cotisant:** celui qui contribue de
l'argent.   [73]**le concours:** *contest.*   [74]**le méfait:** le danger, la nuisance.   [75]**la verdure:** la nature
verte—l'herbe, les arbres, etc.   [76]**une instance:** (ici) un organisme, une organisation, une
autorité.   [77]**le Jura:** massif de montagnes et de forêts le long de la frontière suisse.   [78]**truffé
de grottes:** *full of caves.*   [79]**la saleté:** tout ce qui est sale ou dont on veut se débarrasser.
[80]**déverser:** jeter.   [81]**un équarrisseur:** une personne chargée d'évacuer le bétail (*cattle*) mort et
qu'il faut payer pour ce travail.   [82]**le gouffre:** la cavité profonde.   [83]**indemne:** dans son état
original, (ici) non pollué.   [84]**le spéléologue:** spécialiste en spéléologie, l'étude ou l'exploration
des grottes.   [85]**approprier:** s'installer dans; *to appropriate.*

quatre fois autant des différentes salles successives, qu'ils vont ainsi nettoyer. On trouve de tout. On trouve des stocks d'obus[86] projetés par les
combattants des différentes guerres; on y trouve des masses considérables
de bétail en état de décomposition; on y trouve même un ou deux corps
humains, victimes de crimes. Un de mes adjoints, ici à l'hôpital, est le chef   5
d'un groupe de spéléologues. Je pense que ces jeunes ont énormément de
mérite. Donc, pour l'avenir de la ville de Besançon, il n'y a aucun problème!

Questions pour la compréhension du texte

1. Depuis quand le docteur Ledoux s'occupe-t-il de la pollution?
2. Où se trouve Besançon par rapport à Paris? Comment s'appelle le départe-
    ment? Quelle est sa situation géographique, très importante depuis l'ère
    des Romains? De quand datent les maisons de la vieille ville?
3. Quelle est l'importance des cancers des bronches? La cause?
4. Où la pollution est-elle particulièrement néfaste?
5. Une "mode" du dix-huitième siècle fait le charme de Besançon. Laquelle?
6. Decrivez le plafond chaud qui dominait Besançon.
7. Définissez "un climat continental." Quel en serait le contraire?
8. Quel est l'effet de la bise?
9. Quel est ce brouillard qui se forme le soir? Quels en sont les effets?
10. Pourquoi cette pollution n'est-elle pas dangereuse?
11. Quels sont les changements depuis dix ans?
12. Comment résoudre le problème de la circulation? Qu'est-ce qui arriverait
    si on adoptait ces mesures?
13. Quel réglage devrait être obligatoire pour les automobiles?
14. Depuis quand les appareils S-F fonctionnent-ils à Besançon? et dans
    quelles autres villes?
15. Pourquoi le chemin de fer ne contribue-t-il plus à la pollution?
16. Quel est le seuil dangereux de la pollution? Quand est-ce qu'on l'atteint
    à Besançon?
17. Quels appareils recueillent la poussière?
18. Que font les camionettes?
19. Qu'est-ce que c'est qu'une chaîne actographique?
20. Est-ce que les plaintes au bureau d'hygiène sont utiles?
21. Comment a-t-on pu contrôler la pollution de deux nouvelles usines?
22. Quel est l'effet polluant de la cimenterie de Champagnole?
23. Décrivez la nouvelle cimenterie.
24. Pourquoi est-ce que le système d'épuration n'est pas bon marché?
25. Qui est responsable de la pollution du Doubs?

---

[86]**un obus:** un projectile d'artillerie; *shell.*

26. Comment les industries polluantes obtiennent-elles des crédits pour modifier l'usine?
27. Pourquoi la papeterie n'émet-elle pas d'odeurs?
28. De quelle industrie Besançon est-elle la capitale?
29. Quelle pollution du bruit continue toujours?
30. Quelle a été l'évolution de la nuisance en soufre et fumée? Pourquoi l'exception de 1970?
31. Combien de lits faut-il à l'hôpital de Besançon pour les cancers des bronches?
32. Quels organismes et individus ont aidé Besançon?
33. Que fait la ville elle-même?
34. Pourquoi les cadeaux de montres sont-ils particulièrement adaptés à la ville de Besançon?
35. Que savez-vous du Jura? De quoi est-il "truffé"?
36. Qu'est-ce qu'on trouve dans les grottes? Pourquoi?
37. Que font les spéléologues en général et à Besançon en particulier?
38. Quelle évidence de crimes a-t-on découverte?
39. Comment l'avenir de Besançon est-il assuré?

Questions à discuter

1. La pollution augmente avec l'effet d'un entonnoir (*funnel, crater*), que forment les collines et les rues sinueuses de Besançon; elle augmente aussi avec certains effets climatiques, tels les chutes subites de température, le manque de pluie et de vent. Analysez les régions que vous connaissez, de la même façon.

2. Décrivez des conflits entre commerçants et hygiénistes analogues à ceux dont parle le docteur Ledoux.

3. Comparez les expériences scientifiques du docteur Ledoux avec d'autres que vous connaissez.

4. Que pensez-vous personnellement de la pollution? Peut-on installer des systèmes d'épuration partout? Y a-t-il du progrès industriel sans pollution?

5. Le centre de transfusion collabore avec le docteur Ledoux. Connaissez-vous des centres ou laboratoires analogues? Quelle est leur importance?

6. Le texte parle du problème de la pollution par les papeteries, les cimenteries, une usine d'incinération, une centrale thermique et les presses. Décrivez le cas particulier d'une industrie que vous connaissez et qui fait face au problème.

7. Décrivez les effets et discutez les solutions possibles de la pollution automobile.

8. Quel équivalent de la "semaine d'air pur" et de la "semaine anti-nuisance" y a-t-il aux Etats-Unis?

9. On dit que la jeunesse a besoin de causes. La lutte contre la pollution a-t-elle remplacé la lutte contre la guerre? Quelles causes proposez-vous pour l'avenir?

10. On parle d'une pollution "esthétique." Qu'en savez-vous?

11. Comment proposez-vous d'éliminer les vieilles automobiles et les ordures qu'on trouve partout aux Etats-Unis?

Propos à défendre ou à contester

1. Il faut des allocations importantes pour la recherche contre les cancers, car les cancers des bronches augmentent sans cesse.

2. Il faut modifier les vieux quartiers en éliminant beaucoup de maisons pour qu'ils deviennent aérés, moins sujets à la pollution.

3. Il faut supprimer les chauffages et industries à charbon.

4. Il faut interdire la circulation dans le centre des villes.

5. Il faut un réglage mensuel obligatoire des gaz d'échappement de toutes les voitures.

6. Toutes les villes doivent installer des appareils contrôlant la pollution.

7. La "chaîne actographique" qui soumet les animaux à des gaz d'échappement représente une expérience cruelle et regrettable.

8. Il faut forcer les usines à contrôler la pollution de l'eau ou de l'atmosphère, mais en leur accordant les emprunts et avances nécessaires.

9. On pense moins souvent à la pollution du bruit, mais c'est une nuisance qu'il faut strictement contrôler.

10. Il faut tout nettoyer. Il faut pour cela mobiliser les citoyens. Il faut forcer tout le monde à aider!

Un congrès syndical.
French Press & Information Division.

17

Interview de Lucien RIOUX,
auteur et journaliste à Paris.

Le syndicalisme¹ ouvrier

Lucien Rioux s'intéresse à deux domaines, les questions du travail et la chanson. Il a publié des études et des collections de chansons ; il est producteur d'émissions de la radio française et de la radio suisse. Il a été encore plus actif dans le domaine du syndicalisme. Depuis 1954, il assure la chronique syndicale de *France-Observateur,* devenu *Le Nouvel Observateur* ; il a rédigé² la partie *Syndicats Ouvriers,* dans le numéro spécial consacré au syndicalisme de la revue *Liaisons Sociales* (1967), étude claire et utile que nous recommandons à nos lecteurs ; il a publié plusieurs livres à ce sujet, dont *Clefs pour le syndicalisme* (Paris : Seghers, 1972). Les mouvements ouvriers le passionnent et il explique les grandes différences entre les syndicats français et américains. Il faudra lui demander une deuxième interview, un jour, sur la chanson. . . .

1. *Quelle est la situation du syndicalisme en France ?*

Pour le caractériser, deux mots suffisent : le syndicalisme français est minoritaire et divisé. Minoritaire, parce qu'il ne regroupe, grosso modo,³ que quelques 30 % des salariés français. Trente pour cent, c'est un chiffre global,⁴ mais qui cache d'importantes disparités. Quelques secteurs sont très organisés : le livre, où la fédération CGT,⁵ qui contrôle l'embauche⁶ dans les imprimeries de presse, regroupe de 90 à 95 % des travailleurs ; l'enseignement, où les instituteurs sont syndiqués à 90 % dans une fédération autonome, la Fédération de l'Education Nationale, et où les 10 % restants sont, pour la plupart, adhérents de la CFDT.⁷

D'autres secteurs, moins bien organisés, connaissent cependant un taux⁸ de syndicalisation élevé. Il s'agit, en général, d'entreprises d'Etat et de services publics : les chemins de fer, l'Electricité de France, où la pro-

5

10

---

¹**le syndicalisme:** *union mouvement*; cf. syndical, le syndicat, (se) syndiquer, le syndicaliste, la syndicalisation. ²**rédiger:** écrire, composer. ³**grosso modo:** sans entrer dans le détail; *roughly speaking.* ⁴**global:** total, qui représente la moyenne (*average*). ⁵**CGT:** Confédération Générale du Travail. ⁶**une embauche:** l'action d'engager les ouvriers; *hiring.* ⁷**CFDT:** Confédération Française Démocratique du Travail. ⁸**le taux:** le pourcentage.

portion des syndiqués dépasse 50%. Dans l'industrie privée, le nombre
d'adhérents aux syndicats est beaucoup plus faible. Si l'automobile compte
environ 25% de syndiqués, avec un maximum aux usines Renault, la
petite industrie, les secteurs retardataires[9] comme le textile, l'alimentation,[10] ne comptent guère plus de 10 à 15% de syndiqués.   5

Deuxième élément à souligner, l'extrême division du syndicalisme
français. Il y a, en France, trois grandes organisations syndicales: la principale, c'est la CGT, la Confédération Générale du Travail, qui doit (mais
les chiffres sont controversés) regrouper environ 1.500.000 travailleurs.
Ensuite vient la CFDT, la Confédération Française Démocratique du   10
Travail, dont le nombre d'adhérents doit se situer entre 600.000 et 700.000.
Enfin, la FO, Force Ouvrière, rassemble environ 500.000 cotisants.[11]

Chacune de ces organisations possède ses "places fortes." La CGT
est puissante dans le secteur public, notamment chez les cheminots,[12] les
électriciens, les mineurs. Elle est très influente dans la métallurgie, la   15
chimie et domine certaines régions industrielles, le Nord, la région parisienne et, dans une moindre mesure, le Midi méditerranéen.

La CFDT est importante dans l'Ouest (Bretagne, pays de la Loire),
dans l'Est (Alsace, Lorraine) et dans la région Rhône–Alpes. Elle est
bien implantée dans la métallurgie, où elle se situe au deuxième rang,   20
derrière la CGT; elle domine souvent dans les entreprises modernes,
électronique, parfois chimique, et parmi les employés du commerce et de
l'industrie.

Quant à la Force Ouvrière, importante dans le Sud-Ouest et le Nord,
elle recrute surtout parmi les fonctionnaires, les agents des services publics, 25
etc.

A côté de ces trois grandes confédérations, il existe une puissante
Fédération de l'Education Nationale qui doit rassembler plus de 500.000
adhérents, et une organisation de cadres,[13] la Confédération Générale des
Cadres, puissante dans la métallurgie, qui regroupe 300.000 ou 350.000   30
ingénieurs, contremaîtres,[14] chefs d'équipe,[15] voyageurs de commerce, etc.

Quelques organisations sont moins importantes. La Confédération
Française du Travail, ou CFT (50.000 adhérents, mais elle annonce
350.000), rassemble ce qu'on appelle en France les syndicats-maisons, c'est
à dire les syndicats dépendant des directions d'entreprise.[16] La CFT, qui   35
est soutenue par l'aile droite du pouvoir actuel, est d'ailleurs concur-
rencée[17] par une organisation du même type, mais plus faible, la Confédération Générale des Syndicats Indépendants.

En outre, il existe une Confédération Française des Travailleurs

---

[9]**retardataire:** qui sont en retard sur le plan technique.   [10]**l'alimentation:** le commerce de la
nourriture, *food industries.*   [11]**le cotisant:** le membre (qui paie une cotisation, *membership dues*).
[12]**le cheminot:** l'employé du chemin de fer.   [13]**le cadre:** l'employé qui exerce une fonction de
direction.   [14]**le contremaître:** *foreman.*   [15]**une équipe:** *team*, groupe (d'ouvriers).   [16]**la direction (d'entreprise):** *management.*   [17]**concurrencer:** rivaliser.

Chrétiens, CFTC, d'environ 100.000 adhérents, importante chez les mineurs et les employés qui ont rompu[18] avec la CFDT le jour où celle-ci a abandonné ses références aux principes chrétiens.[19]

Enfin, on compte une multitude d'organisations autonomes, indépendantes, de groupes de défense, qui essaient de regrouper une catégorie particulière de personnel : les chefs de train du métro, les conducteurs des chemins de fer, etc. Bref, il faudrait des heures pour établir une description détaillée du syndicalisme français.

2. *Cette situation, affaiblit-elle le syndicalisme français?*

Oui et non. Les trois grandes centrales, CGT, CFDT et FO, obtiennent plus de 80% des voix dans les élections professionnelles. Même s'ils se syndiquent peu, les ouvriers français font confiance[20] aux syndicats et votent pour eux. Aussi[21] lorsque ces trois centrales lancent un mot d'ordre ensemble, un ordre de grève[22] par exemple, elles sont à peu près assurées de sa réussite.

D'autant que, pour lancer ce mot d'ordre, elles tiennent compte de ce qu'on appelle le climat. A l'inverse de ce qui se produit dans les pays à fort taux de syndicalisation comme les Etats-Unis ou l'Allemagne, on ne donne pas d'ordre de grève lorsque la nécessité l'impose, par exemple, avant la négociation d'un nouveau contrat collectif. La grève, en France, part de la base. Elle éclate lorsque les travailleurs, mécontents et en colère, l'imposent. Si la base ne veut pas, à un moment où cela serait nécessaire, même s'il était utile d'engager une bataille, les syndicats s'abstiennent, se contentant de lancer des mouvements symboliques. C'est peut-être pour cela que la "grève sauvage"[23] est rare dans notre pays. Les mouvements que lancent les syndicats ne sont, en fait, que des actions parties de la base, des "grèves sauvages" officialisées. Il est des pays où l'on peut faire manœuvrer les syndicats comme une armée ; en France, jamais.

3. *Est-ce que les syndicats autonomes suivent les mots d'ordre lancés par les grandes centrales?*

Oui. Parfois même, parce qu'ils sont en contact permanent avec leur base beaucoup plus réduite,[24] ils sont même les premiers à lancer le mouvement. S'ils ne suivent pas, ce ne serait d'ailleurs pas très grave ; ils n'ont de l'importance que dans des secteurs très réduits.

4. *Quelle est l'orientation politique des syndicats? A-t-elle une influence sur leur comportement?*

Parlons d'abord des orientations. La CGT est communisante.[25] Son secrétaire général, Georges Séguy, est en même temps membre du bureau

---

[18]**rompre:** *to break.*   [19]En 1965.   [20]**faire confiance à:** *to trust.*   [21]**aussi** (au début de la phrase): c'est pourquoi.   [22]**un ordre de grève:** *strike call*; **le mot d'ordre:** *slogan.*   [23]**la grève sauvage:** *wildcat strike.*   [24]**réduire:** *to reduce.*   [25]**communisant:** avec des tendances communistes.

Une manifestation syndicale.   Photo Hubert, Paris.

politique du Parti Communiste et nombre de ses responsables sont communistes. Ce qui n'implique[26] pas d'ailleurs un alignement systématique de la centrale sur le parti. En effet, dans leur grande majorité, les adhérents de la CGT ne sont pas communistes.

La CFDT est plus difficile à situer. A la Libération,[27] quand les   5 courants chrétiens dominaient la centrale, qui s'appelait alors CFTC, elle était proche du parti social chrétien français, le MRP.[28] Aujourd'hui, l'éventail[29] est très large. S'il existe encore de petites franges[30] gauliste et chrétienne traditionnelle, on y trouve toutes les variétés de socialistes et révolutionnaires. Le PSU, le Parti Socialiste Unifié, minoritaire et d'ex-   10 trême gauche, influence encore nombre de responsables locaux et le Parti Socialiste de François Mitterand a largement recruté à la CFDT. Mais une forte tendance de la centrale, dans laquelle se retrouvent la plupart des dirigeants, croit plutôt à un effacement des partis politiques et à une évolution vers le socialisme dont le syndicat serait l'élément moteur.   15

Quant à Force Ouvrière, proche par son esprit et ses traditions des éléments modérés du Parti Socialiste, elle reste fidèle à l'indépendance syndicale et refuse tout alignement.

5. *La droite est-elle représentée par un syndicat?*

La CFT s'affirme apolitique. Elle est en réalité de droite mais son   20 influence est très faible. De même, quelques petits groupes syndicaux de droite se sont constitués après mai 1968, mais leur rôle est insignifiant.

6. *Mais les ouvriers de droite, appartiennent-ils aux syndicats?*

Oui, bien sûr. Il existe même un syndicat puissant, celui de la police, dont la base se situe presque exclusivement à droite et dont la direction   25 est plutôt de gauche. Plusieurs de ses responsables ont d'ailleurs été sanctionnés[31] par le gouvernement à cause de leur franc-parler.

7. *Quelles sont les traditions syndicales? Le "closed shop" existe-t-il en France?*

Le "closed shop," le contrôle syndical de l'embauche, n'existe en   30 France que dans de rares secteurs: les imprimeries de presse, les docks. Ailleurs,[32] les structures syndicales, le fait que la majorité des salariés s'abstient d'adhérer à une organisation, empêchent leur extension. Tout cela tient aux traditions syndicales du pays.

Le syndicat est né en France contre le pouvoir, contre le patronat[33]   35 et contre l'Etat, à cause de la répression qui a suivi en 1871 l'écrasement

---

[26]**impliquer:** *to imply.*   [27]**la Libération:** la fin de l'occupation allemande en 1944.   [28]**MRP:** Mouvement Républicain Populaire.   [29]**un éventail:** (ici) *spread, range*; une multiplicité des opinions.   [30]**la frange:** *fringe (group).*   [31]**sanctionner:** (ici) imposer une punition.   [32]**ailleurs:** à d'autres endroits, dans d'autres secteurs, *elsewhere.*   [33]**le patronat:** *employers.*

de la Commune de Paris,[34] à cause de l'attitude du patronat français qui a toujours refusé l'intervention syndicale dans l'entreprise. La répression patronale et la répression gouvernementale ont conduit les premiers syndicalistes à être révolutionnaires, refusant aussi bien la société que les partis politiques qui ne voulaient leur concéder que la défense économique   5
des travailleurs; d'où l'échec,[35] avant la guerre de 1914–1918, des marxistes qui voulaient conquérir la CGT; d'où, également, la naissance d'une doctrine originale: le syndicalisme révolutionnaire.

Signalons les grandes lignes de sa doctrine:

a) La société doit être détruite et faire place à une société de type   10
nouveau.

b) C'est au syndicat et non à un parti qu'incombe le rôle[36] de détruire cette société.

c) Pour cela, il ne doit pas perdre son temps à organiser la "masse moutonnière"[37] mais centrer son action sur les éléments militants, les   15
"minorités agissantes."

Cette conception laisse, alors que[38] le syndicalisme révolutionnaire a perdu une grande partie de son influence, encore beaucoup de traces. C'est à elle, et à la répression patronale, que l'on doit le syndicalisme minoritaire d'aujourd'hui. Il y a eu quelques époques où les syndicats ont   20
rassemblé des masses considérables: à la Libération, après les grèves de 1936. Ces époques sont très rares. Il suffit de quelques années, pour que les syndicats retrouvent leurs effectifs[39] "normaux," c'est-à-dire de 25 à 30% des salariés. Ajoutez à cela l'individualisme du Français, sa répugnance à l'égard de tout engagement, et vous comprendrez pourquoi les   25
effectifs des syndicats français sont si réduits.

8. *Les syndicats sont moins puissants en France qu'aux Etats-Unis, mais la législation sociale (Sécurité Sociale, congés payés[40]) est beaucoup plus avancée. Comment expliquer cette contradiction?*

La législation sociale est née en France de la conjonction de l'action   30
syndicale, de la poussée[41] ouvrière et de l'action politique. Nombre de mesures sociales, les congés payés par exemple, ont été obtenues en 1936, à une époque où un gouvernement de gauche, dirigé par le socialiste, Léon Blum, était en place, où la gauche avait remporte[42] les élections et où une grève extrêmement puissante, presque aussi importante que celle de 1968,   35
avait ébranlé[43] la nation.

---

[34]La Commune de Paris, gouvernement révolutionnaire et communiste, établie en mars 1871, fut renversée par l'armée en mai 1871.   [35]**l'échec:** *failure.*   [36]**le rôle incombe au syndicat (de):** le syndicat doit.   [37]**moutonnier:** qui suit comme un mouton.   [38]**alors que:** (ici) maintenant que, aujourd'hui quand.   [39]**les effectifs:** le nombre des membres.   [40]**le congé payé:** *paid vacation,* un salaire supplémentaire pour payer les vacances.   [41]**la poussée:** l'action sociale, *pressure.*   [42]**remporter:** gagner.   [43]**ébranler:** *to shake.*

La grève de 1968 a, elle aussi, porté ses fruits, sa puissance ayant amené un gouvernement de droite à créer des "contre-feux."[44] La mensualisation,[45] la formation permanente,[46] la réforme du salaire minimum datent de cette époque.

Cela dit, il ne faut pas surestimer la situation de l'ouvrier français. La semaine de 40 heures a été adoptée en 1936, mais, aujourd'hui encore, plus de 35 ans après, les durées de travail réelles sont bien supérieures, nettement supérieures à celles en usage aux Etats-Unis.

Il faut souligner l'ampleur[47] des grèves qui ont permis d'aboutir à ces résultats. Il y a eu cinq millions de grévistes en 1936, trois millions en 1953, dix millions en 1968.

9.   *Et en 1947?*

Les grèves de 1947 sont bien différentes. Il s'agit de grèves de rupture. Le gouvernement tripartite mis en place à la Libération et qui groupait communistes, socialistes et sociaux-chrétiens du MRP, s'est cassé en même temps que débutait la "guerre froide" entre les Etats-Unis et l'URSS. Il existait en France un mécontentement profond dû à la hausse des prix, au ravitaillement[48] insuffisant, etc. Jusqu'à leur exclusion du gouvernement, les communistes freinaient[49] les grèves. Après, il leur a suffi d'ouvrir les vannes[50] et de fixer au mouvement des objectifs politiques, pour qu'éclatent des grèves d'une violence extrême.

L'élément politique a été essentiel. Les grévistes luttaient à la fois pour le pain moins cher et contre le Plan Marshall[51] et le "parti américain" qui dirigeait la France. Les grèves ont été vaincues.[52] La CGT s'est brisée en deux, une minorité hostile à l'allure[53] insurrectionnelle du mouvement, inquiète devant la poussée communiste, l'a quittée pour fonder Force Ouvrière. Il est vrai que les bagarres[54] entre grévistes et non-grévistes étaient fréquentes et très violentes.

10.   *Ce mouvement anti-américain agite-t-il les syndicats?*

Sur le plan de l'action, il n'a été efficace qu'en 1947 et lors de mouvements moins importants en 1950, 1951 et 1952. Sur le plan de la propagande, il reste important. La CGT, fidèle à l'URSS et aux pays du bloc socialiste (bien qu'elle ait déploré l'intervention soviétique en Tchéquoslovaquie), est toujours foncièrement[55] hostile à la politique américaine.

---

[44]**créer des contre-feux:** (ici) faire une contre-offre.   [45]**la mensualisation:** le salaire payé par mois et non à l'heure, ce qui protège les ouvriers absents, malades, etc.   [46]**la formation permanente:** *continuing education, adult education.*   [47]**l'ampleur:** la grandeur, l'étendue, l'importance.   [48]**le ravitaillement:** *food supply.*   [49]**freiner:** arrêter, réduire au minimum.   [50]**la vanne:** la porte (qui laisse passer l'eau), *sluice-gate.*   [51]**le Plan Marshall:** l'aide économique accordée par les Etats-Unis à l'Europe après la deuxième guerre mondiale.   [52]**vaincre:** *to defeat.*   [53]**une allure:** un comportement, un esprit.   [54]**la bagarre:** *fight.*   [55]**foncièrement:** fondamentalement.

Les interventions américaines dans le monde, la guerre du Vietnam, le soutien[56] aux colonels grecs et à Franco, entraînent une hostilité de la CFDT à l'égard du gouvernement américain, mais la CFDT n'est pas plus indulgente à l'égard de la politique soviétique. Quant à Force Ouvrière, hostile avant tout aux communistes, elle appuie[57] les Etats-Unis, défen-   5
seurs du "monde libre," mais il s'agit là de positions du sommet et non de la base.

11.   *Quels sont les rapports entre syndicats américains et français?*

Historiquement, les syndicats américains ont joué un rôle dans la scission de 1947. Ils ont soutenu Force Ouvrière à sa naissance et le repré-   10
sentant de l'AFL en Europe, Irving Brown, a mené une politique très dis-
cutée, appuyant, par anti-communisme, nombre d'éléments douteux du monde ouvrier français. Malgré certaines difficultés, les rapports entre Force Ouvrière et l'AFL-CIO demeurent encore bons.

Mais il y a d'autres formes de rapports que celles motivées par la   15
sympathie politique. Par exemple, celles qui ont pour objet la coordina-
tion internationale des luttes. Au sein[58] d'organismes comme la Fédération Internationale des Ouvriers sur Métaux ou la Fédération Internationale de la Chimie, syndicats américains et syndicats français collaborent. Il s'agit de concentrer l'action qu'un trust mondial peut engager contre une   20
grève locale, notamment grâce à l'accroissement[59] de production, pour briser la grève de la filiale[60] anglaise ou américaine. A plusieurs reprises[61] déjà, une coordination de ce genre a donné de bons résultats.

12.   *Que pensez-vous de l'affaire du journal* Combat *qui se faisait imprimer hors de Paris parce qu'un ouvrier peut composer 500 lignes à l'heure*   25
alors qu'à Paris la limite syndicale est de 80 lignes?

Il s'agit d'une affaire très particulière, très rare en France. Comme je l'ai souligné, la Fédération du Livre, syndicat de presse, a réussi à imposer un "closed shop." Elle s'est battue pour imposer des hauts salaires et des bonnes conditions de travail à ses adhérents et elle a réussi, mais la   30
méthode qu'elle a utilisée, emploi de personnel en surnombre, opposition à la modernisation, coûte très cher à la presse et risque de se retourner contre[62] les ouvriers. Les journaux meurent. En vingt ans, Paris a perdu les deux tiers de ses quotidiens. L'édifice bâti par la Fédération du Livre en devient très fragile.   35

Il y a, je crois, beaucoup de cas semblables à l'étranger. Le "pro-
tectionnisme" syndical domine en Grande-Bretagne et aux Etats-Unis. En

---

[56]**le soutien:** l'aide.   [57]**appuyer:** soutenir, être favorable à.   [58]**au sein de:** dans, à l'intérieur de.   [59]**l'accroissement:** l'augmentation.   [60]**la filiale:** la branche d'une entreprise.   [61]**à plu-sieurs reprises:** plusieurs fois, souvent.   [62]**se retourner contre:** *to backfire on.*

France, il ne s'agit que d'exceptions, de quelques catégories professionnelles bien organisées, comme les dockers, ou très spécialisées. Ailleurs,
le malthusianisme,[63] la lutte contre la modernisation, sont rarissimes,[64]
à moins que la modernisation ne se traduise par un surcroît[65] de travail.
C'est le cas dans les chemins de fer français. Il y avait autrefois deux per-   5
sonnes sur chaque motrice,[66] le conducteur et un assistant chargé de le
suppléer[67] en cas de défaillance.[68] Aujourd'hui, le conducteur est seul,
mais comme une défaillance est toujours possible, il doit signaler sa
présence à la machine en appuyant toutes les trente secondes sur une
manette,[69] sans quoi la machine s'arrête, ce qui produit une tension ner-   10
veuse, une fatigue beaucoup plus grande; d'où des revoltes de cheminots,
des grèves. Il s'agit moins d'une lutte contre la modernisation que contre
ses conséquences, contre la subordination de l'homme à la machine
qu'impliquent les nouvelles méthodes.

Toujours dans les chemins de fer, mais aussi dans les postes et les   15
transports urbains, la modernisation se traduit aussi par une augmentation
des "amplitudes"[70] du travail. Les cheminots ne pratiquent pas la journée
continue. Ils doivent travailler en fonction des besoins du service. Par
exemple, un mécanicien de train peut commencer sa journée à huit heures
du matin, travailler quatre heures, s'arrêter pour un repos de trois heures,   20
reprendre le travail pour deux heures, puis s'arrêter à nouveau pour un
repos de quatre heures; ce qui fait que, pour une journée de travail effectif
de huit ou neuf heures, ce cheminot aura été bloqué quinze heures. En
améliorant l'utilisation du matériel, en éliminant du personnel que l'on
jugeait mal employé, la modernisation a aggravé ce système.   25

13.   *Cela veut dire que, chez les cheminots, l'ouvrier ne peut pas travailler
huit heures de suite, qu'on lui impose des périodes d'attente parfois
très longues?*

C'est exactement cela.

14.   *On lit des inscriptions sur les murs: "A bas l'ordre!" Comment con-*   30
cilier l'ordre et l'action syndicale? Quel est le rôle des gauchistes[71]
dans les syndicats?

Le gauchisme n'est réellement apparu qu'en mai 1968. Avant, il existait quelques petits groupes anarchistes et trotskistes, notamment à Force
Ouvrière, mais ils étaient faibles et peu influents. La grève de 1968 a   35
éclaté spontanément, sans les syndicats. Elle a ensuite été reprise en mains,

---

[63]**le malthusianisme:** la restriction volontaire de la production (Malthus demandait une restriction de naissances).   [64]**rarissime:** très rare.   [65]**le surcroît:** le supplément, *increase.*   [66]**la
motrice:** la locomotive.   [67]**suppléer:** remplacer.   [68]**la défaillance:** la faiblesse temporaire.
[69]**appuyer sur une manette:** *to press a lever.*   [70]**une amplitude:** une durée, une longueur.   [71]**le
gauchiste:** le radical de l'extrême gauche, par opposition au communiste.

mais difficilement et, la plupart du temps, les syndicats l'ont très mal contrôlée. On a donc pensé à un débordement[72] de ceux-ci par la gauche.

Qu'en est-il aujourd'hui? D'abord il faut distinguer entre plusieurs catégories de gauchistes: le courant trotskiste s'est renforcé; il agit à l'intérieur des syndicats, essaie de radicaliser leurs positions et d'y recruter des adhérents. Généralement, sauf à la CGT, ce courant est toléré.

Et puis il y a le courant maoïste, très dur, qui considère que la violence est le principal moyen d'action. Pour lui, les syndicats, complices de la bourgeoisie et du patronat, doivent être combattus. Malgré l'entrée de quelques étudiants transformés en ouvriers dans les usines, ce courant est très faible dans les entreprises. Mais, bénéficiant de sympathies parmi les journalistes et les intellectuels, il sait faire parler de lui; à tel point, qu'on lui impute certaines révoltes spontanées, comme la grève des ouvriers Renault du Mans,[73] au printemps 1971. En vérité, ces grèves, ces crises de colère, sont généralement dues à de jeunes ouvriers activistes, en révolte contre leurs conditions de vie et de travail, mais qui n'ont aucun lien[74] avec la pensée de Mao-Tsé-Tung. Parfois, un syndicat, généralement la CFDT, prend en charge leur mouvement, ce qui, joint à un certain populisme qui marque les militants chrétiens de la centrale, a pu faire qualifier la CFDT de syndicat gauchiste. Mais la CFDT est un véritable syndicat. Elle est capable, pour aboutir,[75] d'accepter les concessions que les maoïstes refusent.

Quant à l'apport des maoïstes dans l'organisation des luttes, il est à peu près nul. Ils préconisent[76] certaines méthodes, comme la séquestration[77] des cadres, le sabotage, la violence, que les syndicats pratiquaient il y a soixante ans, qu'ils avaient fini par abandonner parce qu'ils les jugeaient inefficaces et qui réapparaissent spontanément à l'occasion de luttes désespérées.

Questions pour la compréhension du texte

1. Expliquez les deux termes qui caractérisent le syndicalisme français.
2. Quelles disparités se cachent dans le chiffre global de 30%?
3. Quels sont les secteurs les plus organisés?
4. Lequel est plus syndiqué, le secteur public ou le privé? Donnez des exemples.
5. Quels sont les secteurs retardataires?

---

[72]**le débordement:** le dépassement, *outflanking*.   [73]**le Mans:** chef lieu de la Sarthe, à 217 km à l'ouest de Paris.   [74]**le lien:** le rapport, *link*.   [75]**aboutir:** (ici) réussir, gagner (une grève).   [76]**préconiser:** recommander, *to advocate*.   [77]**la séquestration:** *confinement*; l'action de maintenir arbitrairement une personne enfermée, comme un prisonnier ou des otages (*hostages*).

6. Décrivez la CGT et ses "places fortes."
7. Où trouve-t-on la CFDT?
8. Et la FO?
9. Décrivez les deux autres grandes confédérations.
10. Qu'est-ce que c'est qu'un syndicat maison, et comment est-ce que ces syndicats se groupent?
11. Quand et pourquoi la CFTC a-t-elle rompu avec la CFDT?
12. Pourquoi la division du syndicalisme français ne l'affaiblit-elle qu'en partie?
13. D'où part la grève d'ordinaire en France et quand éclate-t-elle?
14. Qu'est-ce que c'est qu'un mouvement symbolique?
15. Pourquoi peut-on dire que les grèves lancées par les syndicats sont des grèves sauvages officialisées?
16. Quel rôle jouent les syndicats autonomes quand il s'agit de lancer un mouvement de grève?
17. Quelle est l'orientation politique de la CGT et de la CFDT?
18. Qui sont le MRP, le PSU et le PS de Mitterand?
19. La droite est-elle représentée dans les syndicats? Expliquez son influence indirecte ou directe.
20. Quelles sont les incidences du "closed shop" (qui est interdit en France!) dont parle Lucien Rioux?
21. Comment la répression des syndicats par le gouvernement et par le patronat a-t-elle influencé le mouvement syndical?
22. Quels étaient les rapports entre les premiers syndicalistes révolutionnaires et les partis politiques?
23. Donnez les grandes lignes de la doctrine du syndicalisme révolutionnaire.
24. Expliquez, selon cette doctrine, "la minorité agissante" et "la masse moutonnière."
25. Comment est-ce que le syndicalisme révolutionnaire est responsable du rôle minoritaire des syndicats actuels?
26. Comment les grèves de 1939 et de 1968 ont-elles produit des réformes et de la législation dans le domaine social?
27. Pourquoi la semaine de 40 heures n'est-elle pas une réalité en France?
28. Combien de grévistes y a-t-il eu en France en 1936, en 1953 et en 1968? Quel pourcentage de la population est-ce que cela représente?
29. Décrivez les grèves politiques de 1947.
30. Quel était le rôle des communistes pendant ces grèves?
31. Comment les communistes appelaient-ils le parti qui gouvernait la France (après leur séparation du gouvernement)?
32. Qu'est-ce qui est arrivé à la CGT? Décrivez la scission.
33. Quelle était l'attitude des grands syndicats envers les Etats-Unis et l'URSS?
34. Que reproche la CFDT aux Etats-Unis et à l'URSS?
35. Quel a été le rôle d'Irving Brown?
36. Comment les syndicats collaborent-ils pour organiser des grèves sur le plan international?
37. Comment le "closed shop" de l'imprimerie risque-t-il de se retourner contre les ouvriers?

38. Où trouve-t-on la lutte contre la modernisation, en France et ailleurs?
39. Comment la modernisation peut-elle apporter un surcroît de travail, et dans quels secteurs?
40. Quel est cet exemple qui montre la subordination de l'homme à la machine?
41. Décrivez "l'amplitude" du travail du cheminot.
42. Qui a lancé les grèves de 1968 et quel était le rôle des syndicats?
43. Décrivez le rôle et les méthodes des maoïstes; qui sont-ils pour la plupart? Contrôlent-ils la CFDT?

Questions à discuter

1. Dans ses débuts, le mouvement ouvrier se heurtait à une opposition violente et pour cela il est lui-même devenu violent, révolutionnaire. Cela a effrayé beaucoup de monde et cela lui a fait perdre de son influence. Parlez des origines et des luttes syndicales et de leur influence sur les syndicats d'aujourd'hui.

2. Faites des recherches sur les débuts du syndicalisme aux Etats-Unis, sur ses dirigeants tels que Philip Murray, John Lewis et leurs successeurs, George Meany, par exemple, ou sur des personnages controversés comme Cesar Chavez.

3. M. Rioux dit qu'il faut distinguer la base (les ouvriers) et la centrale (les responsables). Comment est-ce que cela s'applique à la situation ouvrière que vous connaissez?

4. Rédigez un rapport sur le syndicalisme américain. Comparez-le à son équivalent français.

5. Analysez les buts de la législation sociale et dites dans quelle mesure elle provient de la politique et dans quelle mesure du mouvement syndical. Comparez la législation sociale en France et aux Etats-Unis.

6. Décrivez les grèves que vous connaissez. Comparez leurs méthodes à celles que décrit Lucien Rioux. Dites pourquoi vous préférez certaines tactiques à d'autres.

7. Que pensez-vous des syndicats de la police, des fonctionnaires, des services publics? Est-ce que ces syndicats vous paraissent dangereux ou nécessaires et utiles? Que pensez-vous des grèves dans le secteur public?

8. Décrivez l'effet de la guerre froide en France et aux Etats-Unis, sur les partis politiques, sur les syndicats; quel rôle donne-t-elle aux communistes (qui sont un parti important en France)?

9. Quel est le rôle de l'extrême gauche, des maoïstes, des trotskistes? Dans quelles organisations jouent-ils un rôle?

10. La révolution industrielle et ses effets en France et aux Etats-Unis. Comment a-t-elle touché votre ville?

11. Discutez la modernisation et ses dangers.

12. Discutez une industrie que vous connaissez, la presse, les chemins de fer, une autre. Parlez du rôle des ouvriers et de leurs syndicats.

Propos à défendre ou à contester

1. Il y a des pays où l'on peut faire manœuvrer les syndicats comme une armée.

2. Le syndicat, en France, est né contre le pouvoir, contre le patronat et contre l'Etat. Il ne s'identifie pas avec les partis politiques, même pas la CGT.

3. La société doit être détruite et faire place à une société de type nouveau; pour cela, il ne faut pas perdre son temps à organiser les masses, mais centrer son action sur les éléments militants.

4. Le Français est individualiste; il n'aime pas s'engager.

5. La législation sociale n'est pas toujours due à l'action syndicale mais aussi aux circonstances politiques, au pouvoir de la gauche, aux "contre-feux" de la droite.

6. La guerre froide a influencé les syndicats; elle a brisé le plus puissant, la CGT, en deux.

7. L'opposition à la modernisation coûte cher.

8. Il faut s'opposer à la subordination de l'homme à la machine.

9. Toutes les grèves ne sont pas lancées par les syndicats. La grève peut éclater spontanément.

10. Quant à l'apport des maoïstes dans l'organisation des luttes, il est à peu près nul.

L'échangeur de la Porte de la Chapelle.
Photo Sodel-Brigaud. Documentation Française.

18

Interview de Michel FRYBOURG, directeur de l'Institut de Recherche des Transports, à Arcueil, près de Paris.

Transports et technologie

La technologie progresse et l'urbanisme devient compliqué avec nos agglomérations[1] grandissantes et les cités nouvelles.[2] Le Ministère des Transports a fondé l'IRT pour faire face à de nombreux problèmes. Avant de répondre à nos questions, Michel Frybourg, dans son bureau moderne, définit les termes et précise les aspects, car il s'agit d'utiliser tous les moyens pour améliorer le système des transports. Le perfectionnement ne peut pas se limiter aux technologies nouvelles et il doit être constant. Le Ministère, associé à celui de l'Equipement et du Logement,[3] publie une revue, *Equipement, Logement, Transports,* qui analyse les grands problèmes et apporte une documentation précieuse.

1. *Quelles sont les fonctions de votre Institut?*

D'origine relativement récente, de 1968, il répond à un besoin qu'on peut définir de la manière suivante: plus l'univers des choix possibles s'aggrandit, plus il devient nécessaire d'étudier la question des transports en dehors des cloisonnements[4] traditionnels. Le transport ne doit pas être relié à une technique déterminée.[5] L'Institut s'occupe de l'aspect plurimodal[6] des transports; il aborde les questions avec un "approach system." C'est un organisme de recherche se situant en dehors du secteur concurrentiel[7] ayant des liens privilégiés[8] avec l'enseignement supérieur. Sa mission est la suivante:

(a) Etudier toute solution nouvelle en matière de transports terrestres, maritimes ou aériens.

(b) Examiner les améliorations possibles des modes de transports existants, notamment du point de vue de la sécurité[9] et des nuisances.[10]

---

[1] **une agglomération:** l'ensemble d'une ville et de sa banlieue.   [2] **la cité nouvelle:** un nouveau centre urbain, *satellite city*.   [3] **le logement:** *housing*.   [4] **le cloisonnement:** la division.   [5] **déterminé:** (ici) fixe, qui ne change pas.   [6] **plurimodal:** qui a plusieurs solutions, plusieurs modes.   [7] **concurrentiel:** *competitive*.   [8] **des liens privilégiés:** des rapports intimes.   [9] **la sécurité:** *safety*.   [10] **la nuisance:** ce qui gêne, par exemple le bruit, la pollution.

(c) Examiner l'économie et la sociologie des transports, le choix des investissements, la tarification,[11] le comportement des agents économiques,[12] l'organisation et le fonctionnement du marché des transports.

L'Institut a l'organisation classique des instituts de recherche; ses départements scientifiques sont orientés par disciplines:

un département de recherche opérationnelle et d'informatique;[13]

un département de métrologie et d'automatisme; la métrologie traite des appareils de mesure, de leur conception, de leur développement; l'automatisme fait appel[14] aux instruments qui recueillent l'information et permettent la régulation et le pilotage;[15] nous nous occupons tout particulièrement des appareils de mesure qui touchent au secteur routier;[16] à l'origine il s'agissait de compteurs mais maintenant les appareils se perfectionnent beaucoup, mesurant non seulement le nombre de véhicules, mais également leur vitesse, leur poids, et leurs dimensions;

un département d'économie et un département de sciences humaines.

Ces départements ont une orientation entièrement de recherche mais ils assurent des prestations[17] pédagogiques. Etant à caractère monodisciplinaire, ils ne sont pas toujours en mesure[18] de traiter des problèmes tels qu'on nous les pose. C'est pourquoi à côté des départements, nous avons des divisions de recherche qui couvrent l'ensemble des missions de l'Institut:

la division des technologies nouvelles;

une division que nous appelons "qualité de service" et qui traite de la sécurité, des nuisances et des problèmes d'écoulement[19] et de capacité;

et puis deux autres divisions qui ont un caractère technico-économique: l'une s'occupe des transports urbains et l'autre des transports interurbains.

Nous disposons, bien sûr, de services techniques comprenant un centre de documentation et un centre d'informatique avec des moyens de calcul assez puissants.

2.   *Quel est le personnel qui travaille chez vous?*

Nos jeunes chercheurs[20] forment un personnel en principe permanent, mais nous accueillons également quelques étudiants du troisième cycle, du Ph.D. chez vous, qui poursuivent des travaux personnels sur des sujets concrets. Nous pilotons donc un certain nombre de thèses que

---

[11]**la tarification:** le calcul des tarifs (*fares*).   [12]**le comportement des agents économiques:** *the behavior of economic factors.*   [13]**une informatique:** une technique du traitement automatique de l'information.   [14]**faire appel à:** utiliser, traiter de.   [15]**le pilotage:** le contrôle du véhicule; **piloter:** diriger.   [16]**le secteur routier:** la circulation (*traffic*) sur les routes.   [17]**la prestation:** la fonction, le service.   [18]**être en mesure de:** être capable de.   [19]**un écoulement:** *flow* (s'applique ici aux véhicules).   [20]**le chercheur:** celui qui fait des recherches.

les étudiants doivent réaliser pour obtenir leur diplôme de troisième
cycle, pour susciter[21] des vocations, pour former des jeunes spécialisés
dans les problèmes de transport.

3. *Etes-vous d'accord pour dire que l'encombrement*[22] *des transports
    urbains est un problème toujours croissant ?*[23]

C'est effectivement un grand problème. L'encombrement est né avec
le milieu urbain. Il est facile d'en citer des exemples, même pris dans
l'antiquité, puisque, par définition, les villes, c'est une concentration
d'hommes, une polarisation d'activités sur une zone géographique limitée.
Il est donc, a priori, impossible de supprimer le phénomène d'encombrement. Ce qui importe, c'est de le circonscrire à une dimension telle, que
l'encombrement ne remette pas en question l'avantage de la vie urbaine.
Si les transports urbains deviennent de plus en plus couteux,[24] de plus en
plus longs, on retrouvera, en milieu urbain, le même cloisonnement que
dans une population à caractère rural, telle qu'on la connaissait il y a
plusieurs siècles.

4. *Quand on ajoute une construction comme celle de Montparnasse*[25]
    *on amène 30.000 personnes qui n'y étaient pas; cela demande une
    réorganisation complète des moyens, n'est-ce pas ?*

Vous posez la question de la densité optimale dans une agglomération, et là, même les spécialistes de l'aménagement urbain[26] ne sont pas
près de se mettre d'accord. Les pays y apportent des réponses très différentes et, probablement, il n'y a pas de solution idéale. New York, c'est
un bel exemple d'une concentration qui a une toute autre échelle[27] que
l'opération Montparnasse à Paris.

Les responsables de l'aménagement doivent tenir compte[28] des
moyens techniques qui répondent à de telles parties d'urbanisme. Si ces
moyens n'existent pas, il faut qu'ils adoptent d'autres plans, mais il faut
être honnête et ne pas prendre les moyens pour des finalités[29] et ne pas
considérer que les transports sont les seuls éléments à prendre en compte
pour décider telle ou telle opération d'urbanisme.

Il y a ensuite la question technique: l'opération Montparnasse à
Paris est-elle rationnelle du point de vue des transports? A cela, je vous
répondrai qu'il est parfaitement envisageable[30] de fournir à Montparnasse les moyens de transport qui sont nécessaires; c'est même une opération

---

[21]**susciter**: créer, faire naître.   [22]**un encombrement**: le trop de circulation, *congestion*.   [23]**crois-
sant**: qui devient toujours plus grand.   [24]**couteux**: cher.   [25]**Montparnasse**: quartier parisien
où on a construit le premier gratte-ciel (*skyscraper*) et un ensemble de grands immeubles avec
des bureaux pour 30.000 personnes.   [26]**l'aménagement urbain**: *city planning*.   [27]**une échelle**:
scale. Le World Trade Center à New York est deux fois plus haut et beaucoup plus grand que
l'opération Montparnasse.   [28]**tenir compte de**: penser à, *to bear in mind*.   [29]**des finalités**: *ends
in themselves*.   [30]**envisageable**: possible, *realizable*.

relativement modeste par rapport à d'autres centres d'activité. J'ai cité
New York. Il y a aussi le développement de la Défense[31] à Paris, et d'autres opérations qui, en capacité d'emploi, sont plus importantes.

Montparnasse est à proximité d'une gare et bénéficie d'un réseau
de métro[32] qui est excellent à Paris et dont le principal défaut[33] est de ne   5
pas desservir la banlieue.[34] Il faut en plus un réseau complémentaire. Ceci
a été prévu[35] par la voie rapide, la rocade Vercingétorix,[36] qui relie Montparnasse à la périphérie de Paris. Le principal problème, là comme ailleurs, est un problème de coordination dans le temps, car bien souvent les
réalisations[37] s'échelonnent[38] sur une période très longue; les opérations   10
mobilières[39] s'effectuent parfois beaucoup plus vite que les opérations
d'infrastructures,[40] d'où le déséquilibre que l'on constate[41] tous les jours,
à Paris comme ailleurs.

5.   *Est-ce que les technologies nouvelles permettront de remplacer les*
       transports inefficaces d'aujourd'hui ?   15

Il y a deux manières d'aborder la question. La première approche
suit la démarche[42] américaine et débute par ce raisonnement: on a pu
débarquer sur la lune; il est donc normal que la technologie apporte une
réponse à cette préoccupation de la vie quotidienne des hommes, à savoir,
les transports urbains. C'est un raisonnement un peu trop simple mais qui   20
comporte une bonne part de vérité. Si la technologie permet des perfor-
mances extraordinaires dans le secteur de l'aérospatiale, il peut en apporter
dans ce domaine qui touche aussi directement la vie des hommes.

Il y a une deuxième approche, bien plus classique du point de vue
de l'économie, et qu'il ne faut pas perdre de vue. L'industrie et le matériel   25
de transport ont, dans tous les pays développés, une importance considérable. Il suffit de citer l'industrie automobile qui fait vivre un pourcentage important de la population active; l'industrie aéronautique est
également très dynamique. Le problème est posé, aux Etats-Unis, par le
rétrécissement[43] de ces industries, quand, par exemple, on a décidé de ne   30
pas réaliser le SST.[44] Les gouvernements sont de plus en plus concernés
par le dynamisme de ces industries et veulent empêcher les crises. Une
compétition internationale existe dans ce secteur et si des technologies
nouvelles permettent de surpasser les moyens de transport traditionnels,
il est naturel qu'on encourage le développement d'une telle technologie.   35

---

[31]**la Défense:** centre d'urbanisme avec plusieurs tours, à l'ouest de Paris.   [32]**le réseau de
métro:** *subway system.*   [33]**le défaut:** l'inconvénient, *shortcoming.*   [34]**desservir la banlieue:** *to
tie in the suburbs.*   [35]**prévoir:** anticiper, *to plan.*   [36]**la rocade Vercingétorix:** une autoroute
(*freeway*) qui suit les voies du chemin de fer jusqu'au boulevard périphérique.   [37]**la réalisation:** la fin d'une construction, *completion.*   [38]**s'échelonner:** *to extend.*   [39]**l'opération mobil-
ière:** la construction d'un immeuble (*building*).   [40]**l'infrastructure:** (ici) les routes, les transports
qui doivent desservir le centre urbain.   [41]**constater:** remarquer.   [42]**la démarche:** (ici) la
manière de raisonner.   [43]**le rétrécissement:** *shrinking.*   [44]**SST:** *Supersonic transport.*

Il faut citer le système à sustentation[45] par coussin[46] d'air, le fameux aérotrain qui fonctionne avec une turbine, actuellement en cours d'expérimentation technique sur une ligne de 18 km entre Paris et Orléans.[47] On en parle aux Etats-Unis; beaucoup d'Américains ont voyagé dans ce véhicule. Un deuxième véhicule à utilisation urbaine ou suburbaine, avec un moteur linéaire sans nuisances et beaucoup plus silencieux, est en cours de développement. Il est envisagé[48] pour la première ligne commerciale qui doit relier la Défense à Pontoise.[49]

On prépare également d'autres systèmes tel que le procédé Urba qui est un procédé suspendu, et actuellement les Etats-Unis s'intéressent beaucoup à ce type de technologie. Nous essayons de mettre au point[50] une coopération internationale, car un nouveau système de transport exige[51] un temps extrêmement long. Même le pays le plus riche du monde ne peut poursuivre toutes les voies envisageables dans ce secteur. Il faut une répartition[52] des tâches pour rendre plus efficaces les investissements.

6.   *Entre temps, on peut améliorer les moyens traditionnels de transport.*

Il y a des exemples partout: les métros sur pneus, l'automatisation de la perception des tarifs,[53] éventuellement de la conduite des métros. Bien souvent, de telles réalisations ont été justifiées par des progrès de productivité. Lorsqu'on aura beaucoup amélioré les modes traditionnels et qu'on aura développé des technologies nouvelles, on aura du mal à distinguer ce qui vient de l'amélioration et ce qui vient des technologies nouvelles, car le transport est un système comportant des composantes[54] diverses et ce qui sera nouveau, ce sera le système!

Pour les autobus, nos efforts n'ont pas encore donné des résultats extraordinaires, il faut bien le dire, car, pour le moment, et même avec des bandes[55] qui leur sont réservées, les autobus restent tributaires[56] de la congestion de la voirie[57] de surface. Nous cherchons à développer des transports terrestres en site propre,[58] c'est-à-dire, utilisant une infrastructure réservée.

Je crois qu'on peut dire que l'Europe est un peu en avance sur les Etats-Unis, les Etats-Unis étant parfaitement capables de combler[59] ce retard. Le système américain de la libre entreprise n'a pas toujours permis au secteur des transports de connaître le même dynamisme que le secteur des industries de consommation. Les Etats-Unis ont, bien entendu, montré

---

[45]**la sustentation:** *support.*   [46]**le coussin:** *cushion.*   [47]**Orléans:** ville de 100.000 habitants à 116 km au sud de Paris.   [48]**envisager:** projeter.   [49]**Pontoise:** ville de 20.000 habitants à 35 km au nord-ouest de Paris.   [50]**mettre au point:** perfectionner.   [51]**exiger:** demander, *to require.* [52]**la répartition:** la distribution, la division.   [53]**la perception des tarifs:** *fare collection.*   [54]**la composante:** un élément.   [55]**la bande:** (*traffic*) *lane.*   [56]**tributaire de:** *subject to.*   [57]**la voirie:** les rues et les routes, les voies de transport.   [58]**en site propre:** *on their own roadbed.*   [59]**combler:** rattraper; *to make up for, to catch up.*

un dynamisme extraordinaire en matière d'investissements routiers, car le fameux Highway Trust Fund permettait des investissements routiers financés par des taxes prélevées[60] sur l'essence. Les Etats-Unis ont également montré un dynamisme extraordinaire dans l'industrie aérospatiale dans ses programmes militaires et les programmes de la NASA—là il s'agissait bien de financement public. Par contre, l'industrie ferroviaire[61] a connu de grosses difficultés qui nécessitent maintenant une reprise en main.[62] Les transports collectifs urbains effectivement ont été très délaissés,[63] car la subvention[64] n'avait pas bonne presse chez vous, alors que la vieille Europe, ne fût-ce qu'à cause de[65] la densité urbaine qu'elle connaissait, avait été obligée de consacrer des moyens publics aux transports.

7.   *Les fonds publics sont souvent difficiles à obtenir. N'en est-il de même en France?*

Les questions d'économie des transports sont évidemment très complexes. Quelles que soient[66] les doctrines économiques, il est clair que, dès qu'on parle d'entreprises collectives, on met en cause des collectivités locales et, par conséquent, des circuits financiers plus complexes que ceux qui vont directement du producteur au consommateur. Cependant, les règles classiques restent en partie valables[67] pour l'économie des transports. Des systèmes médiocres, même subventionnés et avec des tarifs très faibles, fonctionneront dans des conditions désavantageuses pour l'usager.[68] Que[69] nous parlions des technologies nouvelles ou de l'amélioration des transports existants, il s'agit toujours et avant tout d'améliorer la qualité du service offert. On peut raisonnablement penser que l'usager acceptera de payer le tarif demandé, si le transport mis à sa disposition répond effectivement à ses besoins.

8.   *Est-ce que les chemins de fer ne seraient pas plus efficaces si on construisait des garages à côté de toutes les gares?*

Cette idée se rattache à une idée plus générale de la correspondance[70] et de l'échange entre systèmes de transport. Si on réfléchit un peu, on se rend compte que le transport collectif, qui ne permet pas de réaliser le service de porte à porte, ne peut fonctionner avec la qualité d'un service satisfaisant, que dans la mesure où[71] on résout[72] effectivement cette question de l'échange entre systèmes de transport différents.

Le transport collectif est particulièrement performant[73] sur des lignes à très fort trafic, mais présente l'inconvénient qu'il ne peut que

---

[60]**prélever:** imposer.   [61]**ferroviaire:** des chemins de fer.   [62]**la reprise en main:** la réorganisation.   [63]**délaisser:** abandonner, ne pas soigner; *to neglect.*   [64]**la subvention:** *subsidy.*   [65]**ne fût-ce qu'à cause de:** *were it only because of.*   [66]**quel que soit:** *whatever may be.*   [67]**valable:** *valid.*   [68]**un usager:** *user.*   [69]**que:** *whether.*   [70]**la correspondance:** *interchange, transfer* (*point*), *connection(s).*   [71]**dans la mesure où:** *to the extent that.*   [72]**résoudre:** trouver la solution de, *to resolve.*   [73]**performant:** efficace, *efficient.*

difficilement assurer la distribution des passagers aux extrémités. Différentes solutions sont possibles pour réaliser commodément et agréable-
ment ces échanges. Vous avez cité le stationnement[74] au voisinage des gares
que l'on appelle aux Etats-Unis le "park and ride." Cette formule a été
développée plus que cela n'a été fait dans le passé, mais il faut bien recon-   5
naître que ce n'est pas une panacée. C'est même une formule relativement chère, puisque la voiture est immobilisée pendant toute la journée
de travail. C'est pourquoi on développe, aux Etats-Unis, parallèlement
au "park and ride," ce que vous avez appelé le "kiss and ride," qui consiste à demander à la mère de famille de conduire le mari à la gare et de   10
repartir avec la voiture, ce qui lui laisse la voiture pendant le reste de la
journée.

9.   *En conclusion, peut-on vous demander de commenter les perspectives?*

Il est ambitieux de parler de la perspective des transports. Nous devons nous raccrocher[75] à une classification fonctionnelle des services à   15
rendre. Un gros effort devrait être fait pour remplir les créneaux[76] tech-
nologiques, c'est-à-dire les insuffisances dans les systèmes existants. En
voici quelques exemples:

Ce que vous appelez aux Etats-Unis le "people mover," en France
nous l'appelons "accélérateur à piétons."[77] Il s'agit d'augmenter le rayon[78]   20
d'action du piéton dans les zones à forte activité. Ce sont des tapis rou-
lants[79] horizontaux, mais fonctionnant beaucoup plus vite que ceux qui
existent, et dans des conditions parfaites de sécurité. Des systèmes sont en
cours d'étude mais aucun ne fonctionne d'une manière satisfaisante. Il y
a les trottinettes[80] qui transportent les voyageurs sur de courtes distances   25
à l'aéroport de Copenhague. Il y a aussi le système "dial a bus," qui trans-
porte les passagers individuels de leur porte jusqu'à leur point de destination dans les périphéries des villes.

Il y en a bien d'autres. L'idée de base reste d'intégrer tous les moyens
de transport pour obtenir un réseau qui fonctionne, un ensemble efficace   30
et rentable.[81]

Questions pour la compréhension du texte

1. Comment faut-il étudier les questions du transport pour mieux faire que
les spécialistes qui y ont travaillé dans le passé?
2. Quels sont les avantages d'être en dehors du secteur concurrentiel?

---

[74]**le stationnement:** *parking.*   [75]**se raccrocher à:** s'attacher à.   [76]**le créneau:** (ici) *gap.*   [77]**le
piéton:** *pedestrian,* celui qui marche à pied.   [78]**le rayon:** *ray,* (ici) *range.*   [79]**le tapis roulant:**
conveyer (lit. *moving carpet*).   [80]**la trottinette:** *scooter.*   [81]**rentable:** qui donne un bénéfice
satisfaisant.

3. Résumez les trois missions de l'IRT.
4. Quels sont les quatre départements de l'IRT?
5. Qu'est-ce que c'est que la métrologie?
6. Comment est-ce que l'automatisme devient de plus en plus important?
7. Quelle est la différence entre les départements et les divisions de l'IRT?
8. Quelles sont les quatre divisions de recherche?
9. Quels sont les rapports entre l'IRT et l'enseignement?
10. Pourquoi l'IRT encourage-t-il les étudiants du troisième cycle (au niveau du Ph.D.)?
11. Quelle est la cause de l'encombrement? Depuis quand existe-t-il?
12. Quel danger y aura-t-il si l'encombrement n'est pas limité, si les transports urbains deviennent toujours plus longs et plus couteux?
13. Situez le quartier du Montparnasse sur un plan de Paris et analysez sa situation par rapport au réseau des rues, du métro, du chemin de fer.
14. De quoi les spécialistes de l'aménagement des villes doivent-ils tenir compte?
15. Pourquoi l'opération Montparnasse est-elle rationnelle du point de vue du transport?
16. Qu'est-ce que c'est que la rocade Vercingétorix?
17. Expliquez les opérations mobilières et les opérations de l'infrastructure dont parle M. Frybourg.
18. Lesquelles complète-t-on plus vite, à Paris et ailleurs?
19. Décrivez le point de vue de ceux qui croient aux technologies nouvelles.
20. Quelle est la deuxième approche de la question? Pourquoi est-elle plus "classique"?
21. Comment est-ce que la production du SST a produit une crise en Californie?
22. Quand les technologies nouvelles entrent-elles dans le système de l'économie "classique"?
23. Comment voyez-vous que M. Frybourg, et les Français en général, sont particulièrement fiers de l'aérotrain et des technologies analogues?
24. Y a-t-il déjà une ligne commerciale qui se sert du système à déplacement à coussin d'air?
25. Quelle est la différence entre les technologies nouvelles et l'amélioration des modes traditionnels? Et pourquoi sera-t-il un jour difficile de les distinguer?
26. Qu'est-ce qu'on fait pour que les autobus puissent circuler plus vite?
27. Si, aux Etats-Unis, il y a en général moins de subventions pour les transports publics, comment expliquer le dynamisme du secteur routier et de l'industrie aérospatiale?
28. Quels transports ont connu de si grandes difficultés aux Etats-Unis qu'ils paraissent délaissés?
29. Expliquez: "La subvention n'avait pas bonne presse chez vous."
30. Pourquoi est-il si difficile d'obtenir des fonds publics?
31. Expliquez pourquoi et dans quelle mesure les règles classiques de l'économie restent valables pour les transports.
32. Quel rapport y a-t-il entre la qualité et le prix du service?
33. Que dit M. Frybourg des systèmes médiocres?

34. Expliquez l'importance des échanges entre les systèmes de transport. Notez que M. Frybourg revient toujours à la qualité de l'ensemble du système.
35. Quelle combinaison de transports permet le plus facilement un service de porte à porte?
36. Où le transport collectif est-il particulièrement faible?
37. Expliquez "park and ride" et "kiss and ride" et dites quelle solution semble préférable à M. Frybourg, et pourquoi.
38. Quel effort faut-il pour établir une perspective sur l'avenir des transports?
39. Décrivez l'accélérateur à piétons.
40. Quelle est l'idée de base de toute analyse des transports?

Questions à discuter

1. Définissez un système de transport idéal; ensuite comparez-le aux transports (a) de votre ville, (b) des Etats-Unis, (c) en France.

2. Comment les problèmes posés par les transports sont-ils différents en France et aux Etats-Unis?

3. Décrivez les transports d'une région que vous connaissez et dites si vous y trouvez les échanges entre systèmes que M. Frybourg considère si importants.

4. Comment les questions de transport sont-elles liées à celles de l'environnement?

5. Documentez-vous sur la croissance des centres urbains et la diminution de la population rurale; ensuite étudiez l'effet de cette évolution sur les transports.

6. Commentez les avantages et désavantages de la vie urbaine.

7. Comment est-ce que la technologie peut résoudre les problèmes des transports? Parlez des technologies nouvelles que vous connaissez.

8. Quel lien pouvez-vous établir entre la forme du gouvernement et le système économique d'une part, et la qualité des transports de l'autre? Comparez plusieurs pays y compris la France et les Etats-Unis.

9. Discutez les problèmes des transports urbains et de banlieue. Donnez le point de vue de l'endroit où vous habitez.

10. Discutez les transports interurbains et à longue distance, à l'intérieur des Etats-Unis et entre l'Amérique et l'Europe. Commentez leur évolution et les projets pour l'avenir.

11. Transports publics et transports privés au moment d'une crise d'essence. Etudiez la situation et, en particulier, les questions suivantes: (a) comment transporter les gens qui habitent loin de leur travail; (b) comment organiser les grandes manifestations sportives ou les autres loisirs (théâtres, visites en famille); (c) que deviendra le tourisme?

12. Imaginez d'autres crises, les grèves, par exemple, et étudiez leurs effets sur les transports.

Propos à défendre ou à contester

1. Le transport ne doit pas être relié à une technique déterminée.

2. Il faut circonscrire l'encombrement pour qu'il ne remette pas en question l'avantage de la vie urbaine.

3. Même les spécialistes de l'aménagement urbain ne sont pas d'accord sur la densité optimale d'une agglomération.

4. Les opérations mobilières s'effectuent parfois beaucoup plus vite que les opérations d'infrastructures.

5. On a débarqué sur la lune; il est donc normal que la technologie apporte une réponse aux problèmes des transports urbains.

6. Une coopération internationale est essentielle, car même le pays le plus riche du monde ne peut pas poursuivre toutes les recherches que demandent les transports.

7. Il s'agit avant tout d'améliorer la qualité du service offert.

8. Il faut tout faire pour remplir les insuffisances des systèmes existants.

9. Il faut intégrer tous les moyens de transport pour obtenir un réseau qui fonctionne.